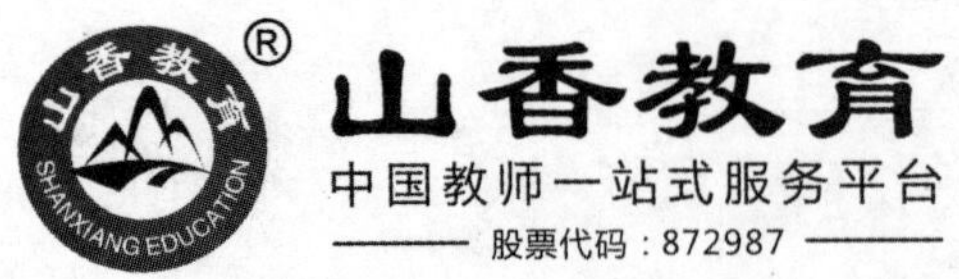

国家教师资格考试
历年真题解析及预测试卷
化学学科知识与教学能力

初级中学

山香教师资格考试命题研究中心 主编

题 型 解 读

一、单项选择题

(一)题型介绍

单项选择题属于客观性试题,是教师资格考试的重要题型之一。在历年真题中,单项选择题题量稳定在20道,分值60分,占试卷总分值的40%。通过对近几年教师资格考试试题的选择题进行研究,发现它主要有以下几种类型:定性分析选择题、正误判断选择题和组合比较选择题等。

(二)解题方法

化学选择题没有一个通用的解法,但不管哪种解法都要经过认真审题、析题、解题这几个环节。

1. 定性分析选择题

定性分析就是对研究对象进行“质”的方面的分析。具体地说就是运用归纳与演绎、分析与综合以及抽象与概括等方法,对获得的各种材料进行思维加工,从而去粗取精、去伪存真、由此及彼、由表及里,达到认识事物本质、揭示内在规律的目的。

①分析选项型。这类选择题,我们可以根据已经掌握的概念和原理,在正确理解题意的基础上,对选项逐项进行分析,通过寻找各种不合理的因素,得到正确的答案,解题方法主要有直选法和筛选法。筛选法又叫排除法或淘汰法。由于这类选择题命题意思多不完整,所以必须经过选项的补充、限制才能有完整的题意,否则无法解答。

②代入型。有些题目给出的条件很抽象,看似简单却很容易出错,若选择具体的事物作为研究对象,把抽象的问题具体化,往往会收到意想不到的效果,解题方法主要有具体代入法或代入特例反驳法。

2. 正误判断选择题

正误判断题是选择题中最常见的题型,题目中常常以“下列说法或描述正确的、不正确的、合理的、错误的”等语句明确要求。试题选材上,主要侧重于考查基本概念、知识要点和基本原理的应用,如同分异构的判断、热化学方程式、电极方程式的书写正误等;再比如元素周期律、阿伏伽德罗常数、离子方程式等。

定性分析法是解决该题型的最基本方法,即依据题目所给条件,借助于已学知识进行分析和判断,直接得出结论。首先,要正确理解化学基本概念、基本知识和原理的内涵和外延,正确辨析各种化学现象;其次,要采用灵活的手段,可用直选法、排除法、对比分析法等方法综合分析,最终做出正确判断。这类选择题常见的解题方法有:

直接法:依据概念、定律及定律的推论等直接判断得出结论的方法。

筛选法:通过分析“问句”的含义,对所给选项逐一考虑,做出否定淘汰,最后剩下最佳选项的方法。

列举法:通过分析“问句”的含义,先找出符合条件的所有内容并列举出来,再结合选项的内容或题设中的隐含条件做出判断的方法。也可采用列举反例淘汰法。

3. 组合比较选择题

组合比较选择题,是指在题干下面有多个叙述选项的内容,而每个供选答案中一般包含有2个或2个以上选项内容的选择题。此类选择题涉及的内容较广,考查的知识点较多,要对每一个叙述内容做出准确无误的判断,往往会有些困难,但是,如果考生能掌握组合比较选择题的解题技巧,就能达到既正确又快捷简便的目的。

组合比较选择题的解题技巧:从各个叙述选项中找出最有把握的叙述选项予以肯定或否定,然后,再与供选答案作比较,挑选出正确的答案。当然,涉及不同类型的组合比较选择题时,还要针对具体问题进行具体分析。

二、简答题

(一)题型介绍

在历年真题中,简答题题量稳定在2道,分值25分,约占试卷总分值的17%。一般以结合材料的方式考查。材料内容丰富多样,涉及的知识面广。考生阅读材料,回答与材料相关的化学专业知识和化学教学知识。考查考生对知识的识记与理解以及发现问题、解决问题和语言表达的能力。

(二)解题方法

简答题涉及的都是较大的问题,或者让你阐述一种观点,或者让你对某种理论作出解释,或者是提供证明,但都有一定系统性。因此,回答要层次清楚、言简意赅,论点或根据不可遗漏。简答,突出重点,这既是简答题内容上的要求,也是这类题的题型特点。

1. 直问型简答题

一般是以某个基本概念、基本原理或基本观点的理解为命题内容,提问比较直接,一般只要求从一个角度回答,依据教材内容直接回答即可。

2. 材料型简答题

这类简答题会提供背景材料,并依据材料提出一系列问题。一般读懂题意,分步回答即可。

(1)是怎样

对已有的科学事实和观点做出肯定,阐明其具体表现,这是简答题中比较好回答的一类问题。在回答中,只要说明“是怎样”,就可以了。

(2)应该怎样

突出实践过程,强调具体方法,回答“应该怎样”。对这类问题,要注意操作的程序性,否则,回答就可能出现错误。

(3)为什么

要求阐明原因,回答原因。对这类问题,关键要把道理讲清楚,论据要全面。

(4)阐述概念

对两个容易混淆的概念或观点，要求界定，加以区别。回答这类问题，语言必须简洁，直接点出差异所在，就达到了题目要求。有时，最好的办法和策略，就是叙述概念，自然把差异说了出来，不必再写什么。

(5)整体把握

在简答题中，最简单的是记忆性问题，不要求你解释，只要求整体把握。一个问题，回答的要点多，是这类问题的特点。对于这样要点很多的简答题只要写出要点即可，不必解释每个要点，否则会影响整个应试速度。

三、诊断题

(一)题型介绍

在历年真题中，诊断题题量稳定在1道，分值15分，占试卷总分值的10%。一般以结合具体题目的方式考查。题目形式为：给出一道化学试题及学生作答情况，让考生给出正确答案和解题思路，对学生答错原因进行分析并描述自己的讲解过程；或是给出学生针对某一问题设计的探究方案，让考生对方案进行评价分析。主要考查考生对学科专业知识的掌握以及筛选整合、分析评价的能力。

(二)解题方法

诊断题是一种综合性非常强的题，此类题型在教资笔试考试中，比较容易得分。无论是教学论内容还是教学论与专业知识相结合的内容，在答题中难度并不大，需要各位考生在学习过程中长期积累，打好基础，这样在答题过程中就能保证答案的正确性。解决这类问题，我们需要注意以下几点：

1. 不要顺应学生的选择情况。学生选择比例最高的选项，不一定就是正确选项。这些选项情况只是帮助我们分析学生对于这道题的分析角度层次是什么样的，我们需要剖析学生研究问题的思维而不是顺应学生的这种思维来做题。

2. 从头到尾认真做一遍。分析学生错误的情况都是建立在我们正确做一遍题之上的，之所以我们会一步错步步错，就是因为我们自身心态上认为诊断题非常简单，一眼望去选择一个人多的选项就OK了，这种观念多半让我们在诊断题当中一分不得，所以一定要正确地面对这个题目。

3. 注重平时的积累。除了考查对专业知识的掌握情况之外，还考查作为教师而言的教材教法和教学技能的知识(教学方法与教学策略、评价诊断)，这就需要各位考生在平时的学习过程中注意积累教学论的常考知识点。

四、案例分析题

(一)题型介绍

在历年真题中，案例分析题题量稳定在1道，分值20分，约占试卷总分值的13%。一般是以结合具体教学案例的方式考查。题目形式为：给出某一学习主题的课堂教学实录、教学过程、教学方案，考查考生对教学过程的评价、对教育理论知识的掌握以及个别的专业知识。

(二)解题方法

考生做案例分析题时,可以遵循以下做题步骤:

1. 仔细研读教学情境或材料。通过教学情境,分析教学情境中所采用的教学方法或教学评价方法,快速锁定教学情境中的重点或出现的问题,并找出关键点,通过问题,弄清教学情境的脉络和逻辑结构。一般情况下,教学情境中会体现出问题的原因或根据教学情境可总结出解决问题的答案。需要注意的是,有些教学情境可能涉及多个教学环节,考生要仔细区分,不要错误划分具体内容。

2. 结合材料仔细回答问题,组织语言并整理答案。在阅读教学情境的过程中,考生可以用笔标记教学策略、教学方法、教学评价方式,这对问题的解答具有一定的帮助作用。不同类型的问题,可以采取不同的作答方法。

(1)直接问答式问题。这种类型的问题,一般注重考查考生的识记能力。涉及的教学方法或教学评价方法,只要根据具体的教学情境进行分析即可。

(2)分析式问题。针对这种类型的问题,考生一定要结合教学情境进行分析,根据教学情境中存在的问题进行回答,并给出具体措施或理由。

3. 组织语言,形成答案。答案思路要清晰,条理要清楚,言简意赅。

五、教学设计题

(一)题型介绍

在历年真题中,教学设计题题量稳定在 1 道,分值 30 分,占试卷总分值的 20%。通常会给出三段材料:材料一是《义务教育化学课程标准》(2011 年版)关于某一课题的内容标准;材料二是该课题的教材内容;材料三是教材的内容结构体系、学生的知识基础和学校条件。提问考生关于该课题的学科专业知识,让考生根据材料设计本课题的教学目标、教学方法、教学重难点和教学过程。

(二)解题方法

教学设计题是对考生教学能力的一个全面考查,考查考生运用相关知识进行教学设计的综合能力,也就是对考生知识和能力的双方面考查。

其中,教学目标包含三维教学目标:知识目标、能力目标、情感态度与价值观目标,答题时要一一列举,不要遗漏。教学目标一定要结合材料或主题内容,避免文不对题,另外,教学目标的设计要明确、具体、恰当,防止教学目标远大空洞、华丽却不切实际。

设计教学中的重难点时要注意:重点是指学习过程中那些贯穿全局,应用广泛,对学生的认知结构体系起着核心作用、基础作用以及衔接作用的内容。而难点是指那些学生不容易理解,接受有困难的内容。

设计教学流程(或过程)时,要紧紧围绕教学内容、学生学情、目的要求等来设计,不能偏离主题。针对不同的教学目的和课型要有对应的教学过程,并且所设计的教学流程应该是一个有机整体,不能太过零散。

目　录

真题试卷

预测试卷

参考答案及解析单独成册

真题试卷

2019 年下半年中小学教师资格考试真题试卷

《化学学科知识与教学能力》(初级中学)

(时间 120 分钟　满分 150 分)

题 号	一	二	三	四	五	总 分	核分人
题 分	60	25	15	20	30	150	
得 分							

得分	评卷人

一、单项选择题(本大题共 20 小题,每小题 3 分,共 60 分)

1. 人类生活离不开盐,下列有关生活中常见盐的说法错误的是(　　)

A. 公路上的积雪可用含盐的融雪剂来处理　　B. 水果可用稀硫酸铜溶液清洗后直接食用

C. 碳酸氢钠可用于做糕点,使其蓬松　　D. 碳酸钙可用于防治骨质疏松

2. 下列说法正确的是(　　)

A. Cl_2 具有漂白性,故可用于自来水的消毒

B. SO_2 具有还原性,故能使酸性 $KMnO_4$ 溶液褪色

C. 单质硅化学性质稳定,故可用于制造光纤和太阳能电池

D. NH_3 是一种碱性气体,故可用 P_2O_5 或碱石灰干燥

3. 下列各组离子在指定条件下能大量共存的是(　　)(常考)

A. 能使淀粉碘化钾试纸变蓝的溶液中:Na^+、NH_4^+、S^{2-}、SO_3^{2-}

B. 含大量 Al^{3+} 的溶液中:Na^+、Mg^{2+}、NO_3^-、HCO_3^-

C. 能使红色石蕊试纸变蓝的溶液中:Na^+、K^+、CO_3^{2-}、AlO_2^-

D. 水电离产生的 $c(H^+)=1.0\times10^{-13}\ mol\cdot L^{-1}$ 的溶液中:Na^+、NH_4^+、HCO_3^-、SO_4^{2-}

4. 下表是元素周期表的一部分,X、Y、Z、W 都是短周期元素,下列说法不正确的是(　　)(常考)

	X		Y
Z		W	

A. 原子半径:Z > W > Y

B. 若 Y、W 的质子之和大于 23,则 Z 的氧化物是碱性氧化物

C. 若 Z 的最高价氧化物与 Y 的气态氢化物的水溶液混合后有气体放出，则 W 的气态氢化物易被氧化

D. 若 X 能与氧形成两种常见的液态化合物，则 W 单质溶于水所形成的溶液具有漂白性

5. 用铂作电极电解某金属化合物(XCl_2)溶液，当收集到 1.12 L 氯气时(标准状况)，阴极增重 3.2 g，则该金属元素的相对原子质量是(　　)

A. 24　　B. 56　　C. 64　　D. 65

6. 下列化学史实表述符合事实的是(　　)

A. 阿伏伽德罗常数是由意大利科学家阿伏伽德罗测定出来的

B. 拉瓦锡发明了天平，并把它广泛应用于测量化学反应前后物质的质量

C. 化学家范特霍夫提出碳四面体构型学说，成功解释了有机化合物旋光异构现象

D. 道尔顿最先提出原子的概念，创立了科学的原子论

7. 已知热化学方程式：$N_2(g)+3H_2(g) \rightleftharpoons 2NH_3(g)$　$\Delta H=-Q$ kJ/mol($Q>0$)，下列说法正确的是(　　)(易混)

A. 增大压强或升高温度，该平衡都向逆反应方向移动

B. 将 1 mol $N_2(g)$ 和 3 mol $H_2(g)$ 置于密闭容器中充分反应后，放出热量为 Q kJ

C. 相同条件下，1 mol $N_2(g)$ 和 3 mol $H_2(g)$ 具有的能量小于 2 mol $NH_3(g)$ 具有的能量

D. 如将一定量 $N_2(g)$ 和 $H_2(g)$ 置于密闭容器中充分反应后放热 Q kJ，则此过程有 1 mol $N_2(g)$ 被还原

8. 防晒霜之所以具有防晒功能，是因为其有效成分的分子中有 π 键，这些 π 电子可吸收紫外线后被激发，从而减少紫外线对皮肤的伤害。下列物质可以用作防晒霜有效成分的是(　　)

A. 苯　　B. 对氨基苯甲酸　　C. 乙醚　　D. CCl_4

9. 人体在进行无氧运动时，体内的葡萄糖会转化成乳酸，乳酸结构简式如下图所示。下列有关说法正确的是(　　)(常考)

COOH
OH

A. 葡萄糖和乳酸所含官能团相同

B. 乳酸能发生催化氧化、取代和加成反应

D. 向葡萄糖溶液中加入氢氧化铜悬浊液，有砖红色沉淀生成

D. 乳酸能和碳酸氢钠或钠反应放出气体

10. 按下列实验装置进行相关实验，其中不能达到实验目的的是(　　)(常考)

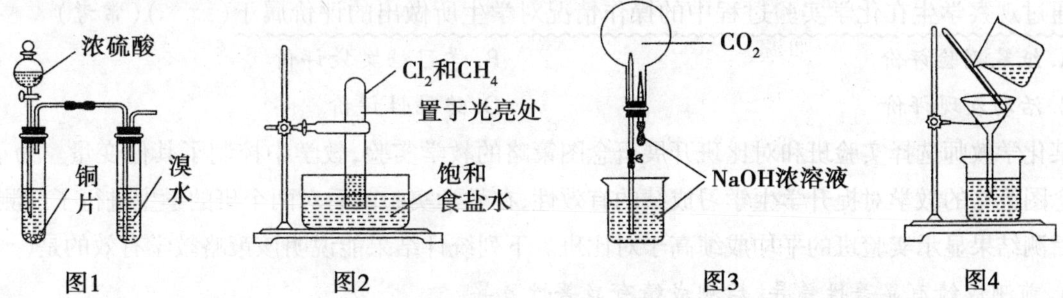

A. 图 1：验证浓硫酸的强氧化性

B. 图 2：验证甲烷与氯气发生化学反应

C. 图 3：二氧化碳的喷泉实验

D. 图4:分离二氧化锰固体和二氯化锰溶液的混合物

11. 义务教育阶段化学课程希望学生获得的发展包括(　　)

①认识科学探究的意义和基本过程　②初步学习运用观察、实验等方法

③说明并解释一些简单的化学问题　④逐步形成良好的学习习惯和方法

A. ①②　　B. ①②③　　C. ①③④　　D. ①②③④

12. 化学教师在教学中经常要对教科书进行“二次开发”,有关表述正确的是(　　)

A. 教师随意增减教科书内容

B. 教师随意提高教科书内容的难度

C. 教师根据教科书内容开发一些新的化学实验

D. 教师完全按照自己的习惯调整教科书内容的顺序

13. “通过实验事实了解碳及其化合物的主要性质”,该目标属于(　　)(常考)

A. 认知性目标　　B. 技能性目标　　C. 体验性目标　　D. 表现性目标

14. 在质量守恒定律的教学中,教师通过提供化学史料和实验,引导学生进行分析、概括、综合等一系列活动,最后得出质量守恒定律。该教学方法属于(　　)

A. 程序教学法　　B. 探究教学法　　C. 暗示教学法　　D. 范例教学法

15. 美国学者奥苏贝尔提出的“先行组织者”理论,强调学习材料应与下列内容建立合理联系的是(　　)

A. 学习者已有的知识经验　　B. 学习者的学习方式

C. 学习者的前科学概念　　D. 学习者的情感体验

16. 为了培养学生保护环境的意识,教师给学生布置了一项学习任务:通过实地考察和访谈了解学校的周边环境。这种教学活动属于(　　)

A. 社会调查　　B. 角色扮演　　C. 实验探究　　D. 小组讨论

17. 化学教师的板书应该科学规范,下列化学名词书写正确的是(　　)

A. 木碳、活性炭　　B. 法码、钳锅　　C. 苯酚、硝基苯　　D. 油酯、乙酸乙酯

18. 下列关于探究式教学的认识正确的是(　　)

A. 探究是最好的教与学的方式　　B. 只有学生做实验才是探究活动

C. 学生的自主探究不需要教师的指导　　D. 探究式教学既重过程,也不轻视结论

19. 通过观察学生在化学实验过程中的操作情况对学生所做出的评价属于(　　)(常考)

A. 纸笔测验评价　　B. 学习档案袋评价

C. 活动表现评价　　D. 终结性评价

20. 某化学教师选择实验班和对比班开展概念图策略的教学实验,教学中控制了其他变量。为了检验概念图策略的教学对提升学生学习成绩的有效性,在教学实验前后对两个班的学生进行了前测和后测,后测结果显示实验班的平均成绩高于对比班。下列统计结果能说明该策略教学有效的是(　　)

A. 前测成绩有显著性差异,后测成绩有显著性差异

B. 前测成绩有显著性差异,后测成绩无显著性差异

C. 前测成绩无显著性差异,后测成绩无显著性差异

D. 前测成绩无显著性差异,后测成绩有显著性差异

得分	评卷人

二、简答题(本大题共2小题,第21题12分,第22题13分,共25分)

21. 阅读下列素材,回答有关问题。

实验室制取氧气可以采用加热高锰酸钾或氯酸钾的方法,也可以采用分解过氧化氢的方法。

问题:

(1)与前两种方法相比,使用过氧化氢制取氧气有哪些优点?(6分)

(2)中学化学实验改进应坚持哪些原则?(6分)

22. 阅读下列素材,回答有关问题。

运用模型进行教学是中学化学教学的重要手段,下面是中学阶段涉及的有关水分子的几种模型(化学式可看作是符号模型)。

A. H_2O　　B. 

C. 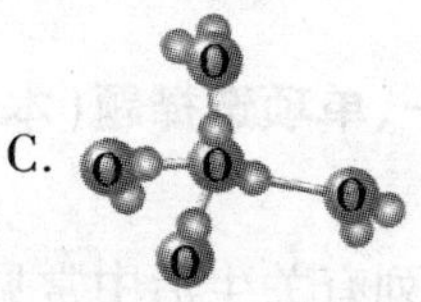

问题:

(1)请选择适合解释下列现象或规律的模型(每项限选一种),并作出解释。(6分)

现象或规律	适用模型	解释
①水的沸点较高		
②电解水产生的两种气体的体积比为2∶1		
③冰的密度比液态水的小		

(2)模型建构教学有哪些优点?(7分)

得分	评卷人

三、诊断题(本大题1小题,15分)

23. 某化学教师在一次化学测验中设计了下列试题,并对学生的解题结果进行了统计。

【试题】近年来我国生态环境质量持续好转,雾霾天气得到改善,雾霾是由空气污染造成的。某工厂排放烟气中 SO_2 的平均含量为 $0.032\ g\cdot L^{-1}$,为了减少有害气体进入空气,用780 g硫化钠

(Na_2S)溶液恰好能吸收 2000 L 该厂烟气中的 SO_2,反应的化学方程式为

$$2Na_2S + 5SO_2 + 2H_2O = 4NaHSO_3 + 3S\downarrow$$

求理论上应得到的 $NaHSO_3$ 溶液的质量(假设烟气中其他成分不能被吸收)。

【考试结果】在参加测验的学生中,有 40% 的同学解答错误。

根据上述信息,回答下列问题:

(1)理论上应得到的 $NaHSO_3$ 溶液的质量是多少?(3 分)

(2)试对学生解题错误形成的原因进行分析。(6 分)

(3)如果你要讲评本题,你教给学生的正确解题思路是什么?(6 分)

得分	评卷人

四、案例分析题(本大题 1 小题,20 分)

24. 下面是某教师进行"常见的酸和碱"内容的教学过程。

【引入】让学生列举生活中的酸和碱,并分析他们所具有的特点。

【学生活动】交流讨论。

【提问】如何通过化学方法确定这些物质是酸,还是碱?

【学生活动】交流讨论

【展示科学史料】酸碱指示剂的发现:英国科学家波义耳不慎将浓盐酸溅到一束紫罗兰花的花瓣上,冲洗后发现紫色的花瓣变成了红色,通过进一步实验,波义耳发现了酸碱指示剂。

【讲解】常用的酸碱指示剂。

【探究活动】用酸碱指示剂判断常见的酸和碱。

【小结】酸碱指示剂的变色规律。

【练习】判断物质与酸碱指示剂作用后的颜色变化。

【作业】家庭小实验:自制酸碱指示剂。

问题:

(1)请分析该教学过程中"引入"的教学设计意图。(6 分)

(2)请分析该教学过程中"科学史料"的教学价值。(8 分)

(3)请说明化学教学中"家庭小实验"应具备的特征。(6 分)

得分	评卷人

五、教学设计题(本大题1小题,30分)

25. 阅读材料,根据要求完成任务。

材料一 《义务教育化学课程标准》(2011年版)关于"溶解度"的内容标准为:"了解饱和溶液和溶解度的含义。"

材料二 某版本教科书中有关"溶解度"的内容如下:

二、溶解度

通过上述实验,我们大致可以得出以下结论:在室温下,20 mL水中所能溶解的氯化钠或硝酸钾的质量都有一个最大值,这个最大质量就是形成它的饱和溶液时所能溶解的质量,这说明,在一定温度下,在一定量溶剂里溶质的溶解量是有一定限度的,化学上用溶解度表示这种溶解的限度。

固体的溶解度表示在一定温度下,某固态物质在100 g溶剂里达到饱和状态时所溶解的质量。如果不指明溶剂,通常所说的溶解度是指物质在水里的溶解度。例如,在20 ℃时,100 g水里最多能溶解36 g氯化钠(这时溶液达到饱和状态),我们就说在20 ℃时,氯化钠在水里的溶解度是36 g。

资料卡片

溶解度的相对大小(20 ℃)

溶解度/g	一般称为
<0.01	难溶
0.01~1	微溶
1~10	可溶
>10	易溶

材料三 教学对象为初中学生,学生已经学习了溶液的形成、饱和溶液和不饱和溶液等相关知识。

要求:

(1)请分析"溶解度"内容的特点及其在中学化学知识体系中的重要性。(6分)

(2)根据上述3个材料,完成"溶解度"内容的教学设计,请从教学目标、教学方法和教学过程三个方面叙述(不少于300字)。(24分)

2019 年上半年中小学教师资格考试真题试卷(精编)

《化学学科知识与教学能力》(初级中学)

(本套试卷共 25 小题,目前已收录 24 小题)

题号	一	二	三	四	总分	核分人
题分	60	25	15	20	120	
得分						

得分	评卷人

一、单项选择题(本大题共 20 小题,每小题 3 分,共 60 分)

1. 恩格斯认为“把化学确立为科学”的科学家是(　　)

A. 阿伏伽德罗　　B. 波义耳

C. 道尔顿　　D. 拉瓦锡

2. 下列各组离子在溶液中能大量共存的是(　　)(常考)

A. K^+、Fe^{3+}、SCN^-、CO_3^{2-}　　B. K^+、Al^{3+}、AlO_2^-、HCO_3^-

C. NH_4^+、Fe^{2+}、SO_4^{2-}、S^{2-}　　D. Na^+、NH_4^+、NO_3^-、SO_4^{2-}

3. CrO_5(过氧化铬)的结构式如下图所示,对该物质的推断正确的是(　　)

(结构式:Cr 与一个 O 以双键相连,并分别与两组 O—O 相连)

A. 不稳定,易分解　　B. 其中 Cr 为 +5 价

C. 属于碱性氧化物　　D. 分子中所有原子均达到 8 电子稳定结构

4. 2015 年 12 月 30 日,国际纯粹与应用化学联合会宣布,元素周期表将会加入第 113 号、115 号、117 号和 118 号元素。下列表述错误的是(　　)

A. 周期表的一个横行表示一个周期

B. 113 号、115 号、117 号元素都是主族元素

C. 如果再发现 119 号、120 号元素，它们将加入周期表第 7 周期

D. 113 号、115 号、117 号、118 号元素都是人造元素

5. 下列能形成总反应为 $2Fe^{3+} + Fe \Longrightarrow 3Fe^{2+}$ 的原电池是(　　)

A. 正极为 C，负极为 Fe，电解质溶液为 $Fe(NO_3)_3$ 溶液

B. 正极为 C，负极为 Fe，电解质溶液为 $Fe(NO_3)_2$ 溶液

C. 正极为 Fe，负极为 Zn，电解质溶液为 $Fe(NO_3)_3$ 溶液

D. 正极为 C，负极为 Fe，电解质溶液为 $Cu(NO_3)_2$ 溶液

6. 用下列实验仪器进行相应实验，能达到实验目的的是(　　)

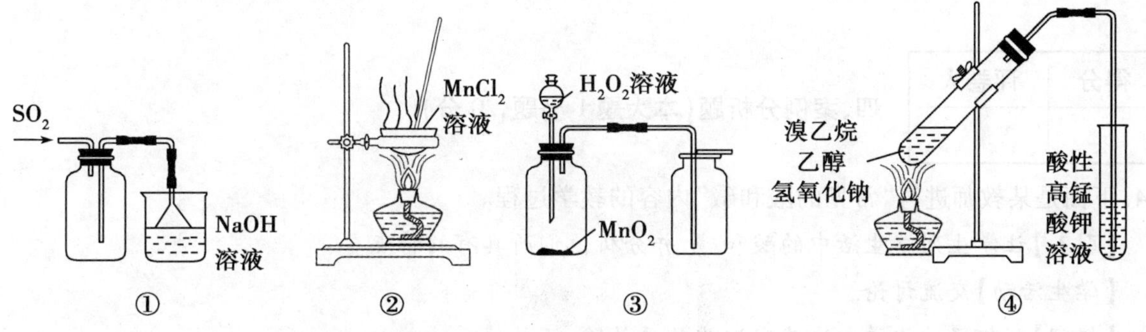

A. 用图①装置收集 SO_2

B. 用图②装置蒸干氯化锰溶液制 $MnCl_2 \cdot 4H_2O$

C. 用图③装置制取并收集 O_2

D. 用图④装置验证溴乙烷发生消去反应

7. 左旋多巴是一种抗帕金森病药物的主要成分，其结构式如下图所示。下列关于左旋多巴的描述错误的是(　　)(常考)

HO, HO, O, OH, NH2 (structure)

A. 容易发生氧化反应

B. 能与 $FeCl_3$ 溶液发生显色反应

C. 既可以和强酸反应，也可以和强碱反应

D. 每个左旋多巴分子中有 2 个手性碳原子

8. 密闭容器中，用等物质的量的 X 和 Y 发生如下反应：$X(g) + 3Y(g) \rightleftharpoons Z(g)$，反应达到平衡时，若混合气体中 X 和 Y 的物质的量之和与 Z 的物质的量相等，则这时 X 的转化率为(　　)

A. 30%　　B. 40%

C. 50%　　D. 60%

9. 下列化合物分子的核磁共振氢谱图中能出现三组吸收峰的是(　　)

A. CH_3OCH_3　　B. $CH_3COCH_2CH_3$

C. $CH_3CH_2CH_3$　　D. CH_3COOCH_3

10. 下列物质的沸点由低到高排序正确的是(　　)

A. $CF_4 < CBr_4 < CCl_4 < CI_4$　　B. $CI_4 < CBr_4 < CCl_4 < CF_4$

C. $CI_4 < CCl_4 < CBr_4 < CF_4$　　D. $CF_4 < CCl_4 < CBr_4 < CI_4$

11. 依据课程标准，义务教育化学教科书中化学概念内容的编写要体现(　　)

①直观性　　②关联性

③学术性　　④发展性

A. ①②③　　B. ①②④

C. ①③④　　D. ②③④

12. 化学课程目标确立的依据是(　　)

①国家对人才培养的基本要求　　②考试的要求和需要

③化学学科的特征　　④学生发展的需要

A. ①②③　　B. ①②④

C. ①③④　　D. ②③④

13. 关于教学目标的表述错误的是(　　)

A. 教学目标是课程目标的具体化

B. 教学目标是课堂教学的主要依据

C. 教学目标是对学习结果的预期

D. 教学目标是教材编写的主要依据

14. 从知识分类来看，配平化学方程式属于(　　)(易错)

A. 化学事实性知识　　B. 化学理论性知识

C. 化学技能性知识　　D. 化学情意性知识

15. 在化学课堂上，有些同学只喜欢观看教师所做的演示实验，这种兴趣属于(　　)

A. 感知兴趣　　B. 操作兴趣

C. 探究兴趣　　D. 创造兴趣

16. “结构决定性质”是人们认识物质过程中获得的一条规律。下列事实不能用这一规律解释的是(　　)

A. 卤族元素的单质性质相似

B. 镁与不同浓度盐酸反应的速率不同

C. 乙醇和甲醇都能发生酯化反应

D. 金刚石与石墨硬度不同

17. 关于化学教学中的化学实验和科学探究表述正确的是(　　)

A. 科学探究中应该将实验和推理、判断相结合

B. 科学探究只能通过实验获取事实和证据

C. 科学探究的问题应该来源于实验

D. 科学探究的各环节都应该围绕实验展开

18.《义务教育化学课程标准》(2011 年版)指出，化学教学中要“努力创设真实而有意义的学习情境”。据此，下列学习情境创设最为合理的是(　　)

A. 用“死狗洞”的故事引出二氧化碳物理性质的学习

B. 用烟花仓库爆炸的新闻事件引出“燃烧与灭火”课题

C. 用氢氧化钠溶液腐蚀鸡爪的实验引出氢氧化钠性质的学习

D. 用无土栽培技术的应用引出溶液内容的学习

19. 高中化学学业水平考试属于(　　)

A. 终结性评价　　B. 形成性评价

C. 诊断性评价　　D. 常模参照评价

20. 下列评价方式符合现行中学化学课程评价理念的是(　　)(常考)

①统一评价标准，进行定量评价

②学生自我评价与相互评价相结合

③终结性评价与过程性评价相结合

④评价目标多元化与评价方式多样化

A. ①　　B. ①②

C. ②③④　　D. ①②③④

得分	评卷人

二、简答题(本大题共 2 小题,第 21 题 12 分,第 22 题 13 分,共 25 分)

21. 阅读下面文字,回答有关问题。

俄国化学家门捷列夫曾说过:“科学的原理起源于实验的世界和观察的领域,观察是第一步,没有观察就不会有接踵而来的前进。”在《义务教育化学课程标准》(2011 年版)中要求引导学生在观察、实验和交流讨论中学习化学知识,提高学生的科学探究能力。可见,想要学好化学这门以实验为基础的学科,学生的实验观察能力是必要的基本能力,而且,学生的实验观察具有一定的特殊性。

问题:

(1)学生的实验观察具有怎样的特殊性?(6 分)

(2)学生良好的实验观察能力应体现在哪些方面?(6 分)

22. 阅读下面文字,回答有关问题。

化学学习包括三大领域:可观察现象的宏观世界;分子、原子和离子等微粒构成的微观世界;化学式、化学方程式和元素符号等构成的符号世界。因此,我国化学课程强调要帮助学生从不同的角度去认识和理解化学知识,建立起宏观、微观与符号之间的联系。

问题:

(1)请以氯化钠为例说明化学知识在宏观、微观和符号三个方面的体现。(6 分)

(2)在化学教学中如何利用宏观、微观与符号之间的关系开展教学?(7 分)

得分	评卷人

三、诊断题(本大题1小题,15分)

23. 研究表明,学生在学习科学知识之前头脑中会存着一些相关概念,其中有些是模糊甚至是错误的,会对学生的学习产生不利影响,研究者将这类概念称为前概念。某初中化学教师在进行纯净物概念教学前,为了解学生的前概念设计了以下测试题,并对学生的答题结果进行了统计。

【测试题】下列物质属于纯净物的是( )

A. 人造金刚石　　B. 洁净的矿泉水

C. 白酒　　D. 天然气

【测试结果】考生的答题情况统计如下:

选项	A	B	C	D
比例	32%	25%	23%	20%

根据上述信息,回答下列问题:

(1)教师要测查出学生产生前概念的原因,可采用哪两种教育研究方法?(4分)

(2)试对学生答题错误的原因进行分析。(4分)

(3)试分析学生化学学习中错误前概念的来源。(3分)

(4)在纯净物概念教学中,如何帮助学生将错误的前概念转变为科学概念?(4分)

得分	评卷人

四、案例分析题(本大题1小题,20分)

24. 阅读案例,并回答问题。

案例:

下面是某新教师的"二氧化碳(第一课时)"课堂教学实录片段。

【环节1】视频展示:舞台上"云雾缭绕"的场景。

【环节2】提出问题:①舞台上"云雾缭绕"的场景是如何得来的?②二氧化碳有哪些来源?二氧化碳又是怎样被消耗掉的?③空气中二氧化碳的含量如何?你知道"温室效应"吗?④雪碧中冒出的气体究竟是什么气体?如何检验?⑤二氧化碳气体对人类的生活有什么影响?"人工降雨"是怎么回事?

……

【环节8】学生总结:二氧化碳的颜色、气味、状态。

【环节9】图片展示:在我国北方,冬天有人进入储藏白菜的地窖内时,可能会因地窖内二氧化碳含量过高而有生命危险。

【环节10】提出问题:……

问题:

(1)分析该案例中【环节2】所提出问题的优点和不足。(10分)

(2)请解释舞台上利用干冰产生"云雾缭绕"现象的原理。(4分)

(3)【环节9】中哪些事实可以作为二氧化碳性质教学的引入?(2分)据此请设计两个问题。(4分)

2018 年下半年中小学教师资格考试真题试卷(精编)

《化学学科知识与教学能力》(初级中学)

(本套试卷共 25 小题,目前已收录 22 小题)

题 号	一	二	三	四	五	总 分	核分人
题 分	51	25	15	20	30	141	
得 分							

得分	评卷人

一、单项选择题(本大题共 17 小题,每小题 3 分,共 51 分)

1. 下列物质中属于油脂的是(　　)

A. 植物油　　B. 石油　　C. 甘油　　D. 润滑油

2. 创建和谐社会,保护生态环境是每个公民的责任和义务。下列有关做法有利于保护生态环境的是(　　)

A. 大量使用塑料购物袋　　B. 将废旧电池进行深埋处理

C. 秸秆进行露天焚烧处理　　D. 开发和使用生物质能

3. 下列有关缓冲溶液的表达正确的是(　　)

A. 可用醋酸钠配制缓冲溶液

B. 缓冲溶液的组分主要是弱酸及其对应的盐

C. 人过多饮水引起的水中毒是因为体内缓冲溶液被破坏造成的

D. 缓冲溶液具有缓冲能力的根本原因是其组分间存在同离子效应

4. 下列变化中,前者为物理变化,后者为化学变化的是(　　)

①盐酸除锈,石蜡熔化　　②白磷自燃,空气液化　　③汽油挥发,酒精燃烧

④三氧化硫溶于水,二氧化碳通入石灰水　　⑤白色硫酸铜粉末遇水变蓝,酸碱指示剂变色

⑥冰融化成水,倒置泡沫灭火器产生二氧化碳

A. ①③　　B. ②⑤　　C. ③⑥　　D. ④⑥

5. 纸电池是一种广泛应用的“软电池”,它采用涂有碳纳米管的薄层纸片作为载体和传导体,纸片的两面分别附着锌和二氧化锰。下列有关纸电池的说法不合理的是(　　)(常考)

A. Zn 为负极,发生氧化反应

B. 电池工作时,电子由 MnO_2 流向 Zn

C. 正极反应：$MnO_2 + H_2O + e^- \rlap{=}{=}\!= MnOOH + OH^-$

D. 电池总反应：$Zn + 2MnO_2 + 2H_2O \rlap{=}{=}\!= Zn(OH)_2 + 2MnOOH$

6. 下列叙述正确的是(　　)

A. NH_3、CO、CO_2 都是极性分子

B. CH_4、CCl_4、BF_3 都是含极性键的非极性分子

C. HF、HCl、HBr、HI 的稳定性依次增强

D. CS_2、CO_2、H_2O_2、C_2H_2 都是直线型分子

7. 下列离子在 pH = 13 的溶液中可以大量共存的是(　　)(常考)

A. Na^+、Ba^{2+}、CO_3^{2-}、NO_3^-

B. SO_4^{2-}、Na^+、Cl^-、NO_3^-

C. Na^+、Cl^-、H^+、SO_4^{2-}

D. Na^+、NH_4^+、NO_3^-、SO_4^{2-}

8. 下图是一套实验室用于发生和收集气体的装置，利用这套装置能实现下列实验目的的是(　　)

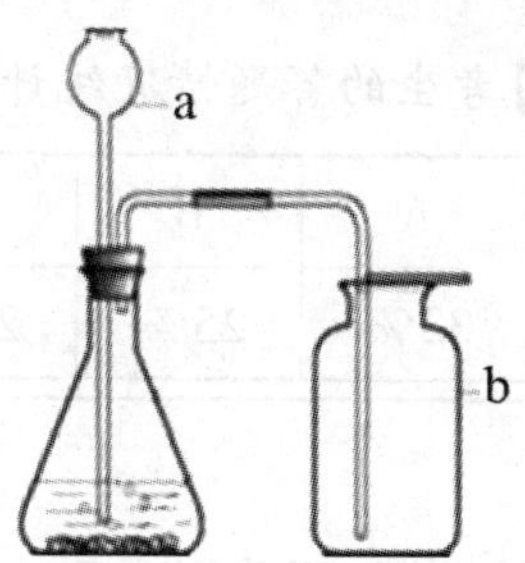

A. 铜屑和稀硝酸反应制取一氧化氮

B. 二氧化锰和浓盐酸反应制取氯气

C. 铜与浓硫酸反应制取二氧化硫

D. 碳酸钙和稀盐酸反应制取二氧化碳

9. 下列说法正确的是(　　)

A. 乙烯和溴发生加成反应的产物为溴乙烯

B. 分子式为 C_7H_{16} 且主链上有 5 个碳原子的烷烃共有 4 种

C. 烷烃的通式为 C_nH_{2n+2}，随 n 值增大碳元素的质量分数逐渐增大

D. 1 mol 苯恰好与 3 mol 氢气完全加成，说明一个苯分子中有三个碳碳双键

10. 2.0 mol PCl_3 和 1.0 mol Cl_2 充入体积不变的密闭容器中，在一定条件下发生下述反应：$PCl_3(g) + Cl_2(g) \rightleftharpoons PCl_5(g)$，达到平衡状态时，$PCl_5$ 为 0.40 mol，如果此时移走 1.0 mol PCl_3 和 0.5 mol Cl_2，在相同温度下再达到平衡时，PCl_5 的物质的量是(　　)(易错)

A. 0.40 mol

B. 0.20 mol

C. 小于 0.20 mol

D. 大于 0.20 mol，小于 0.40 mol

11. 逻辑推理是一种重要的化学思维方法。下列推理合理的是(　　)

A. 因为碱溶液呈碱性，所以呈碱性的溶液一定都是碱溶液

B. 因为氧化物含有氧元素，所以含有氧元素的化合物都是氧化物

C. 因为 H_2O 和 H_2O_2 的组成元素相同，所以它们的化学性质相同

D. 因为蜡烛在氧气中燃烧生成 CO_2 和 H_2O，所以蜡烛中一定含有碳元素和氢元素

12. 科学探究对发展学生的科学素养具有不可替代的作用，下列关于探究活动的叙述中，正确的是(　　)

A. 探究活动不包括教师演示实验

B. 只有学生做实验才是探究活动

C. 所有新知识的学习都一定要探究

D. 查阅资料是探究活动的一种

13. 依据《义务教育化学课程标准》(2011 版)的内容标准,下列属于一级主题“化学与社会发展”的是(　　)(常考)

A. 化学与能源和资源的利用　　B. 我们周围的空气

C. 生活中常见的化合物　　D. 化学物质的多样性

14. 某教师引导学生通过分析加热高锰酸钾、分解过氧化氢和加热氯酸钾制取氧气。根据反应的共同特征,及其与化合反应的不同,得出了分解反应的概念。此教师运用的思维方法是(　　)

A. 归纳和比较　　B. 想象和比较

C. 演绎和想象　　D. 直觉和归纳

15. 板书应科学规范。下列板书中的名词,完全正确的是(　　)(易混)

A. 煤碳、木碳、活性碳　　B. 羟基、羰基、羧基

C. 法码、钳锅、铁架台　　D. 氨气、氨水、氯化氨

16. 某教师在二氧化碳性质的教学中,创设了如下情景引入新课:“有一种物质,农民伯伯说它是‘植物的粮食’;消防官兵说它是‘灭火先锋’;建筑师们说它是‘粉刷匠’;环境学家说它是‘造成全球变暖的罪魁祸首’。你们猜这种物质是什么呢?”下列对于该教师的设计意图分析中合理的是(　　)

A. 锻炼学生的学习意志　　B. 训练学生的表达能力

C. 培养学生的观察能力　　D. 激发学生的求知欲望

17. 下列关于化学学习策略的描述中,正确的是(　　)

A. 化学学习策略属于化学概念性知识　　B. 化学学习策略是具体的化学解题方法

C. 化学学习策略是化学学习的条件性知识　　D. 化学学习策略是不可明示的内隐性知识

得分	评卷人

二、简答题(本大题共 2 小题,第 18 题 12 分,第 19 题 13 分,共 25 分)

18. 阅读下列素材,回答有关问题。

某化学教材为了落实课程改革中提倡的“采取生动多样化的呈现方式,发挥教材的多种教育功能”,在教材中设置了多样化的栏目,如“探究”“讨论”“调查与研究”等活动性栏目,“资料卡片”“化学·技术·社会”等资料性栏目,以及“方法导引”“想一想”等指导性栏目。

问题:

(1)你认为化学教材设置多样化的栏目,其功能有哪些?(6 分)

(2)请以“讨论”栏目为例,说明如何利用教材中的该栏目进行教学?(6 分)

19. 阅读下列素材,回答有关问题。

二百多年前,法国化学家拉瓦锡用定量的方法研究了空气的成分,他把少量的汞放在密闭的容器里连续加热 12 天,发现有一部分银白色液态汞变成红色粉末,同时容器里的空气的体积差不多减少了$\frac{1}{5}$。他研究了剩余$\frac{4}{5}$体积的气体,发现这部分气体既不能供给呼吸,也不能支持燃烧,他认为这部分气体全部都是氮气(拉丁文原意是"不能维持生命")。

拉瓦锡又把在汞表面上所生成的红色粉末收集起来,放在另一个较小的容器里再加强热,得到了汞和氧气,而且氧气的体积恰好等于密闭容器里所减少的体积,他把得到的氧气加到前一个容器里剩下的$\frac{4}{5}$体积的气体中,结果所得气体跟空气的性质完全一样。通过这个实验,拉瓦锡得出了"空气由氧气和氮气组成,其中氧气约占空气总体积的$\frac{1}{5}$"的结论。

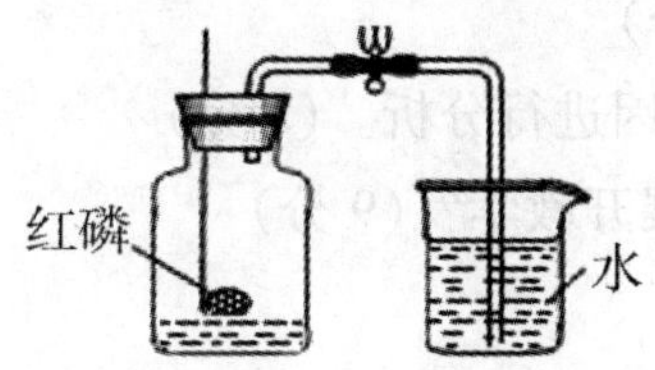

问题:

(1)运用上述材料可以培养学生哪些科学精神?(3 分)

(2)空气对人类生活具有重要作用,造成空气质量变差的原因有哪些?(3 分)化学教师应如何教育学生保护我们周围的空气?(2 分)

(3)上图是一个仿照拉瓦锡研究空气成分的实验,该实验利用红磷燃烧测定空气中氧气的含量,上图中的集气瓶内有少量水,且水面上方空间分为 5 等份。请说明该实验的操作过程,并写出反应的化学方程式。(5 分)

得分	评卷人

三、诊断题(本大题 1 小题,15 分)

20. 某化学教师设计了下列试题,并对学生的考试结果进行了统计。

【试题】一位学生为了验证锌、银、铜三种金属的活动性顺序,设计了五个实验:①将 Zn、Cu 分别放入稀盐酸中;②将 Ag 放入 $Cu(NO_3)_2$ 溶液中;③将 Cu 放入 $AgNO_3$ 溶液中;④将 Cu 放入 $ZnSO_4$ 溶液中;⑤将 Zn 放入 $AgNO_3$ 溶液中。下列实验组合不能验证锌、银、铜三种金属活动性顺序的是(　　)

A. ①②　　B. ①③　　C. ②④　　D. ①⑤

【考试结果】有 32.5% 的同学选择了 A 或 B。

试根据上述信息,回答下列问题:

(1)本题正确选项是什么?(3 分)

(2)试对学生解题错误的可能原因进行分析。(3 分)

(3)如果要讲述本题,你将如何展开教学?(9 分)

得分	评卷人

四、案例分析题(本大题 1 小题,20 分)

21. 阅读案例,并回答问题。

下面是某教师关于“燃烧与灭火”的教学过程的自我描述。

在“燃烧与灭火”这一节课的教学中,我结合生活中的燃烧现象,出示了几张图片,开门见山地引入课题,此时学生表现出强烈的学习热情,接下来我通过一个演示实验让学生得出了燃烧所需要的条件。

为了巩固对燃烧条件的认识,我接着安排了下一个探究实验,“要使热水中的白磷也燃烧起来该怎么办?”这时,王同学马上站起来回答说:“向水中吹气。”我一听,原本想训斥该生:“吹出来的气体中二氧化碳的含量比空气中的有明显的提高,二氧化碳不支持燃烧,白磷怎么会燃烧起来?这最起码的知识都不懂,还乱说!”可一想,老师都有可能犯错,更何况学生呢!于是我笑着说:“王同学,你上来试一试吧!”他上来后用导气管向水中的白磷吹气,白磷没有燃烧起来,又使劲地吹了一大口,白磷还是没有燃烧起来,于是他有些沮丧地下去了,并趴在桌子上。见此情景,我肯定了王同学的勇气,并要求其他同学一起来解决问题,又有学生说:“老师,应该向水中通氧气。”我说:“你

学是实验的科学,只有实验才是最高法庭,你的想法是否正确,得用实验来加以证实。”于是拿出事先收集好的氧气,请他向水中通入氧气,这时观察到白磷在水中燃烧起来,非常有趣,学生们非常激动,情不自禁地鼓掌,课堂教学又一次达到了高潮。

实验过后,我还组织学生尝试了向热水中的白磷通入空气使其燃烧的实验,也获得了成功,进而,我又提出问题:“通过导气管用嘴向水中吹气,为什么不能使白磷燃烧?”还是请王同学回答,他在老师的引导和同学的提示下找到了原因,答道:“从嘴里吹出的气体中含有较多的二氧化碳,它不能支持白磷燃烧。”此时,我接着说:“好,请坐下,老师非常高兴看到了你的进步。”大家不约而同地鼓掌,我注意到这位同学的表情,他眼中又充满了自信。

问题:

(1)燃烧的条件是什么?(3分)

(2)根据上述教学过程自述,阐述该教师的教学有哪些优点。(8分)

(3)该教师对待王同学的方式对化学教学有哪些启示?(9分)

得分	评卷人

五、教学设计题(本大题1小题,30分)

22. 阅读材料,根据要求完成任务。

材料一 《义务教育化学课程标准》(2011年版)关于“学习基本的实验技能”中要求初中学生能对物质进行加热操作。

材料二 某版本教科书中有关“物质的加热”教学内容如下。

二、物质的加热

加热是最常见的反应条件,这一基本的实验操作常要使用酒精灯。

1. 酒精灯的使用方法

酒精灯的使用方法如图1-28所示。使用酒精灯时,要注意以下几点:

(1)绝对禁止向燃着的酒精灯里添加酒精,以免失火;

(2)绝对禁止用酒精灯引燃另一只酒精灯;

(3)用完酒精灯后，必须用灯帽盖灭，不可用嘴去吹。（盖灭后轻提一下灯帽，再重新盖好，为什么？）

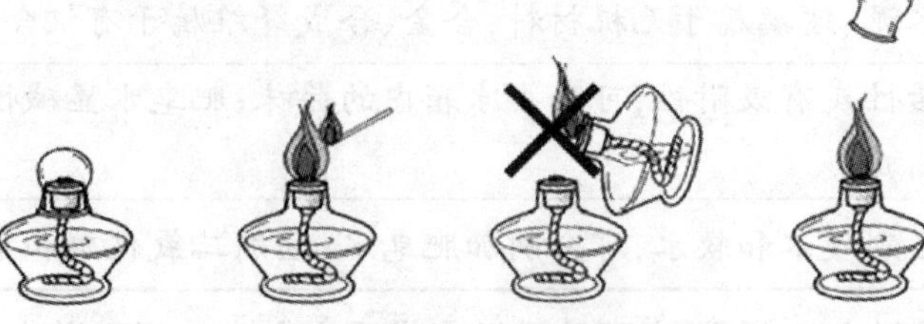

图 1－28　酒精灯的使用

(4)不要碰倒酒精灯，万一洒出的酒精在桌上燃烧起来，不要惊慌，应立刻用湿抹布扑盖。

实验 1－5 点燃酒精灯，仔细观察火焰的分层情况。取一根火柴梗，拿住一端迅速平放入火焰中（如图 1－29），约 1～2 s 后取出，熄灭酒精灯。

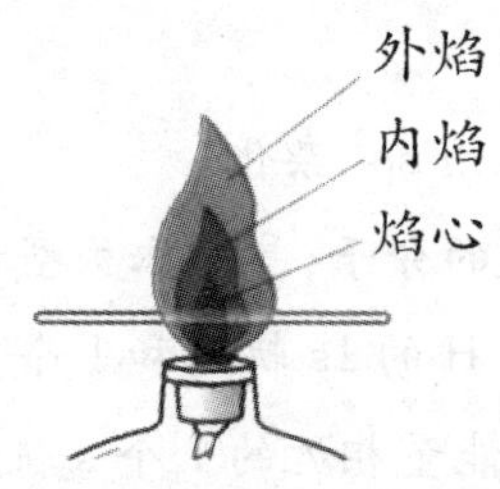

图 1－29　酒精灯的灯焰

观察烧后的火柴梗。处在火焰哪一层的火柴梗最先炭化？哪一层的火焰温度最高？用酒精灯加热时，应该用哪一层火焰加热？

2. 给物质加热

用酒精灯给试管中液体加热的方法如图 1－30 所示。

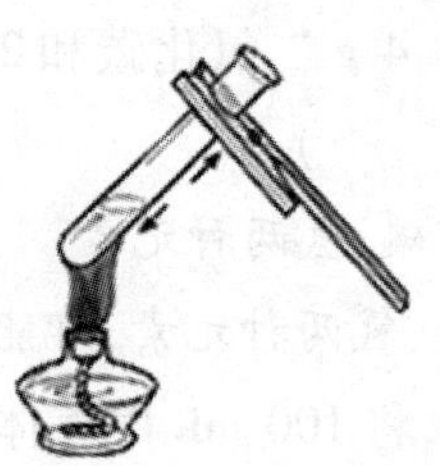

图 1－30　加热方法

用酒精灯加热试管里的液体时，要注意以下几点：

(1)试管外壁应该干燥，试管里的液体不应超过试管容积的$\frac{1}{3}$；

(2)用试管夹夹持试管时，应由试管底部套上、取下；

(3)加热时，应先使试管底部均匀受热，然后用酒精灯的外焰固定加热；

(4)试管口不要对着自己或他人；

(5)加热后的试管，不能立即接触冷水或用冷水冲洗。

实验1－6 用10 mL量筒量取2 mL氢氧化钠溶液，倒入试管中，然后用滴管向该试管中滴加硫酸铜溶液，观察有什么现象发生。用试管夹夹住该试管（夹在距试管口约$\frac{1}{3}$处），按图1－30中所示的正确加热方法加热，观察现象。

实验内容	现象
氢氧化钠溶液中加入硫酸铜溶液	
加热上述反应后生成的物质	

要求：

(1)在教学实践中应如何培养学生的化学实验操作技能？（6分）

(2)根据上述两个材料，完成“物质的加热”的教学设计（包括教学目标、教学方法和教学过程等方面）（不少于300字）（24分）

2018 年上半年中小学教师资格考试真题试卷

《化学学科知识与教学能力》(初级中学)

(时间 120 分钟　满分 150 分)

题　号	一	二	三	四	五	总　分	核分人
题　分	60	25	15	20	30	150	
得　分							

得分	评卷人

一、单项选择题(本大题共 20 小题,每小题 3 分,共 60 分)

1. 下列说法正确的是(　　)

A. 因碘酒能使蛋白质变性,故常用于外用消毒

B. 能用于治疗胃酸过多的抗酸药通常含有麻黄碱

C. 长期大量使用阿司匹林可预防疾病,没有副作用

D. 使用青霉素时,可以不用进行皮肤敏感试验直接静脉注射

2. 下列不符合节能减排举措的是(　　)

A. 大力发展火力发电

B. 使用太阳能热水器

C. 用石灰对煤燃烧后形成的烟气脱硫

D. 利用有机废弃物在沼气池中发酵产生的沼气作为燃料

3. 许多国家十分重视海水资源的综合利用。下列不需要化学变化就能够从海水中获得的物质是(　　)

A. 溴、碘　　　　B. 钠、镁

C. 烧碱、氢气　　　　D. 食盐、淡水

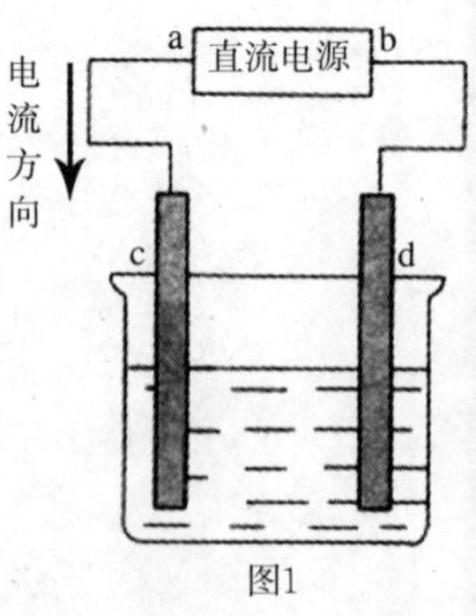

图1

4. 图 1 是电解 $CuCl_2$ 溶液的装置,其中 c、d 为石墨电极。则下列判断正确的是(　　)(常考)

A. a 为负极、b 为正极　　　　B. a 为阳极、b 为阴极

C. 电解过程中,d 电极质量增加　　　　D. 电解过程中,溶液中氯离子浓度不变

5. 归纳与反思是学习化学的重要环节。下表是某同学对所学内容的归纳,其中正确的是(　　)

A. 性质与用途	石墨具有良好的导电性,可用作电极;氢氧化钙是碱,可用于改良碱性土壤
B. 化学与材料	水泥、玻璃属于无机材料;合金、合成纤维属于有机合成材料
C. 化学与生活	活性炭有吸附性,可除去冰箱内的异味;肥皂水显碱性,涂抹在蚊虫叮咬处可减轻痛痒
D. 物质的鉴别	区别硬水和软水,可分别加肥皂水;区别二氧化碳和氮气,可分别用带火星的木条

6. 香兰素是重要的香料之一,它可由丁香酚经多步反应合成。下列说法正确的是(　　)(常考)

A. 常温下,1 mol 丁香酚只能与 1 mol Br_2 反应

B. 丁香酚不能与 $FeCl_3$ 溶液发生显色反应

C. 1 mol 香兰素最多能与 3 mol 氢气发生加成反应

D. 一个香兰素分子中至少有 12 个原子共平面

OH　OCH₃　$CH_2CH=CH_2$ 丁香酚 → …… → OH　OCH_3　CHO 香兰素

7. 下列说法正确的是(　　)

A. 在 NH_3 和 BF_3 中,中心原子均采用 sp^2 杂化

B. 中心原子采取 sp^3 杂化轨道成键的分子,其立体构型都是正四面体

C. CH_4 中的 sp^3 杂化轨道是由 4 个 H 的 1s 轨道和 1 个 C 的 2p 轨道混合形成的

D. sp^3 杂化轨道是由同一个原子中能量相近的 1 个 s 轨道和 3 个 p 轨道混合形成的

8. 除去下列物质中的少量杂质(括号内为杂质)所用方法正确的是(　　)(常考)

A. CO_2(CO)——点燃

B. $ZnSO_4$ 溶液($CuSO_4$)——加入过量的锌粉,充分反应后过滤

C. NaCl 溶液($MgCl_2$)——加入过量的氢氧化钠溶液,充分反应后过滤

D. $CaCl_2$ 固体($CaCO_3$)——加水溶解、过滤、洗涤、干燥

9. 一定质量的某化合物与 4.8 g 氧气恰好完全反应,只生成 4.4 g 二氧化碳和 2.7 g 水。下列对该化合物的判断正确的是(相对原子质量 H-1 C-12 O-16)(　　)

A. 只含有碳、氧两种元素　　B. 只含有碳、氢两种元素

C. 一定含有碳、氢、氧三种元素　　D. 含有碳、氢两种元素,可能含有氧元素

10. 无色混合气体甲,可能含 NO、CO_2、NO_2、NH_3、N_2 中的几种,将 100 mL 甲气体经过图 2 所示实验的处理,结果得到酸性溶液,且几乎无气体剩余,则甲气体的组成为(　　)

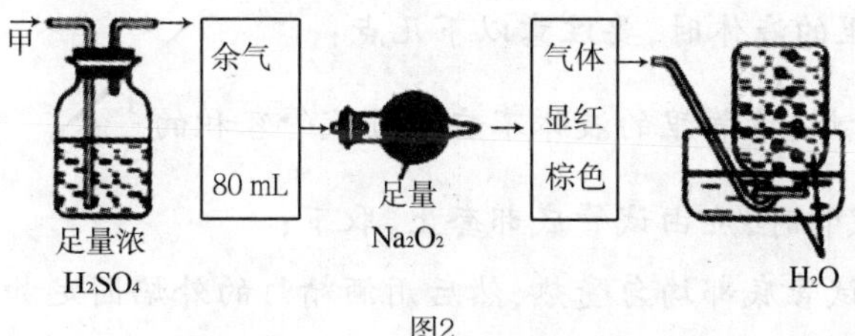

图2

A. NH_3、NO、CO_2　　B. NH_3、NO_2、N_2

C. NH_3、NO_2、CO_2　　D. NO、NO_2、N_2

11.《义务教育化学课程标准》(2011 年版)包括五个一级主题,下列不属于这五个主题的是(　　)

A. 科学探究　　B. 物质构成的奥秘

C. 化学与社会发展　　D. 我们周围的空气

12. 某教师在"制取氧气"的教学前,做了如下工作,其中,属于该课时教学设计的是(　　)

①分析了"制取氧气"在本单元的地位　　②选定了"制取氧气"的教学方法

③编制了一套包含"制取氧气"内容的期中考题　　④确定了"制取氧气"的教学重点

⑤准备了"制取氧气"的实验教学用品

A. ①②③　　B. ②④⑤　　C. ①②④　　D. ③④⑤

13. 某化学教师在进行"二氧化碳的物理性质"教学前,给学生播放一个深山老林中"死狗洞"的故事,创设这一教学情景的主要目的是(　　)

A. 调节课堂气氛　　B. 引导新课教学

C. 引导学生善待动物　　D. 告诫学生注意人身安全

14. 下列可以用来描述认知性目标水平的行为动词是(　　)(常考)

A. 体验　　B. 认识　　C. 认同　　D. 模仿

15. 某教师在开展"金属的化学性质"的教学时,下列最能让学生对金属的化学性质产生直观认识的教学方法是(　　)

A. 实验法　　B. 讨论法　　C. 练习法　　D. 讲授法

16. 下列教学行为中,不恰当的是(　　)

A. 用球棍模型展示甲烷的分子结构　　B. 用动画演示取代 CO_2 制取的实验

C. 用动画演示氯化钠的溶解过程　　D. 用图片展现酸雨造成的损失

17. 某学生在学习了氯的化学性质后,根据氯和溴结构的相似性,来学习溴的化学性质,感到非常轻松,这种学习方法是(　　)

A. 实验法　　B. 类比法　　C. 分类法　　D. 归纳法

18. 某教师在引导学生进行探究时,采用了实验探究教学模式:创设情景—发现问题—提出假设—实验设计—M—得出结论—交流应用。其中 M 是指(　　)(常考)

A. 查阅资料　　B. 统计数据　　C. 分析原理　　D. 验证假设

19. 某教师在"燃烧和灭火"教学时,运用多媒体展示了自己开发的一些教学资源(包括视频、图片)。课后,他对这些教学资源的使用进行了反思。下列选项不属于本次反思内容的是(　　)

A. 教师是否板书所展示的视频与图片名称

B. 视频的播放是否达到预期的教学效果

C. 图片的展示是否符合学生的认知规律

D. 教师讲解的内容是否和视频播放的内容相互映衬

20. 某教师在开学时,对高一新生开展了一次小测试,以了解学生的化学知识基础与能力发展水平。这种测试属于(　　)

A. 档案袋评价　　B. 终结性评价

C. 诊断性评价　　D. 活动表现评价

得分	评卷人

二、简答题(本大题共2小题,第21题12分,第22题13分,共25分)

1. 阅读下列素材,回答有关问题。

教学方法是教师和学生为了实现共同的教学目标,完成共同的教学任务,在教学过程中运用的方式与手段的总称。在实际教学过程中,不同的教学方法会带来不同的教学效果,同一种教学方法也可能产生不同的教学效果。因此,在教学实践中,教师要根据具体情况选择合适的教学方法,以提高课堂教学效果。

问题:

(1)请列举中学化学课堂教学中4种常用的教学方法。(4分)

(2)选择中学化学课堂教学方法的依据是什么?(8分)

2. 阅读下面文字,回答有关问题。

某教师开展"实验室制取氧气"的教学过程如下:首先,播放实验室制取氧气的录像,要求学生仔细观察实验操作过程;然后,一边讲解一边演示,逐一介绍实验过程中的操作技能和方法以及注意事项;最后,演示了实验室制取氧气的全过程。

问题:

(1)简述学生的实验操作技能形成的三个阶段。(6分)

(2)试分析该教师的教学行为对学生实验操作技能的形成具有哪些作用?(7分)

得分	评卷人

三、诊断题(本大题1小题,15分)

3. 某化学教师在一次化学测验中设计了下列计算题,测试后对部分学生的解题过程进行了统计,并选取了典型的解题过程加以分析。

【试题】某钢铁厂每天需消耗5000 t含Fe_2O_3 76%的赤铁矿石,该厂理论上可日产含Fe 98%的生铁的质量是多少?

【考试结果】经统计分析,下列的解题过程具有普遍性。

解:$Fe_2O_3 + CO = Fe + CO_2$

$5000 \times 76\%$　　　x

160　　　56

$$\frac{5000 \times 76\%}{x} = \frac{160}{56}$$

$x = 1330$

生铁的质量是$1330 \div 98\% \approx 1357$

根据上述信息,回答下列问题:

(1)简述利用化学方程式进行计算的步骤。(5分)

(2)分析学生的上述解题过程,找出其中的不规范之处。(5分)

(3)在讲评该试题时,教师需要重点讲解的问题是什么?(5分)

得分	评卷人

四、案例分析题(本大题1小题,20分)

24. 下面是某教师开展“溶液酸碱度的表示法——pH”教学的主要环节。

【讲授】讲述溶液的酸碱度及其表示方法和测定方法。

【演示实验】用pH试纸测试稀盐酸溶液、稀氢氧化钠溶液、澄清石灰水的pH。

【组织学生分组实验】测定生活中一些物质的pH,说明它们的酸碱性。

	pH	酸碱性		pH	酸碱性
橘汁			汽水		
糖水			自来水		
牛奶			唾液		
番茄汁			草木灰水		
肥皂水			洗洁精		

【组织学生探究】洗发剂和护发剂的酸碱性

实验:测定洗发剂、护发剂和洗护合一洗发液的pH。

讨论:根据实验及所学知识,讨论下列问题。

(1)有的洗发用品分为洗发剂和护发剂。洗发时,在用过洗发剂后再使用护发剂,这样对头发有保护作用。你能解释这是为什么吗?

(2)从清洁效果和保护头发的角度考虑,你认为怎样选择洗发用品比较好。为什么?

【指导学生阅读】了解溶液的酸碱度对于生活、生产以及人类生命活动的重要意义。

【归纳总结】(略)

问题:

(1)pH=2和pH=6的溶液,哪一种溶液的酸性更强?酸溶液和酸性溶液是一样的吗?为什么?(4分)

(2)分析该教师的教学设计思路。(6分)

(3)该教师的教学过程具有哪些特点?(10分)

得分	评卷人

五、教学设计题(本大题1小题,30分)

25. 阅读下列材料,根据要求完成任务。

材料一 《义务教育化学课程标准》(2011年版)关于"合金"的课程内容标准为:"知道在金属中加入其他元素可以改变金属材料的性能,知道生铁和钢等重要合金。"

材料二 某版本教科书中关于"合金"的部分内容如下所示。

实验

比较黄铜片(铜锌合金)和铜片、硬铝片(铝合金)和铝片的光泽和颜色;将它们互相刻画,比较它们的硬度。

性质比较	现象			
	黄铜	铜	硬铝	铝
光泽和颜色				
硬度				
结论				

讨论

查阅资料,了解焊锡(锡铅合金)和武德合金(铅、铋、锡和镉组成的合金)的用途。根据下表提供的数据,你能得到什么启示?

	纯金属				合金	
	铅	镉	铋	锡	焊锡	武德合金
熔点/℃	327	321	271	232	183	70
启示						

合金的很多性能与组成它们的纯金属不同,使合金更适合于不同的用途。因此,日常使用的金属材料,大多数属于合金。

材料三 教学对象为初中学生,已学过金属物理性质和合金的概念。

要求:

(1)分析材料二的编写意图。(6分)

(2)根据上述三个材料,完成上述内容的教学设计,字数不少于300。内容包括:

①教学目标。(6分)

②教学方法。(2分)

③教学过程。(16分)

2017年下半年中小学教师资格考试真题试卷(精编)

《化学学科知识与教学能力》(初级中学)

(本套试卷共25小题,目前已收录24小题)

题 号	一	二	三	四	五	总 分	核分人
题 分	57	25	15	20	30	147	
得 分							

得分	评卷人

一、单项选择题(本大题共19小题,每小题3分,共57分)

1. CH_4中H—C—H的键角为(　　)

A. 109°28′

B. 小于109°28′

C. 120°

D. 小于120°,大于109°28′

2. 在水溶液中能大量共存的一组离子是(　　)(常考)

A. H^+、Na^+、SO_4^{2-}、HCO_3^-

B. H^+、Fe^{2+}、Cl^-、NO_3^-

C. K^+、Fe^{3+}、NO_3^-、MnO_4^-

D. NH_4^+、Ca^{2+}、Cl^-、CO_3^{2-}

3. 同温同压下,同体积的两容器中分别充满NO气体和CO气体,则两容器中的气体(　　)

A. 质量相同

B. 分子数相同

C. 质子数相同

D. 中子数相同

4. X、Y、Z均为短周期元素,X、Y处于同一周期,X、Z的最低价离子分别为X^{2-}和Z^-,Y^+和Z^-具有相同的电子层结构。下列说法正确的是(　　)

A. 原子序数:X > Y > Z

B. 单质沸点:X > Y > Z

C. 离子半径:$X^{2-} > Y^+ > Z^-$

D. 原子最外层电子数:X > Y > Z

5. 设N_A为阿伏伽德罗常数的值。下列说法正确的是(　　)(常考)

A. 18 g H_2O和18 g D_2O中含有的电子数均为$10N_A$

B. 常温常压下,4.4 g乙醛所含σ键数目为$0.7N_A$

C. 过氧化钠与水反应时,生成0.1 mol氧气转移的电子数为$0.2N_A$

D. 密闭容器中2 mol NO与1 mol O_2充分反应,产物的分子数为$2N_A$

. 下列实验装置、试剂选用或实验操作正确的是(　　)(常考)

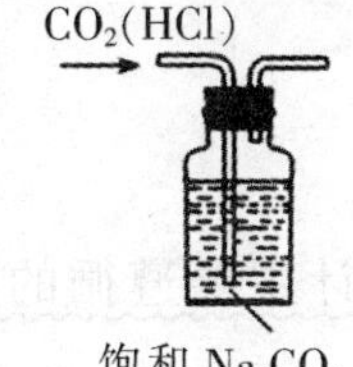

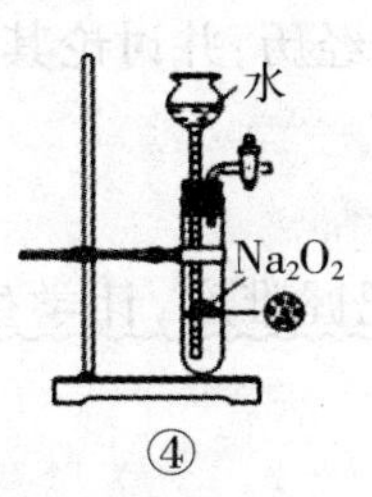

A. ①用于除去 CO_2 中的 HCl　　B. ②用于干燥 Cl_2

C. ③用于稀释浓硫酸　　D. ④用于制取少量 O_2

. 肾上腺素是一种临床上常用于心脏骤停抢救的药物,其结构简式如图所示。下列关于肾上腺素的叙述错误的是(　　)

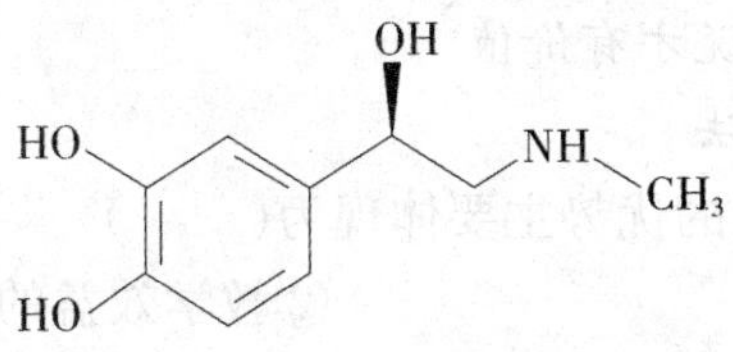

A. 可以和溴水反应　　B. 可以和氢溴酸反应

C. 可以和浓硫酸与浓硝酸的混合溶液反应　　D. 可以和银氨溶液发生银镜反应

. 下列关于自发反应的表述正确的是(　　)(易错)

A. 自发反应不需要借助任何外力就能自动进行　　B. 自发反应一定是放热反应

C. 自发反应的吉布斯自由能 $\Delta G<0$　　D. 自发反应的反应过程通常比较快速

. 氢氧燃料电池是一种新型电池(如右图所示),氢气做燃料,氧气做氧化剂,反应在强碱性电解质中发生。下列说法不正确的是(　　)

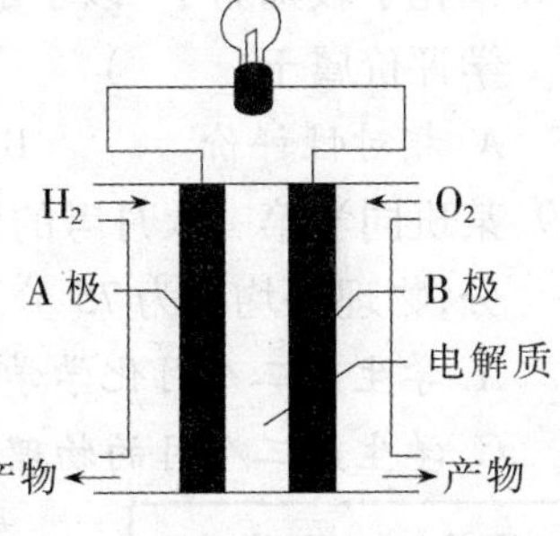

A. A 极是正极,B 极是负极

B. 电子由 A 极通过导线流向 B 极

C. B 极发生的电极反应为 $O_2+4e^-+2H_2O=\!=\!=4OH^-$

D. 反应产物为水,属于环境友好型电池

0. 《义务教育化学课程标准》(2011 年版)的内容标准中包含了五个一级主题,下列叙述不正确的是(　　)(常考)

A. 其反映了培养科学素质的课程目标

B. 其主要围绕化学学科的核心知识与核心观念进行设置

C. 其规定了义务教育阶段化学教科书内容的选取和方向

D. 每个主题在三维目标的体现上各有侧重

1. 下列关于化学教材的表述正确的是(　　)

A. 教材是教师教和学生学的唯一依据　　B. 教材是"教本",而非"学本"

C. 教师的任务就是按教材教　　D. 教师要创造性地使用教材

2. 某教师在进行化合价内容教学时设计了如下教学目标:知道常见元素化合价,能依据化合价写出物质的化学式,并能依据化学式推求某元素的化合价。该目标属于(　　)

A. 知识与技能目标　　B. 过程与方法目标

C. 情感态度与价值观目标　　D. 德育目标

13. 某教师进行酸碱内容教学时设计了如下情境：让同学们回忆被蚊虫叮咬后皮肤发痒，涂上肥皂水等碱性物质减轻痛痒的经历，并讨论其原因。该情境属于(　　)

A. 学科问题情境　　B. 学生经验情境

C. 化学史实情境　　D. 社会问题情境

14. 设计化学问题要合理把握难度，让学生“跳一跳才能摘到桃子”。这种教学设计主要遵循的是(　　)(易错)

A. 最近发展区理论　　B. 尝试错误理论

C. 图式理论　　D. 格式塔理论

15. 下列说法正确的是(　　)

A. 假说方法是指提出猜想

B. 假说的提出要依据一定的科学事实和科学理论

C. 只有被科学实验证实了的假说才有价值

D. 化学教学都应该使用假说方法

16. 科学探究作为一种教学方式，它的优势主要体现为(　　)

①三维目标落实的整体优势　　②教学效益的长期优势

③教学用时的省时优势　　④教学内容的大容量优势

A. ①和③　　B. ②和④　　C. ③和④　　D. ①和②

17. 当前化学课程倡导的主要学习方式是(　　)

①自主学习　　②接受学习　　③探究学习　　④合作学习

A. ①②③　　B. ②③④　　C. ①③④　　D. ①②④

18. 某化学教师为了“以学定教”，在学期或单元教学开始时对学生的预备知识和认知能力所进行的教学评价属于(　　)

A. 相对性评价　　B. 诊断性评价　　C. 形成性评价　　D. 终结性评价

19. 某班同学第一次月考的化学平均分为 80 分，物理平均分为 75 分。第二次月考的化学平均分为 84 分，物理平均分为 75 分。仅以上述分数比较，下列选项正确的是(　　)

A. 学生第二个月化学学习效果比第一个月好　　B. 化学教师的教学效果比物理教师的好

C. 学生第二个月的物理学习没有进步　　D. 上述结论都不对

得分	评卷人

二、简答题(本大题共 2 小题，第 20 题 12 分，第 21 题 13 分，共 25 分)

20. 阅读下列素材，回答有关问题。

某化学教师实施“学案导学”教学模式的过程为：教师设计学案并提出要求→学生课前自学并完成学案→教师引导学生围绕学案进行讨论交流→精讲释疑、总结提升→练习巩固。

问题：

(1) 请指出这种教学模式的主要优点和不足。(6 分)

(2) 在运用“学案导学”教学模式时教师应重点注意什么？(6 分)

21. 阅读下列素材，回答有关问题。

《义务教育化学课程标准》(2011 年版)提出“注意从学生已有的经验出发，让他们在熟悉的生活情景和社会实践中感受化学的重要性，了解化学与日常生活的密切关系，逐步学会分析和解决与化学有关的一些简单的实际问题。”

问题：

(1)请以初中化学教学内容“燃烧和灭火”为例，说明化学教学中如何落实上述要求。(6 分)

(2)落实上述要求有何教学价值？(7 分)

得分	评卷人

三、诊断题(本大题 1 小题，15 分)

22. 下面是某化学教师的教学实录片段。

提出问题：质量守恒定律表明，参加反应的各物质的质量总和等于反应后生成的各物质的质量总和。如何设计实验加以证明？

设计实验方案：学生经过独立思考和小组交流，形成实验方案。

评价实验方案：教师巡视并选取 4 个典型实验方案，让各小组评价方案的可行性，并全班交流，教师点评。

方案 1：盐酸和碳酸钠粉末在烧杯中反应，称量并比较化学反应前后反应物与生成物的质量关系。

方案 2：氯化钡溶液和硝酸钡溶液反应，称量并比较化学反应前后反应物与生成物的质量关系。

方案 3：盐酸和氢氧化钠溶液反应，称量并比较化学反应前后反应物与生成物的质量关系。

方案 4：氢氧化钠溶液和硫酸铜溶液反应，称量并比较化学反应前后反应物与生成物的质量关系。

根据上述教学实录片段，回答下列问题：

(1)分别判断上述 4 个方案的可行性，并说明理由。(8 分)

(2)请分析学生设计出不可行方案的可能原因。(4 分)

(3)从评价主体的角度分析，上述教学实录片段中采用了哪些评价方式？(3 分)

得分	评卷人

四、案例分析题(本大题1小题,20分)

23. 阅读案例,并回答问题。

下面是某化学教师关于“分子”的教学片段。

环节一:情境创设,引入新课。利用走到花圃会闻到花香,湿的衣服经过晾晒会变干等情境激发学生思考:你能解释这些生活中的现象吗?

环节二:展示用扫描隧道显微镜获得的苯分子图像。

环节三:演示实验

1. 向盛有冷水和热水的烧杯中,分别加入品红溶液,观察现象。

2. 将50 mL酒精与50 mL水混合,观测混合后溶液的体积。

环节四:根据以上活动,分析分子的基本特征。

环节五:多媒体动画演示水的蒸发与水的分解。

环节六:总结概括,形成分子概念。

问题:

(1)上述教学过程运用了哪些教学方法?(4分)

(2)请分析教学环节二的教学价值。(4分)

(3)从该教学片段中可以分析得出分子具有哪些基本特征?(6分)

(4)以该教学片段为例,说明在化学概念教学中直观教学的手段有哪些。(6分)

得分	评卷人

五、教学设计题(本大题1小题,30分)

24. 阅读下列材料,根据要求完成任务。

材料一《义务教育化学课程标准》(2011年版)中关于二氧化碳的内容:

内容标准	活动与探究建议
1. 能结合实例说明二氧化碳的主要性质和用途。 2. 初步学习二氧化碳的实验室制取方法。 3. 了解自然界中的碳循环	①实验:二氧化碳的制取和性质。 ②辩论:空气中的二氧化碳会越来越多吗?氧气会耗尽吗? ③实验探究:呼出的气体中二氧化碳的相对含量与空气中二氧化碳相对含量的差异

可供选择的情景素材:温室效应

材料二　某教科书“二氧化碳与水反应”内容中设计了如下实验：

实验：如图 a、b、c 所示：依次进行以下各步操作：

(1)往集满二氧化碳的软质塑料瓶里注入 1/3 瓶蒸馏水，立即旋紧瓶盖，充分振荡，观察现象。

(2)将瓶内液体倒出数毫升至试管中，滴加紫色石蕊溶液、振荡，有什么现象？

(3)再将上述试管加热，又有什么现象？

实验	观察现象	你的推断
(1)	a 振荡 CO_2 蒸馏水	
(2)	b	
(3)	c	

要求：

(1)分别写出上述三步实验操作所能观察到的现象以及得出的推论。(6 分)

(2)学生在学习本课之前，有关二氧化碳可能已有的经验有哪些？(4 分)

(3)根据上述材料，设计“二氧化碳与水反应”的教学片段，包括教学目标、教学方法和教学过程(不少于 300 字)。(20 分)

2017年上半年中小学教师资格考试真题试卷

《化学学科知识与教学能力》(初级中学)

(时间120分钟　满分150分)

题 号	一	二	三	四	五	总 分	核分人
题 分	60	25	15	20	30	150	
得 分							

得分	评卷人

一、单项选择题(本大题共20小题,每小题3分,共60分)

1. 向某溶液中加入过量盐酸生成白色沉淀,过滤后向滤液中加入过量的氨水(使溶液呈碱性),又有白色沉淀生成;再过滤后向滤液中加入碳酸钠溶液,又生成白色沉淀。则原溶液中含有的离子可能是(　　)

A. Ag^{+}、Cu^{2+}、Ba^{2+}　　B. Ag^{+}、Ba^{2+}、Al^{3+}

C. K^{+}、Al^{3+}、Ca^{2+}　　D. Al^{3+}、K^{+}、Mg^{2+}

2. 下列叙述正确的是(　　)

A. 日常生活中无水乙醇常用于杀菌消毒

B. 绿色食品是不含任何化学物质的食品

C. 目前加碘食盐中主要添加的是 KIO_3

D. 目前计入空气污染指数的项目包括 NO、SO_2、CO、CO_2

3. 下列反应中氯元素既表现氧化性又表现还原性的是(　　)

A. $Cl_2 + 2NaOH \xlongequal{} NaCl + NaClO + H_2O$　　B. $2HClO \xlongequal{光照} 2HCl + O_2\uparrow$

C. $2Na + Cl_2 \xlongequal{} 2NaCl$　　D. $MnO_2 + 4HCl \xlongequal{\triangle} MnCl_2 + Cl_2\uparrow + 2H_2O$

4. 已知 $2H_2(g) + O_2(g) \xlongequal{} 2H_2O(l)\ \Delta H_1 = -571.6\ kJ/mol$,则关于 $H_2O(l) \xlongequal{} H_2(g) + 1/2O_2(g)$ 的反应热 ΔH_2,下列说法正确的是(　　)

A. $\Delta H_2 = -285.8\ kJ/mol$　　B. $\Delta H_2 = +285.8\ kJ/mol$

C. $\Delta H_2 = -571.6\ kJ/mol$　　D. $\Delta H_2 = +571.6\ kJ/mol$

5. 下列物质中常用作电池电极材料的是(　　)

A. 石墨　　B. 金刚石　　C. 铂　　D. 大理石

6. 下列氢氧化物中碱性最强的是(　　)

A. KOH　　B. NaOH　　C. LiOH　　D. CsOH

7. 欲除去混在苯中的少量苯酚，下列实验操作正确的是(　　)

A. 加入 $FeCl_3$ 溶液后，过滤

B. 加入氢氧化钠溶液，充分振荡，静置后分液

C. 加入过量溴水，过滤

D. 加入少量水，充分振荡，静置后分液

8. 普拉西坦是一种改善记忆、抗健忘的中枢神经兴奋药，其结构简式如下图所示。下列关于普拉西坦的说法正确的是(　　)(常考)

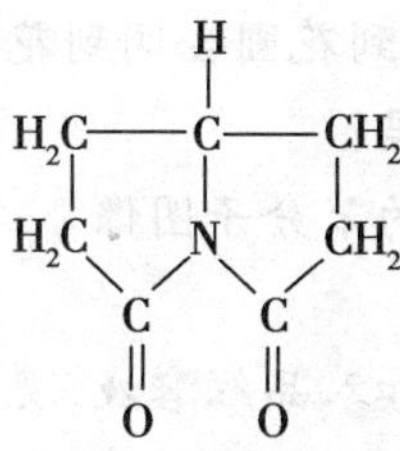

A. 它可以发生水解反应

B. 它既有酸性，又有碱性

C. 它的二氯取代物有两种

D. 分子中 C、N、O 均处于同一平面

9. 下列说法不正确的是(　　)

A. 铁是具有银白色光泽的金属

B. 铁制品在潮湿空气中易生锈

C. 铁矿石冶炼生铁、生铁冶炼成钢都是化学变化

D. 生铁是纯铁，钢是含碳量在 0.03% ~2% 的铁合金

10. 下列关于实验装置和操作的叙述正确的是(　　)(易错)

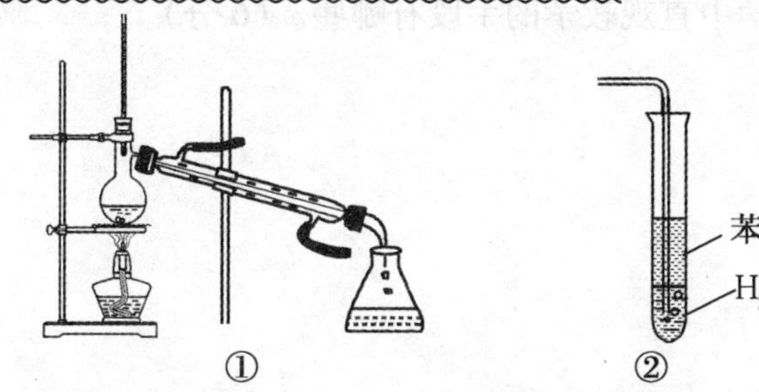

①　　②

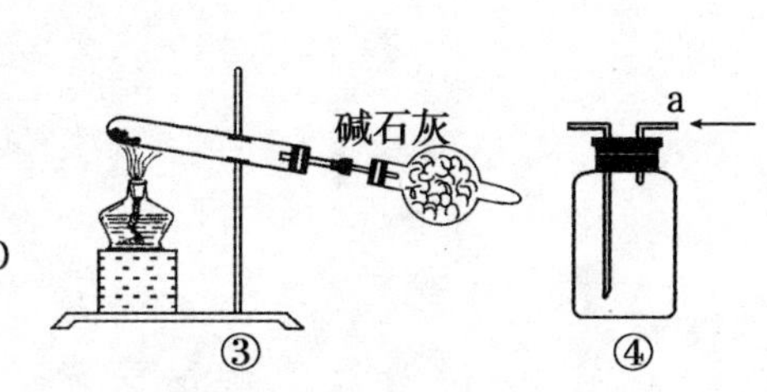

③　　④

A. 装置①可用于分离互不相溶的液体混合物

B. 装置②可用于吸收 HCl 气体，并防止倒吸

C. 装置③可用于以 NH_4HCO_3 为原料制取少量 NH_3

D. 装置④中 a 为进气口，可用于收集 CO_2、NO 等气体

11. 某化学教师在进行"爱护水资源"的课堂教学设计时，需考虑的因素有(　　)

①学生的生活经验　　②教科书的编写特点　　③化学课程标准的要求　　④教师的教学方法

A. ①②④　　B. ②③④　　C. ①②③④　　D. ①③④

12. 义务教育阶段的化学课程目标包括三个维度，下列属于情感态度与价值观目标的是(　　)(常考)

A. 增强好奇心和求知欲

B. 观察化学现象，理解其本质

C. 初步学会制取 O_2 的实验操作

D. 理解酸和碱的概念

13. 下列叙述不属于化学课程基本理念的是(　　)

A. 注重提供多样化的学习评价方式

B. 注重培养学生的科学探究能力和实践能力

C. 重视学生在情感态度与价值观方面的发展

D. 强调以考试为中心，围绕考试要求开展教学

14. 某化学教师在关于“分子”的教学中，采用了很多教学手段，下列不属于直观教学手段的是(　　)

A. 观察分子的图像　　B. 演示分子运动实验

C. 讨论分子的性质　　D. 播放分子运动视频

15.《义务教育化学课程标准》(2011 年版)对科学探究主题的内容和学习目标提出的具体要求是(　　)

①增进对科学探究的理解　　②发展科学探究能力

③学习基本的实验技能　　④完成基础的学生实验

A. ③④　　B. ①④　　C. ①②　　D. ①②③④

16. 要发挥实验的教学功能，下列做法不正确的是(　　)

A. 开展实验探究活动　　B. 背诵实验过程和现象

C. 做好演示实验　　D. 开展课外兴趣实验

17. 某学生在学习极性键的概念之前，先复习共价键的概念及特点，然后，在此基础上学习极性键。这种学习策略属于(　　)(易错)

A. 概念同化　　B. 概念记忆　　C. 概念顺应　　D. 概念表征

18. 下列举措中，有利于优化课程教学过程，提高课堂教学有效性的是(　　)

①努力创设真实有意义的学习情景　　②灵活运用多样化的教学方式和手段

③有效开展复习和习题教学　　④不断提高教学反思能力

A. ①②④　　B. ①②③　　C. ①②③④　　D. ①③④

19. 某教师为全班同学每人做了一个文件夹，其中放入了同学们的社会调查记录、课外活动照片、辩论会的发言稿、学习方法和策略的总结等等，并依据文件夹中的内容对学生进行评价，这样的评价方式属于(　　)

A. 活动表现评价　　B. 纸笔测验　　C. 综合评价　　D. 学习档案评价

20. 化学试卷分析中，区分度是(　　)

A. 测试结果与预定所要测量内容的一致性指标

B. 鉴别学生学业水平的差异性指标

C. 测试结果的稳定性指标

D. 反映试题的难易性指标

得分	评卷人

二、简答题(本大题共 2 小题，第 21 题 12 分，第 22 题 13 分，共 25 分)

21. 某化学教师讲授“燃烧”时，引用了下列素材。请阅读材料，并回答相关问题。

1703 年，德国化学家施塔尔提出了“燃素说”。他认为有一种看不见的“燃素”存在于可燃物质中，燃烧就是物质失去“燃素”的现象。这种说法曾风行一时，支配了化学家的思想一百年左右。然而，“燃素说”自身存在严重的缺陷，例如，从来没有人见过或证明“燃素”的存在。直到 1774 年，法国化学家拉瓦锡经过大量的实验研究，才提出了燃烧的“氧化说”，否定了“燃素说”。

问题：

(1)该教师引用上述素材有哪些教学价值?(6 分)

(2)燃烧的条件有哪些?(3 分)在义务教育阶段是怎样定义燃烧的?(3 分)

2. 请阅读材料,并回答相关问题。

先行组织者是美国教育心理学家奥苏贝尔于1960年提出的一个重要概念,也是他在教学理论方面的主要贡献之一。根据奥苏贝尔的解释,学生面对新的学习任务时,如果原有认知结构中缺少同化新知识的适当观念,或原有观念不够清晰或巩固,则有必要设计一个引导性材料,便于学生完成新的学习任务。这种引导性材料被称为先行组织者。

问题:

(1)请以"溶解度"教学为例,列出三种引导性材料。(7分)

(2)化学教学中设计的"先行组织者"具有哪些教学意义?(6分)

得分	评卷人

三、诊断题(本大题1小题,15分)

3. 某化学教师在一次初三化学考试中设计了下面试题。

【试题】小明同学在学习金属活动性顺序时,对某本书上的"活动性较强的金属一般可以将位于其后面的金属从它们的盐溶液中置换出来"这句话产生了疑问,为什么用"一般"这个词呢?难道还有例外吗?

于是他查阅资料得知:金属钠很活泼,可以与水反应生成氢氧化钠和氢气。同时,他还做了如下实验:往碳酸铜溶液中投入一小块钠,出现蓝色沉淀,没有红色物质析出。

①请写出金属钠与硫酸铜溶液反应的化学方程式。

②通过上述探究,小明对其疑问得到的解答是什么?

【考试结果】经统计分析,学生在本试题②上的得分偏低。

问题:

(1)该试题的正确答案是什么?(6分)

(2)试分析学生在②上得分偏低的可能原因。(5分)

(3)如果你来讲评该试题,你将给予学生哪些学法指导?(4分)

得分	评卷人

四、案例分析题(本大题1小题,20分)

24. 阅读案例,并回答问题。

下面是某教师讲授“金属的化学性质”的部分教学过程实录。

教学环节	教学活动	学生活动
金属与酸反应	【提问】金属都能与酸反应吗? 【实验探究1】(课前教师准备好仪器和药品,主要药品有镁、锌、铁、铜、稀盐酸、稀硫酸)组织学生以小组的方式,按教师给出的探究方案进行实验探究,并记录实验现象。 【师生讨论】(1)通过实验探究,在镁、锌、铁、铜中,哪些金属与酸反应? (2)写出镁、锌、铁与稀盐酸反应的化学方程式,分析这些化学反应方程式有什么特点	【实验探究】小组合作,动手实验,仔细观察并记录实验现象。 【得出结论】(1)镁、锌、铁能与酸反应,铜不能,得出镁、锌、铁的金属活动性比铜的强。 (2)反应特点:反应物和生成物都是两种,且一种为单质,另一种为化合物,得出置换反应的概念
金属活动性顺序	【回顾】我们学过铁钉放在硫酸铜溶液中,可把铜从硫酸铜溶液中置换出来,这说明铁的金属活动性比铜的强,这是比较金属活动性的证据之一。 【实验探究2】现提供以下药品:铝丝、铜丝、硫酸铜溶液、硝酸银溶液、硫酸铝溶液,请设计实验探究铝、铜、银的金属活动性顺序,组织学生交流讨论,并根据自主设计的探究方案进行实验探究,得出结论,并与其他小组交流	【设计实验方案】根据教师布置的任务设计实验方案。 【实验探究】根据实验方案进行实验探究,并得出铝、铜、银的金属性活动顺序:Al > Cu > Ag
应用拓展	请设计实验比较 Zn、Fe、Cu 的金属活动性	【课后设计方案】

问题:

(1)试分析该教学设计体现了哪些教学理念?(8分)

(2)开展实验探究教学应该注意的事项有哪些?结合案例举例说明。(6分)

(3)“应用拓展”环节,教师要求学生课后设计实验比较 Zn、Fe、Cu 的金属活动性,请列举两种探究实验方案。(6分)

得分	评卷人

五、教学设计题(本大题1小题,30分)

25. 阅读下列材料,根据要求完成任务。

材料一 《义务教育化学课程标准》(2011年版)关于“分子和原子”的课程内容标准为:认识物质的微粒性,知道分子、原子、离子等都是构成物质的微粒。能用微粒的观点解释某些常见的现象。

材料二 某化学教科书的部分目录

材料三 某化学教科书中有关“分子运动现象”的探究实验如下:

分子运动现象

1. 向盛有20 mL蒸馏水的小烧杯A中加入5~6滴酚酞溶液,搅拌均匀,观察溶液的颜色。
2. 从烧杯A中取少量溶液置于试管中,向其中慢慢滴加浓氨水,观察溶液颜色有什么变化。
3. 另取一个小烧杯B,加入约5 mL浓氨水。用一个大烧杯或水槽罩住A、B两个小烧杯(如图所示)。观察几分钟,有什么现象发生?你能解释这一现象吗?

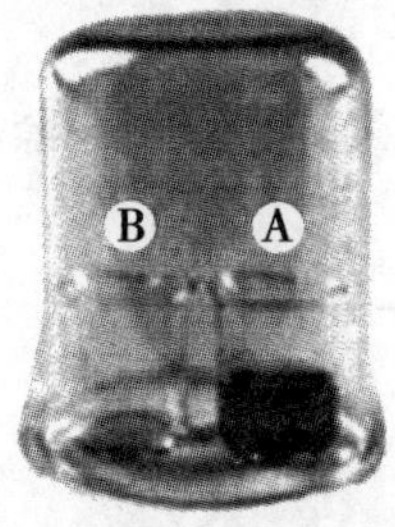

要求:

(1)写出探究实验中每个实验步骤相应的实验现象及原因。(6分)

(2)完成“分子运动现象”的教学设计,包括教学目标、教学方法、教学过程(不少于300字)。(24分)

2016 年下半年中小学教师资格考试真题试卷(精编)

《化学学科知识与教学能力》(初级中学)

(本套试卷共 25 小题,目前已收录 23 小题)

题 号	一	二	三	总 分	核分人
题 分	60	25	15	100	
得 分					

得分	评卷人

一、单项选择题(本大题共 20 小题,每小题 3 分,共 60 分)

1. 向饱和的澄清石灰水中加入少量 CaC_2,充分反应后,再恢复到原来的温度,所得溶液中,下列说法正确的是(　　)

A. $c(Ca^{2+})$、$c(OH^-)$均增大　　B. $c(OH^-)$增大、$c(H^+)$减小

C. $c(Ca^{2+})$、$c(OH^-)$均减小　　D. $c(Ca^{2+})$、$c(OH^-)$均保持不变

2. 在标准状况下,石墨燃烧反应的焓变为 -393.7 kJ/mol,金刚石燃烧反应的焓变为 -395.6 kJ/mol。则石墨转变为金刚石的反应焓变为(　　)

A. -789.3 kJ/mol　　B. $+1.9$ kJ/mol　　C. -1.9 kJ/mol　　D. 0

3. 下图是表示气体分子的示意图,其中"○"和"●"分别代表两种元素的原子,请判断原子之间为极性键,而分子为非极性分子的是(　　)

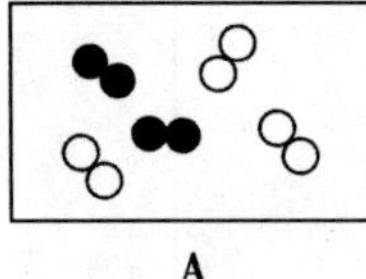
A

B

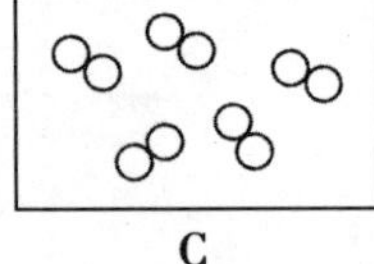
C

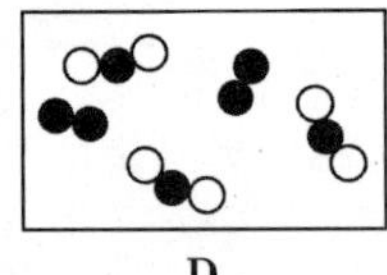
D

4. 下列推断中合理的是(　　)

A. 乙烯能使酸性 $KMnO_4$溶液褪色,则丙烯也能使酸性 $KMnO_4$溶液褪色

B. 氮的非金属性比磷强,则 NH_3的碱性比 PH_3强

C. 铁、铝在冷的浓硝酸中钝化,铜也能在冷的浓硝酸中钝化

D. SO_2使品红溶液褪色,加热可使其恢复红色;SO_2使溴水褪色,加热也能恢复原色

5. 在 0.1 mol/L 的 CH_3COOH 溶液中存在电离平衡 $CH_3COOH \rightleftharpoons CH_3COO^- + H^+$。下列对该平衡的叙述,正确的是(　　)

A. 加入水后,平衡向逆反应方向移动

B. 加入 0.1 mol/L 的 HCl 溶液，溶液中 $c(H^+)$ 减小

C. 加入少量 NaOH 固体，平衡向正反应方向移动

D. 加入少量 CH_3COONa 固体，平衡向正反应方向移动

一氯代烷的分子式为 C_4H_9Cl，它的同分异构体(包括立体异构)有(　　)

A. 3 种　　B. 4 种　　C. 5 种　　D. 6 种

向某稀碱溶液中逐滴加入蒸馏水，下列图象中，横坐标表示加入水的体积，纵坐标表示溶液的 pH，正确的是(　　)(易错)

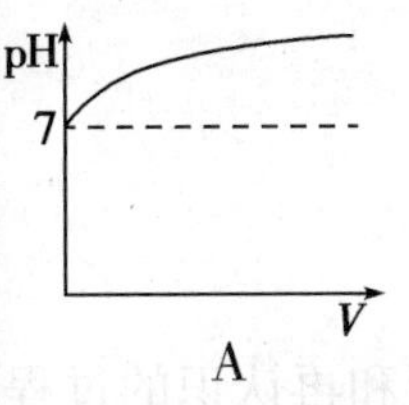

A

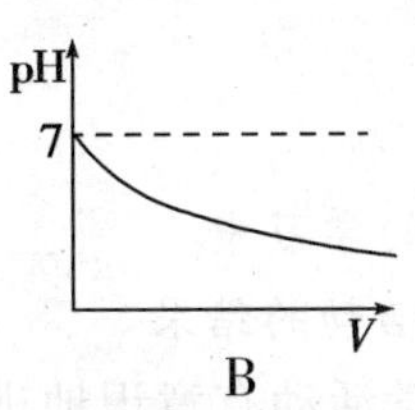

B

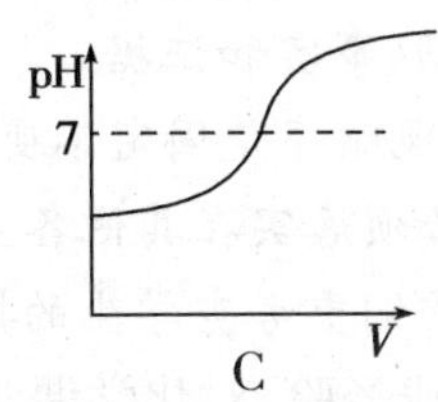

C

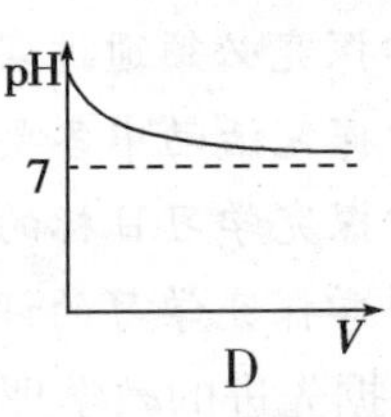

D

某化学反应在任何温度下均可自发进行，下列关于反应的叙述中，正确的是(　　)(常考)

A. $\Delta H<0$　$\Delta S>0$　　B. $\Delta H>0$　$\Delta S>0$

C. $\Delta H>0$　$\Delta S<0$　　D. $\Delta H<0$　$\Delta S<0$

某原电池符号为：(-)Zn|$ZnSO_4$||$AgNO_3$|Ag(+)，向 $AgNO_3$ 溶液中通入 H_2S 气体，使 Ag^+ 生成 Ag_2S 沉淀，这时原电池的电动势将(　　)

A. 增大　　B. 减小　　C. 不变　　D. 不能确定

0. 反应 $2SO_2(g)+O_2(g) \rightleftharpoons 2SO_3(g)$ 达到平衡时，保持体积不变，加入 N_2，使总压强增加一倍，则反应(　　)(常考)

A. 平衡向右移动　　B. 平衡向左移动

C. 无法判断　　D. 平衡不发生移动

1. 在学习"电离平衡"概念之前，教师先引导学生回忆"化学平衡"的相关知识，该教师采用的教学策略属于(　　)

A. 概念强化策略　　B. 概念同化策略

C. 概念图策略　　D. 概念转变策略

2. 下列关于运用动画模拟微观变化进行化学教学的论述，不正确的是(　　)

A. 可以真实反映微观变化的过程　　B. 可以促进学生形象思维的发展

C. 可以直观地感知微观粒子的运动　　D. 可以促进学生认识化学变化的本质

3. "学习从化学的角度认识人与水资源的关系，懂得水资源是人类生存的宝贵资源"这一教学目标属于(　　)

A. 认知性目标　　B. 技能性目标

C. 体验性目标　　D. 结果性目标

4. 学生的学业评价是化学课程实施的重要内容。下列叙述中，不正确的是(　　)

A. 评价促进学生的有效学习　　B. 评价改善教师的教学

C. 评价完善课程实施方案　　D. 评价的目的是分学优生和学困生

5. 下列选项中，不属于《义务教育化学课程标准》(2011 年版)所规定的实验技能的是(　　)

A. 掌握现代仪器在物质的组成、结构和性质研究中的应用

B. 能进行药物的取用、简单仪器的使用和连接、加热等基本的实验操作

C. 能在教师的指导下根据实验需要选择实验药品和仪器,并能安全操作

D. 初步学会根据某些性质来检验和区分一些常见的物质

16. 中学化学教材中许多知识的编排都采用"螺旋式上升"的方式,如有关氧化还原反应的知识,这样编排的目的是( )

A. 适应学生的生理发育规律　　B. 符合学生的认知顺序

C. 体现知识的逻辑顺序　　D. 符合学科历史发展的顺序

17. 科学探究是义务教育化学课程倡导的教育教学方式,下列关于科学探究的理解,正确的是( )

A. 科学探究必须通过实验来获取事实和证据

B. 科学探究活动中各要素的呈现顺序是固定不变的

C. 科学探究学习目标的实现,必须落实在其他各主题的学习中

D. 对科学探究学习的评价,应该侧重考查学生的探究活动的结果

18. 教师根据先进的教学理论和实践经验,对化学课堂教学活动有意识地进行分析和再认识的过程属于( )(常考)

A. 教学评价　　B. 教学设计　　C. 教学反思　　D. 教学测量

19. 综合实践活动课程和化学课程( )

A. 都属于国家课程　　B. 都属于学科课程

C. 都属于活动课程　　D. 都有课程标准

20. 学生通过化学学习所形成的对化学的总观性认识属于( )

A. 化学史实　　B. 化学用语　　C. 化学实验　　D. 化学观念

得分	评卷人

二、简答题(本大题共 2 小题,第 21 题 12 分,第 22 题 13 分,共 25 分)

21. 阅读下列材料,回答有关问题。

从信息传递的角度来说,化学课堂教学是由师生共同组成的一个信息传递的动态过程。传统化学课堂教学中,信息从化学教师向学生单向传输,如图 a 所示;新课程强调化学教师角色和教学方式的转变,课堂教学中信息在教师和学生之间,学生和学生之间多向传输,如图 b 所示。

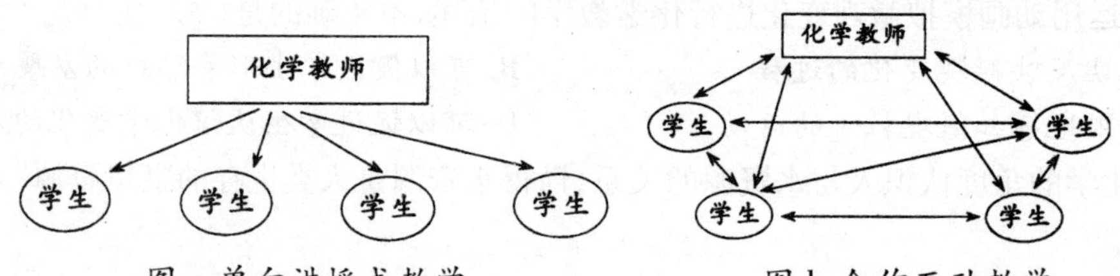

图 a 单向讲授式教学　　图 b 合作互动教学

根据上述材料,回答下列问题:

(1)试对上述两种课堂教学方式的特点进行分析评价。(6 分)

(2)简述如何从传统的单向讲授式教学向合作互动式教学转变。(6 分)

22. 阅读下列材料，回答有关问题。

从宏观、微观和符号三种表征方式认识和理解化学知识，并建立三者之间的内在联系，通常称为三重表征。运用三重表征认知方式学习化学，首先要从宏观上感知化学现象，然后要从微观上分析产生该现象的原因，再以化学独特的符号系统来表示产生宏观现象的微观原因的本质，三者之间有机结合，可以促进化学的有效学习。

结合上述材料，回答下列问题：

(1)以"水的电解实验说明水的组成"为例，解释三重表征。(9 分)

(2)简述采用三重表征认知方式进行化学教学有哪些优点。(4 分)

得分	评卷人

三、诊断题(本大题 1 小题，15 分)

23. 某初中化学教师在一次测验中设计了下列试题，并对部分学生的解题结果进行了统计和分析。

【试题】实验室现有 3 瓶失去标签的无色溶液。已知它们分别是 $NaNO_3$、$NaCl$、Na_2CO_3 的溶液，请设计实验方案，将它们一一鉴别。

【考试结果】有 30% 的学生提交了下面的方案：分别取三种溶液样品少量，放入三支试管中，向三支试管各滴入稀盐酸，有气泡冒出的溶液是 Na_2CO_3 溶液，再向无明显现象的两支试管里分别滴 $AgNO_3$ 溶液，有白色沉淀产生的原溶液是 $NaCl$ 溶液，无明显现象的原溶液是 $NaNO_3$ 溶液。

根据上述信息，回答：

(1)请设计出本实验正确的鉴别方案。(5 分)

(2)试对上述学生答题错误的原因进行分析。(6 分)

(3)写出本实验中涉及的有关化学反应方程式。(4 分)

2016年上半年中小学教师资格考试真题试卷

《化学学科知识与教学能力》（初级中学）

（时间120分钟　满分150分）

题　号	一	二	三	四	五	总　分	核分人
题　分	60	25	15	20	30	150	
得　分							

得分	评卷人

一、单项选择题（本大题共20小题，每小题3分，共60分）

1. 短周期主族元素X、Y、Z、W的原子序数依次增大。X原子的最外层电子数是其内层电子数的2倍，Y是地壳中含量最高的元素，Z^{2+}与Y^{2-}具有相同的电子层结构，W与X同主族。下列说法正确的是（　　）

A. 原子半径大小顺序：$r(W)>r(Z)>r(Y)>r(X)$

B. Y分别与Z、W形成的化合物中化学键类型相同

C. X的最高价氧化物对应水化物的酸性比W的弱

D. Y的简单气态氢化物的热稳定性比W强

2. 某些气体分子的微观示意图如下：

甲	乙	丙	
			○——氢原子 ——氧原子 ——氮原子 ——碳原子

一定条件下，3.4 g甲物质和4.8 g氧气恰好完全反应，生成5.4 g乙物质和另一物质X。下列判断不正确的是（　　）

A. 物质甲的化学式是NH_3

B. 物质X的质量为2.8 g

C. 物质X含两种元素

D. 该反应的化学方程式中物质X与O_2的化学计量数之比为2∶3

$MgCl_2$、KCl 和 $MgSO_4$ 等物质的溶解度曲线如图所示。下列说法正确的是(　　)(易错)

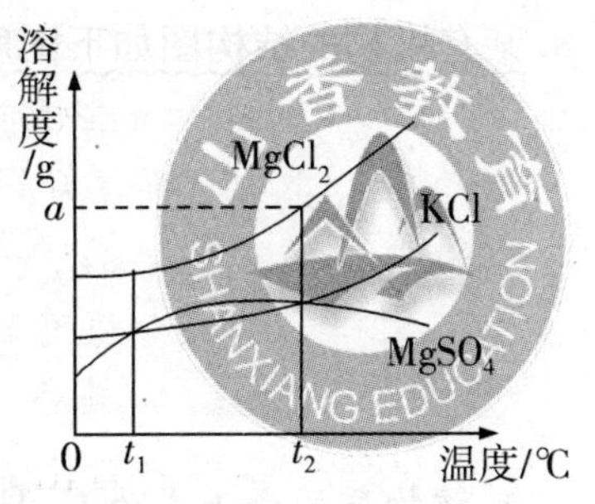

A. $MgSO_4$ 的溶解度始终随温度的升高而减小

B. t_1℃时,KCl 和 $MgSO_4$ 两溶液所含溶质的质量一定相等

C. t_2℃时,100 g $MgCl_2$ 的饱和溶液中含有 a g $MgCl_2$

D. 将 t_1℃时的 KCl 饱和溶液升温到 t_2℃,溶液由饱和变为不饱和

完成下列实验所选择的装置或仪器正确的是(夹持装置已略去)(　　)

	A	B	C	D
实验	用 CCl_4 提取溴水中的 Br_2	除去乙醇中的苯酚	从 KI 和 I_2 的固体混合物中回收 I_2	配制 100 mL 0.100 mol/L KCl 溶液
装置				

常温下,下列各组离子在指定溶液中一定能大量共存的是(　　)(常考)

A. 使酚酞变红的溶液:Na^+、Cu^{2+}、HCO_3^-、NO_3^-

B. 使甲基橙变红色的溶液:Mg^{2+}、K^+、SO_4^{2-}、NO_3^-

C. 0.1 mol/L $AgNO_3$ 溶液:H^+、K^+、SO_4^{2-}、I^-

D. 0.1 mol/L $NaAlO_2$ 溶液:H^+、Na^+、Cl^-、SO_4^{2-}

下列有关金属的腐蚀与防护的叙述,正确的是(　　)

A. 浸在淡水中的钢管,主要发生的是析氢腐蚀

B. 若采用外加电流进行保护,钢管应当与电源的正极相连

C. 钢管若需保护,可采用牺牲阳极的阴极保护法

D. 外加电流保护钢管时,电子从负极经过溶液流向正极

下列各组物质,不能按照"X→Y→Z→X"(→表示一步完成)转化的是(　　)(易错)

	X	Y	Z
A	Cl_2	HClO	HCl
B	$NaAlO_2$	$Al(OH)_3$	$Al_2(SO_4)_3$
C	$NaSiO_3$	H_2SiO_3	SiO_2
D	H_2SO_4	SO_2	SO_3

8. 某有机物的结构图如下图所示,下列关于该物质的描述正确的是(　　)(常考)

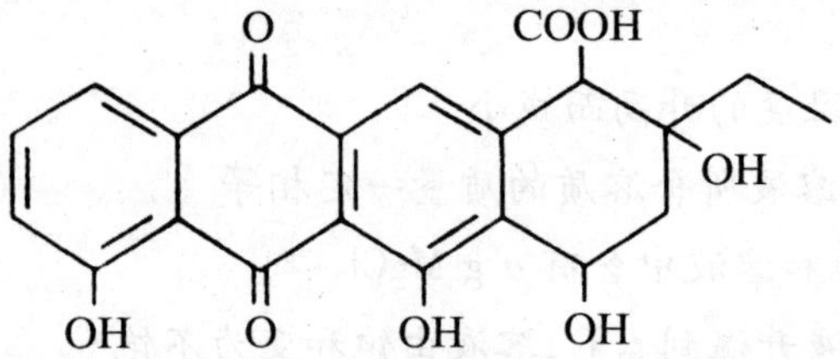

A. 该物质的分子式为 $C_{21}H_{12}O_8$　　　　B. 分子中没有手性碳原子

C. 能与 $FeCl_3$ 溶液发生显色反应　　　　D. 1 mol 该物质最多可与 5 mol NaOH 反应

9. 设 N_A 为阿伏伽德罗常数的值,下列说法正确的是(　　)(常考)

A. 在密闭容器中,0.1 mol N_2 与 0.3 mol H_2 在催化剂作用下充分反应,生成氨分子数为 $0.2N_A$ 个

B. 标准状况下,11.2 L 甲醛气体中电子数为 $8N_A$个

C. 常温常压下,7.8 g 苯中含有单键的数目为 $0.9N_A$

D. 1 L 浓度为 1 mol · L^{-1}的 Na_2CO_3 溶液中含有 CO_3^{2-} 的数目为 N_A个

10. 下列化合物中最容易发生亲电加成反应的是(　　)(常考)

A. $CH_3CH{=\!=}CHCH_3$　　　　B. $CH_3CH{=\!=}CClCH_3$

C. $CH_3CH_2CH{=\!=}CH_2$　　　　D. $CH_3CCl{=\!=}CClCH_3$

11. 下列选项中不属于《义务教育化学课程标准》(2011 年版)“课程内容”一级主题的是(　　)

A. 身边的化学物质　　　　B. 化学反应与能量

C. 科学探究　　　　D. 物质构成的奥秘

12. 下列属于化学学科基本观念的是(　　)

①微粒观　②变化观　③实验观　④元素观　⑤科学价值观

A. ①②④　　　　B. ①③④⑤

C. ①②④⑤　　　　D. ①②③④⑤

13. 下列不属于科学能力探究要素的是(　　)

A. 猜想与假设　　　　B. 表达与交流

C. 练习与复述　　　　D. 反思与评价

14. 教师要求学生根据“氢气还原氧化铜”的知识,回答有关“一氧化碳还原氧化铁”的知识,这一逻辑思维方法属于(　　)

A. 类比　　　　B. 归纳

C. 分类　　　　D. 演绎

15. 教师在进行“二氧化碳的溶解性”教学时,设计了如下活动,教师给出实验研究方案,学生在教师的引导下,向盛满二氧化碳气体的软塑料瓶中加入约 1/3 体积的水,立即旋紧瓶塞并振荡,观察现象,解释原因,该活动中学生的学习方式属于(　　)

A. 被动接受式　　　　B. 主动接受式

C. 引导探究式　　　　D. 自主探究式

16. 下列对于活动表现评价的叙述,正确的是(　　)

A. 可以是教师的评价及学生间的相互评价,但不能是学生的自我评价

B. 既可以评价认知性学习目标,也可以评价技能性学习目标和体验性学习目标

C. 活动表现评价一定要在活动过程中进行,不能在活动后进行

D. 活动表现评价只评价学生的活动表现,不评价学生的活动结果

17. 教材分析是教学设计的一个重要内容,该环节主要包括(　　)

①识别教材内容的知识类型　　②理清教材知识与技能的要点

③理解教材内容的编排与呈现方式　　④分析学生的具体情况

⑤分析教材中内容的知识结构

A. ①②③④　　B. ①②③⑤

C. ②③④⑤　　D. ①③④⑤

18. 化学教师在引导学生探究铁生锈的本质时,采用了课外实验探究教学方式:创设指导→提出问题→M→验证假说→得出结论→交流与应用。其中 M 是指(　　)

A. 分析综合　　B. 提出猜想

C. 实验设计　　D. 实验记录

19. 下列关于化学教学情境创设,说法正确的是(　　)(常考)

A. 为了激发学生的学习兴趣要尽量多创设几个情境

B. 与化学相关的火灾、爆炸、污染等新闻是比较好的情境素材

C. 与化学相关的图片、视频、动画多媒体是最有效的情境素材

D. 教学情境应与学习任务和学习活动密切相关

20. 在化学课程教学过程中,如果发现学生出现疲劳、无精打采的现象时,老师所采取的解决措施应当是(　　)

A. 对个别学生典型进行批评警示　　B. 让全体学生休息一会儿再进行授课

C. 积极变化学习活动方式和内容　　D. 设计精练的习题让学生上台演练

得分	评卷人

二、简答题(本大题共 2 小题,第 21 题 12 分,第 22 题 13 分,共 25 分)

21.《义务教育化学课程标准》(2011 版)关于“乳化现象”的内容要求是“能说出一些常见的乳化现象”,下面是某版教科书对该部分内容的呈现。

用洗衣粉可以洗去衣服上的污渍,用洗发剂可以洗去头发上的油脂,谁知道原因吗?

【活动与探究】在试管中加入 5 mL 水,用滴管向试管中滴入 1 ~ 2 滴食用油和数滴洗洁精,用橡皮塞塞紧,振荡片刻静置,观察实验现象。

从实验中我们可以看到油难溶于水,但如果在油与水的混合物中加入一些洗洁精,振荡后,油能以细小的液滴的形式均匀悬浮在水中形成乳浊液,这种现象称为乳化。

乳化现象在工农业生产和日常生活中广泛存在,例如金属表面油污的清洗,各种日用洗涤剂和化妆品的配制,农药、医药制剂的合成及纺织印染、石油开采、污水处理等都与乳化有关。

【拓展视野】乳化作用(略)。

根据上述材料,回答下列问题:

(1)为了落实化学课程标准的内容要求,该教科书用了怎样的设计思路?(6分)

(2)教科书这样编写体现了哪些化学课程基本理念?(6分)

22. 阅读材料,并回答问题。

①1785年,科学家卡文迪许在测定空气组成时,除去空气中的O_2、N_2等已知气体后,发现最后留下的是一些不足原体积1/200的小气泡,他猜想这可能是一种未知气体,但这种见解却没有得到当时人们的认可。

②1892年,英国科学家瑞利在测定N_2密度时,发现从空气中得到的N_2密度是1.2572 g/L,而从NH_3分解到的N_2密度是1.2508 g/L,两者相差0.0064 g/L,虽然相差只有几毫克,但已超出了实验的误差范围,实验中的“小误差”困扰着瑞利。

③瑞利和拉姆赛共同研究后认为:以上两个实验中的“小误差”可能带有某种必然的联系,并预测空气中含有某种较重的未知气体,他们把空气中的N_2和O_2除去后,用光谱鉴定剩余气体,经过反复实验,他们的猜想获得证实,空气中存在着化学性质极不活泼的惰性气体——Ar。

问题:

(1)材料①中科学家卡文迪许的观点没有被认可的主要原因是:________。(3分)

(2)材料③中两位科学家抓住了“小误差”而获得重大发现,说明:________。(3分)

(3)简述化学史在教学中的教育价值。(7分)

得分	评卷人

三、诊断题(本大题 1 小题,15 分)

3. 某化学教师在一次测验中设计了下列试题,并对部分学生的问题结果进行了统计和分析。

【试题】Na_2SO_3 暴露于空气中容易变质,某学生按照如下方案计算 Na_2SO_3 样品的纯度:

①准确称取样品 w g 于小烧杯中,加入适量蒸馏水配成溶液;②向小烧杯中滴入________溶液直至沉淀完全;③将沉淀________、称重,得沉淀为 a g;④计算 Na_2SO_3 样品的纯度。

【考试结果】有约 20% 的学生提交了下面的答案:②向小烧杯中滴入$\underline{HNO_3\text{ 酸化的 }Ba(NO_3)_2}$溶液直至沉淀完全;③将沉淀<u>过滤、干燥</u>、称重,得沉淀为 a g。

问题:

(1)本题的正确答案是:②向小烧杯中滴入________溶液直至沉淀完全;③将沉淀________、称重,得沉淀为 a g。(6 分)

(2)试对【考试结果】中学生答题错误原因进行分析和诊断。(6 分)

(3)写出 Na_2SO_3 样品在空气中变质的化学反应方程式。(3 分)

得分	评卷人

四、案例分析题(本大题 1 小题,20 分)

4. 阅读案例,并回答问题。

在一节“质量守恒定律”的课堂教学中,某老师采取小组合作方式进行教学,先是老师提出学习问题“化学反应前后各物质的质量总和关系如何?设计实验证明你的猜想。”然后让学生进行分组合作学习,以下是有关学习情境。

镜头 1:甲组组长不让其他同学动手,自己独自实验。笔者问他为什么不跟其他同学合作,他说:“他们只会帮倒忙。”

镜头 2:乙组同学在组长带领下,认真阅读课本,边阅读边做记号,一副很认真的样子。等到老师宣布停止小组活动时,这组同学还没有开始做实验。笔者问他们为什么不做实验,他们不好意思地说:“我们还没有想好。”

镜头3:丙组两个同学讨论并确定了实验方案,然后进行实验,另外两个同学在旁边说笑。笔者问他们为什么不和他俩一起学习,他们很自信地说:"他俩是我们班化学成绩最好的,我们组一定最好。"

镜头4:丁组由组长设计好实验方案后,指导并帮助另外三位同学做实验。

问题:

(1)结合案例,分析说明在合作学习中出现的问题有哪些。(6分)

(2)结合案例,简述合作学习中出现这些问题的原因。(6分)

(3)简要回答提高学生合作学习效果的策略主要有哪些。(8分)

得分	评卷人

五、教学设计题(本大题1小题,30分)

25. 阅读材料,根据要求完成教学设计任务。

材料一 《义务教育化学课程标准》(2011年版)关于"酸和碱的中和反应"的内容标准为:"认识常见酸碱的主要性质和用途";活动与探究建议:"设计实验证明氢氧化钠与盐酸能发生化学反应"。

材料二 教科书的内容结构体系

第十单元 酸和碱

课题1 常见的酸和碱

课题2 酸和碱的中和反应

材料三　教科书“酸和碱的中和反应”所呈现的内容

课题2

酸和碱的中和反应

酸有相似的化学性质，碱也有相似的化学性质，那么，酸与碱能否发生反应呢？

实验 10-8　如图10-14所示，在烧杯中加入约5 mL稀氢氧化钠溶液，滴入几滴酚酞溶液。用滴管慢慢滴入稀盐酸，并不断搅拌溶液，至溶液颜色恰好变成无色为止。

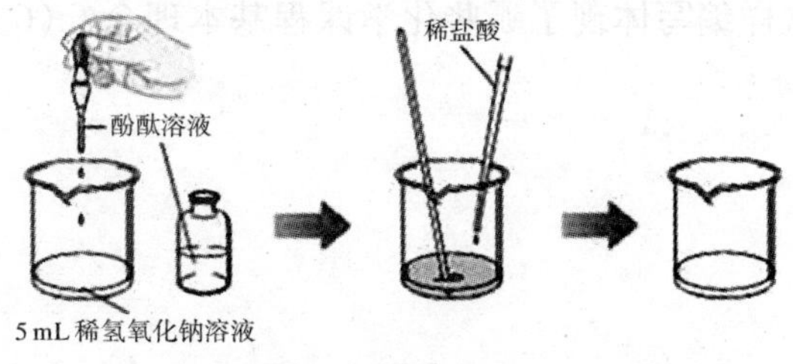

图10-14 在氢氧化钠溶液中滴加稀盐酸

在上面的实验中，发生了如下的反应，生成了氯化钠和水：

$$NaOH + HCl = NaCl + H_2O$$

实际上，其他的酸与碱也能发生类似的反应。例如：

$$Ca(OH)_2 + 2HCl = CaCl_2 + 2H_2O$$

氯化钙

$$2NaOH + H_2SO_4 = Na_2SO_4 + 2H_2O$$

硫酸钠

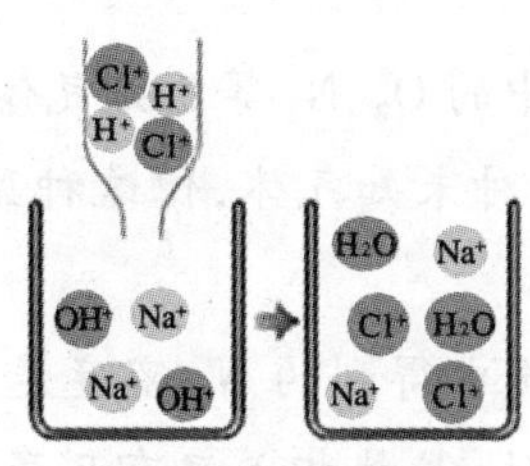

图10-15 氢氧化钠与盐酸反应示意图

可以发现，上述反应中生成的氯化钠、氯化钙和硫酸钠都是由金属离子和酸根离子构成的，我们把这样的化合物叫做盐。盐在水溶液中能解离出金属离子和酸根离子。

酸与碱作用生成盐和水的反应，叫做中和反应。

材料四　学校条件和学生发展现状符合一般要求。

要求：

(1)设计“三维”教学目标。(6分)

(2)确定教学重点和难点。(4分)

(3)设计教学过程(包括新课导入、展示、总结)。(16分)

(4)设计教学板书。(4分)

2015 年下半年中小学教师资格考试真题试卷

《化学学科知识与教学能力》(初级中学)

(时间 120 分钟　满分 150 分)

题 号	一	二	三	四	五	总 分	核分人
题 分	60	25	15	20	30	150	
得 分							

得分	评卷人

一、单项选择题(本大题共 20 小题,每小题 3 分,共 60 分)

1.《义务教育化学课程标准》(2011 年版)规定的课程内容包括(　　)(常考)

A. 3 个一级主题　　B. 4 个一级主题

C. 5 个一级主题　　D. 6 个一级主题

2. 科学探究既是义务教育化学课程的重要内容,又是一种有效的学习方式。下列关于科学探究的理解正确的是(　　)

A. 科学探究中各要素的呈现顺序是固定不变的

B. 科学探究必须通过化学实验来获取事实和证据

C. 对科学探究学习的评价,应该侧重考查学生的探究活动结果

D. 科学探究目标的实现,必须让学生亲身经历丰富的探究活动过程

3. 我国新课程改革以来的义务教育化学教科书采用的编写模式主要是(　　)

A. "融合型"模式　　B. "社会中心"模式

C. "学生中心"模式　　D. "学科中心"模式

4. 认知性学习目标有不同的水平层次,下列行为动词所对应的学习水平层次最高的是(　　)

A. 了解　　B. 解释　　C. 知道　　D. 认识

5. 在化学发展史上,道尔顿的原子学说曾经起了很大的作用。他的学说中,包含下述三个观点:①原子是不能再分的粒子;②同种元素的原子各种性质和质量都相同;③原子是微小的实心球体。从现代原子论的观点看,这三个观点中不确切的是(　　)

A. 只有①②　　B. 只有①③　　C. 只有②③　　D. ①②③

6. 在学习"空气"内容时,某教师设计了如下教学目标:"感受人与空气的密切关系,认同空气是人类生存的宝贵资源",这一教学目标属于(　　)(常考)

A. 认知性目标　　B. 技能性目标

C. 体验性目标　　D. 策略性目标

下列表述错误的是(　　)

①酚酞试液使氢氧化钠溶液变红　②稀有气体不能与其他物质发生化学反应

③氢气与氯气在光照条件下反应生成盐酸　④二氧化碳可与 H_2O 反应

A. 只有①②　B. ①③④　C. ②③④　D. ①②③

关于义务教育化学课程目标的确立依据,下列表述不正确的是(　　)

A. 考试大纲的要求　B. 国家对人才培养的基本要求

C. 化学学科的特征　D. 学生已有的知识经验和认知特点

教学中,某教师组织学生分别代表生产商、经销商、消费者、营养专家,就食品添加剂主题发表观点。这种教学属于(　　)

A. 社会调查　B. 小组讨论　C. 科学探究　D. 角色扮演

. 某问题为:“已知用金属钠制取氧化钠有多种方法:① $4Na + O_2 \xlongequal{} 2Na_2O$;② $4Na + CO_2 \xlongequal{} 2Na_2O + C$;③ $2NaNO_2 + 6Na \xlongequal{\triangle} 4Na_2O + N_2\uparrow$。其中最好的是哪一种方法?原因是什么?”,该问题属于(　　)(易错)

A. 评价水平的问题　B. 理解水平的问题

C. 应用水平的问题　D. 知识水平的问题

. 义务教育化学新课程倡导发展性评价。下列选项中不符合该评价理念的是(　　)

A. 过程评价和结果评价相结合　B. 强化评价的选拔和甄别功能

C. 关注“三维”学习目标的达成　D. 定性评价和定量评价相结合

. 由苯(C_6H_6)和乙醇(C_2H_5OH)的结构与化学性质来推测苯酚(C_6H_5OH)可能具有的化学性质,所采用的学习策略是(　　)

A. 多种感官协同记忆策略　B. 知识结构化策略

C. 联系—预测策略　D. 练习—反馈策略

. 下列关于化学教科书功能的表述不正确的是(　　)

A. 化学教科书是重要的课程资源　B. 化学教科书是教师教学的全部内容

C. 化学教科书是课程内容的重要载体　D. 化学教科书是学生学习的范例和素材

. 要求学生把参与学习活动的典型资料收集起来,以此反映自己学习和发展的历程,这种评价方式属于(　　)(常考)

A. 学习档案评价　B. 活动表现评价　C. 纸笔测验　D. 终结性评价

. 在实验室不宜长期存放,使用时才配制的溶液是(　　)

A. 石蕊试液　B. $NaNO_3$溶液　C. 银氨溶液　D. $CuSO_4$溶液

. 下列实验方案中,能达到实验目的的是(　　)

选项	实验目的	实验方案
A	分离碳酸钠和氢氧化钠的混合物	加入过量氢氧化钙溶液,过滤
B	除去氯化钠固体中的少量碳酸钠	加入适量稀盐酸,充分反应后,蒸发
C	检验二氧化碳气体中含有少量的一氧化碳	用燃着的木条点燃
D	鉴别氯化钠溶液、氢氧化钠溶液和稀盐酸	各取少量溶液于试管中,分别滴加无色酚酞溶液,观察溶液颜色的变化

17. 在 CH_3COOH 溶液中加入 CH_3COONa，使 CH_3COOH 电离度降低；在 $BaSO_4$ 饱和溶液中加 Na_2SO_4，使 $BaSO_4$ 析出。这是由于(　　)

A. 前者属于同离子效应，后者属于盐析　　B. 前者属于同离子效应，后者属于盐效应

C. 两者均属于同离子效应　　D. 两者均属于盐效应

18. 下列各种表述中，两个微粒属于同种元素的原子的是(　　)

A. 3p 能级有一个空轨道的基态原子和核外电子排布为 $1s^22s^22p^63s^23p^2$ 的原子

B. 2p 能级有一个未成对电子的基态原子和价电子排布为 $2s^22p^5$ 的原子

C. M 层全充满而 N 层为 $4s^2$ 的原子和核外电子排布为 $1s^22s^22p^63s^23p^63d^24s^2$ 的原子

D. 最外层电子数是核外电子总数的 1/5 的原子和价电子排布为 $4s^24p^3$ 的原子

19. 分子式为 $C_5H_{11}Cl$ 的同分异构体共有(不考虑立体异构)(　　)

A. 6 种　　B. 7 种　　C. 8 种　　D. 9 种

20. 室温下，将 1 mol 的 $CuSO_4 \cdot 5H_2O(s)$ 溶于水会使溶液温度降低，热效应为 ΔH_1；将 1 mol $CuSO_4(s)$ 溶于水会使溶液温度升高，热效应为 ΔH_2；$CuSO_4 \cdot 5H_2O$ 受热分解的化学方程式为 $CuSO_4 \cdot 5H_2O(s) \xlongequal{点燃} CuSO_4(s) + 5H_2O(l)$，热效应为 ΔH_3。则下列判断正确的是(　　)(常考

A. $\Delta H_1 + \Delta H_3 = \Delta H_2$　　B. $\Delta H_1 + \Delta H_2 > \Delta H_3$

C. $\Delta H_2 > \Delta H_3$　　D. $\Delta H_1 < \Delta H_3$

得分	评卷人

二、简答题(本大题共 2 小题，第 21 题 12 分，第 22 题 13 分，共 25 分)

21. 阅读下列材料，回答有关问题。

在课堂中，学生获得的知识按来源不同主要分为三种类型(如下图)：

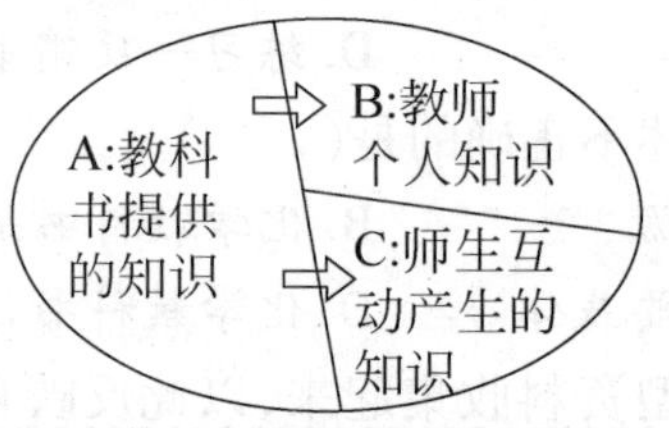

课程授受知识的类型

A 型，教科书及教学参考书提供的知识；B 型，教师个人知识；C 型，师生互动产生的知识。按新课程标准编写的教科书所提供的知识必将引发教师个人知识及师生互动产生新知识的变化。

问题：

(1)分析 A、B、C 三种类型知识的特点及相互关系。(6 分)

(2)简述化学教学中教师应该如何正确使用教科书。(6 分)

22. 阅读下列材料,回答相应问题。

①1772 年,瑞典的舍勒在从事"火与空气"的实验研究时分离出了氧气。但他信奉当时流行的"燃素说",没有意识到自己发现了一种新元素,他把氧气叫作"火空气"。

②1774 年,英国的普利斯特里加热氧化汞时也得到了氧气。遗憾的是,他是比舍勒更虔诚的"燃素说"信徒,他称自己发现的气体为"脱燃素空气"。

③1774 年,法国化学家拉瓦锡用锡和铅做了著名的金属燃烧实验。在实验中发现,密闭容器内锡和铅经加热后表面有一层"金属灰",锡和铅的质量增加了,空气的质量减少了,但是加热前后密闭容器内物质的总质量没变。他意识到这是金属与空气中的某些物质发生了化合反应的结果。此后,经过大量实验分析,他发现了空气中的氧气。据此,拉瓦锡于 1777 年提出了燃烧的"氧化学说",推翻了流行近一个世纪的"燃素说"。

问题:

(1)材料①和②中两位科学家都独立发现并制得了氧气,但并没有正确解释燃烧的本质,而材料③中拉瓦锡能够获得重大发现,其主要原因是什么?(2 分)

(2)拉瓦锡的实验研究中体现的一条重要的化学定律是什么?(2 分)

(3)从化学教学的"三维"目标来看,化学史在化学教学中有哪些教育价值?(9 分)

得分	评卷人

三、诊断题(本大题 1 小题,15 分)

23. 某化学教师在一次教学中设计了下列试题,并对部分学生的解题结果进行了统计和分析。

【试题】某温度下,100 g 饱和氯化钠溶液中含有氯化钠 26.5 g。若向此溶液中先加入 6.5 g 水,再添加 3.5 g 氯化钠,则所得溶液的质量分数为( )

A. 30%　　B. 27.3%

C. 26.5%　　D. 28.2%

【考试结果】对参加考试的全体考生的答题情况统计如下:

选项	A	B	C	D
比例	12%	36.5%	39%	12.5%

试根据上述信息,回答下列问题:

(1)本题正确的选项是________________。(3 分)

(2)如果你要讲评本题,你教给学生的正确解题思路是什么?(6 分)

(3)试对造成学生解题错误的可能原因进行分析。(6 分)

得分	评卷人

四、案例分析题(本大题1小题,20分)

24. 案例:

某老师讲完溶液的均一性、稳定性后,有位学生提出了这样一个问题:“氯化钠溶于水形成氯离子和钠离子,并在不停地做无规则运动,我们喝一口盐水,由于分子(或离子)运动的不规则性,会不会造成我们喝的那一口盐水中钠离子数量少于(或多于)氯离子数量呢?”

这个问题来源于学生头脑中“分子无规则运动”与溶液的“均一性、稳定性”之间的冲突,深究其理,要从概率论的知识讨论,初中学生的知识储备显然不够。于是该老师和学生开始了这样的对话:

师:你觉得盐水的味道“咸”是什么在起作用?

生:钠离子和氯离子的共同作用。

师:如果分子(离子)的无规则运动造成溶液中某局部两种离子之间的数量一直在变化,你每次喝的时候,味道都是一样的吗?

生:应该不一样。

师:但事实上每次都一样,这样说明了什么?

生:这说明了分子的无规则运动并没有引起局部两种离子的数量发生变化。

(教师即时板画,任意圈出溶液中的一小部分)

师:如果在某一时刻有1千万个氯离子从这个部分(圈出部分)运动到别处去,同学们想象同时会发生什么?

生:同时会有1千万个氯离子从别处运动到这里来!

这时,学生明白了问题的答案……

问题:

(1)在该教学片段中,教师主要采用了什么方法来解决学生的问题?这种方法有什么优点?(4分)

(2)结合此案例,分析教师在课堂教学中的作用有哪些。(8分)

(3)该老师在教学中面对意想不到的情况,充分体现了自身的教学机智,请就如何有效提升教师的教学机智提出你的思考和建议。(8分)

得分	评卷人

五、教学设计题(本大题1小题,30分)

阅读下列材料,按要求完成教学设计任务。

材料一 《义务教育化学课程标准》(2011年版)关于“燃烧的条件”的课程内容标准为:“认识燃烧的条件。”活动与探究建议为:“燃烧条件的试验探究;交流对日常生活中常见的燃烧现象的认识。”

材料二 某版本教科书中“燃烧与灭火”的第一部分“燃烧的条件”的演示实验如下所示:

一、燃烧的条件

【实验7-1】在500 mL的烧杯中注入400 mL热水,并放入用硬纸圈圈住的一小块白磷,在烧杯上盖一片薄铜片,铜片上一端放一小堆干燥的红磷,另一端放一小块已用滤纸吸去表面上水的白磷(如图7-5Ⅰ),观察现象。

用导管对准浸没在水中的白磷,通入少量的氧气(或空气,如图7-5Ⅱ),观察现象。

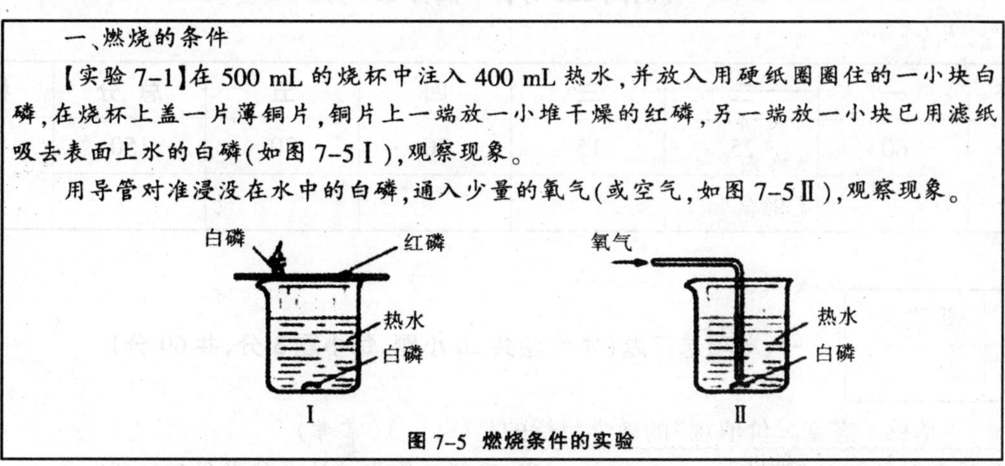

图7-5 燃烧条件的实验

材料三 教学对象为初中学生,已经学习了氧气的性质、氧化反应、质量守恒定律等知识。

要求:

(1)在本节课中(初中阶段),燃烧的概念是什么?请你对该燃烧概念进行评价。(5分)

(2)根据上述材料,完成“燃烧的条件”学习内容的教学设计,其中包括教学目标、教学方法、教学过程(不少于300字)。(25分)

2015年上半年中小学教师资格考试真题试卷

《化学学科知识与教学能力》(初级中学)

(时间120分钟　满分150分)

题 号	一	二	三	四	五	总 分	核分人
题 分	60	25	15	20	30	150	
得 分							

得分	评卷人

一、单项选择题(本大题共20小题,每小题3分,共60分)

1. 下列属于“情感·态度·价值观”的教学目标的是(　　)(常考)
   A. 认识氧气的物理性质　　B. 了解二氧化碳的自然界循环过程
   C. 通过实验探究盐酸的化学性质　　D. 感受化学对人类生活和社会发展的积极作用
2. 学生把参与学习活动的典型资料收集起来,以此反映自己学习和发展历程的评价方式是(　　)
   A. 活动表现评价　　B. 纸笔测验
   C. 档案袋评价　　D. 终结性评价
3. 物质性质、存在、制法和用途方面的知识属于(　　)
   A. 化学事实性知识　　B. 化学理论性知识
   C. 化学技能性知识　　D. 化学情意类知识
4. 信息技术与化学课程整合中的CAI指的是(　　)
   A. 计算机辅助学习　　B. 计算机辅助教学
   C. 计算机辅助管理　　D. 计算机辅助设计
5. 下列属于《义务教育化学课程标准》(2011年版)课程内容一级主题的是(　　)(常考)
   A. 自然界的水　　B. 质量守恒定律
   C. 金属和金属材料　　D. 科学探究
6. 推动、引导、支配学生化学学习行为的内部力量是(　　)
   A. 动机　　B. 成绩　　C. 考试　　D. 行为
7. 随着电子的发现,人类开始揭示原子内部的秘密,最早发现电子的科学家是(　　)
   A. 拉瓦锡　　B. 道尔顿　　C. 阿伏伽德罗　　D. 汤姆生
8. 下列四种物质氧化性最强的是(　　)
   A. 氯化铁　　B. 高锰酸钾
   C. 氯气　　D. 二氧化硫

9. 教师帮助学生制定学习目标、提高学习策略指导、创造良好教学环境，集中体现了教师的(　　)角色。

A. 合作者　　B. 管理者

C. 促进者　　D. 反思者

10. 建立在真实、有感染力的化学事件或问题基础上的教学是(　　)

A. 支架式教学　　B. 情境式教学

C. 探究式教学　　D. 启发式教学

11. 当前我国基础教育改革的核心问题是(　　)

A. 教学　　B. 课程　　C. 考试　　D. 教师

12. 下列属于《义务教育化学课程标准》(2011 年版)技能性学习目标的行为动词是(　　)

A. 初步学会　　B. 初步形成　　C. 认识　　D. 判断

13. 中学化学教学的难点与重点的关系是(　　)(常考)

A. 难点一定是重点　　B. 难点一定不是重点

C. 难点是固定不变的，重点是变化的　　D. 难点不一定是重点

14. 常温下，取下列固体 10 g 分别与 90 g 水充分混合，所得溶质质量分数最小的是(　　)

A. 氧化钙　　B. 过氧化钠

C. 氯化钠　　D. 无水硫酸铜

15. 关于教学目标的描述错误的是(　　)

A. 教学目标是对学习结果的预期　　B. 教学目标是教师教学的重要参照

C. 教学目标是教学的重点和难点　　D. 教学目标是进行教学评价的依据

16. 有关科学探究的表述正确的是(　　)

A. 由学生独立完成

B. 探究教学要按照科学探究的八个要素依次开展教学活动

C. 既是学习内容又是学习方式

D. 在教室或实验室完成

17. 下列不属于《义务教育化学课程标准》(2011 年版)规定的基础学生实验的是(　　)(易错)

A. 二氧化碳的实验室制取与性质　　B. 氢气的实验室制取与性质

C. 溶液酸碱性的检验　　D. 酸、碱的化学性质

18. 充满氖气的灯会发出红光，产生这一现象的原因是(　　)

A. 氖与灯管内壁发生化学反应

B. 氖获得电子转变为红色物质

C. 电子由激发态向基态跃迁以光的形式释放热量

D. 电子由基态向激发态跃迁吸收红光以外的光线

19. 在中学化学教学中，下列最应引起重视的是(　　)

A. 化学基本观念形成　　B. 化学基础知识记忆

C. 化学实验技能训练　　D. 化学计算能力的掌握

20. 合作学习在中学化学教学中被广泛使用，下列描述错误的是(　　)

A. 有利于学生之间的交流　　B. 可以根据需要适时调整成员

C. 不影响学生竞争意识的培养　　D. 选择比较难的化学问题

得分	评卷人

二、简答题(本大题共2小题,第21题12分,第22题13分,共25分)

21. 阅读下列素材,回答有关问题。

《义务教育化学课程标准》(2011年版)指出:教师应根据教学目标、教学内容、学生的已有经验,针对初中学生的认知特征、知识水平及学习需要选择合适的教学内容;能根据教学内容的特点、学生个体差异来确定教学重点和教学难点,引导学生积极参与学习过程;能在规定时间内完成所选教学内容的方案设计;具有基于课程标准、教材和教学设计知识进行教学设计的能力。

根据以上材料,回答下列问题:

(1)简述教学情境的功能。(6分)

(2)简述可采用哪些形式创设教学情境。(6分)

22. 阅读下列素材,回答有关问题。

素材一 公元前5世纪,古希腊哲学家留基伯和他的学生德谟克利特提出了原子理论,虽无法得到科学验证,但被人接受。

素材二 1774年拉瓦锡在大量实验的基础上提出了质量守恒定律。1791年化学家里希特通过大量的酸碱中和实验,提出了当量定律的雏形。1799年普罗斯提出了所谓的定组成定律。后来许多科学家通过大量的实验,提出了倍比定律。

素材三 在大量的实验基础上,借鉴前人的思想和研究成果,道尔顿提出了他的原子学说:(1)元素的最终组成称为简单原子,它们是不可见的,既不能创造,也不能毁灭和再分割,它们在一切化学变化中本性不变。(2)同一元素的原子,其形状、质量及性质是相同的;不同元素的原子则相反。每一种元素以其原子的质量为其最基本的特征(此点乃道尔顿原子论的核心)。(3)不同元素的原子以简单数目的比例相结合,形成化合物。化合物的原子称为复杂原子,其质量为所含各元素原子质量的总和。同一种复杂原子,其形状、质量及性质也必然相同。

根据上述素材,回答下列问题:

(1)道尔顿的原子学说的基础有哪些?(3分)

(2)道尔顿的原子学说比古希腊的原子论更具有科学说服力的原因是什么?(3分)

(3)从上述素材概括近代化学学科发展的基本特征。(3分)

(4)有人赞赏道尔顿"似乎是用他的手开始实验,却是用他的头脑来结束实验"。你如何理解这句话?(4分)

得分	评卷人

三、诊断题(本大题1小题,15分)

某化学教师在一次测验中设计了下列测试题,并对学生的解题结果进行了统计和分析。

【试题】25°C 时,将 pH =6.0 的盐酸用水稀释100倍,溶液 pH 是(　　)

A. 8　　　　B. 7

C. 略小于7　　　　D. 略小于8

统计学生答案如下:

选项	A	B	C	D
比例	33%	2%	60%	5%

根据以上信息,回答下列问题:

(1)本题的正确答案是什么?(3分)

(2)请写出本题正确的解题思路。(6分)

(3)试对学生答题错误的原因进行分析和诊断。(6分)

得分	评卷人

四、案例分析题(本大题1小题,20分)

下面是某教师关于混合物和纯净物的教学片段实录。

师:根据刚才的学习,我们知道空气是由多种气体组成的。在化学上,一般把由两种或两种以上的物质混合在一起所组成的物质称为混合物。空气就是混合物。我们生活中有许多物质是混合物,如食醋、墨水、生理盐水、石油……(老师边说边板书,学生边听讲边做笔记)。

生:还有水(学生插嘴说着)。

师:我先把"水"写在黑板的最下边。告诉大家,我们平时喝的矿泉水是混合物。

生:那纯净水是不是纯净物呢?

师:纯净水、洁净的空气都是混合物,大家不要被"纯净""洁净"这样的词所迷糊。混合物的特点是……(略)。

师:纯净物是由一种物质组成的,具有固定的组成和确定的性质。例如氧气,就是纯净物。刚才有同学说“水”,我把它写在“纯净物”这边。告诉大家,如果没有特别的说明,一般说“水”,是指净物。

生:那自来水是什么?(又有学生插嘴说着)

师:自来水、自然界中的水是混合物。铁粉、干冰是纯净物。干冰是什么?大家知道吗?

生:是固态的二氧化碳。

师:说得对。

生:那冰也是纯净物。

师:非常好。还告诉大家,冰水也是纯净水,这一点请大家一定要记住。

生:冰水是纯净物?(有学生低声嘀咕着)

师:现在,请几位同学举例说一说你所知道的混合物和纯净物。

生:果汁、茶水、酱油是混合物,二氧化碳、氦气是纯净物。

老师先后请了几位学生回答问题。在随后的课堂书面练习中,老师给出了一些物质,如清新的气、澄清的石灰水、液氮、洁白的雪、冰水混合物、氧化汞、干冰、糖水等,让学生区分哪些是混合物哪些是纯净物。学生所做的练习错误不少,错误集中发生在“澄清的石灰水、液氮、氧化汞、冰水合物”等物质的区分上。

(摘自何彩霞·化学概念教学要关注学生的思维过程和认识发展——混合物和纯净物教学案例视。化学教育,2010 年第 9 期)

问题:

(1)分析学生的学习结果和教师的预期相差很大的原因。(10 分)

(2)针对该教师“纯净物和混合物”概念教学中存在的问题提出改正措施。(10 分)

得分	评卷人

五、教学设计题(本大题 1 小题,30 分)

25. 根据下列材料,回答问题。

材料一 《义务教育化学课程标准》(2011 年版)内容标准:认识燃烧、缓慢氧化和爆炸的条件,解防火防爆的措施;知道物质发生变化时伴随着能量的变化。

材料二 化学教科书的知识结构体系

绪言 化学使世界变得更加绚丽多彩

第一单元 走进化学世界

第二单元 我们周围的空气

第三单元 物质构成的奥秘

第四单元 自然界的水

第五单元 化学方程式

第六单元 碳和碳的氧化物

第七单元 燃料及其利用

课题 1 燃烧和灭火

课题 2 燃料的合理利用

材料三 某版本教科书"燃烧和灭火"所呈现的内容

课题 1 燃烧和灭火

燃烧是人类最早利用的化学反应之一，人类已有几十万年的利用燃烧反应的历史。燃烧与我们的生活以及社会的发展有着密切的联系。

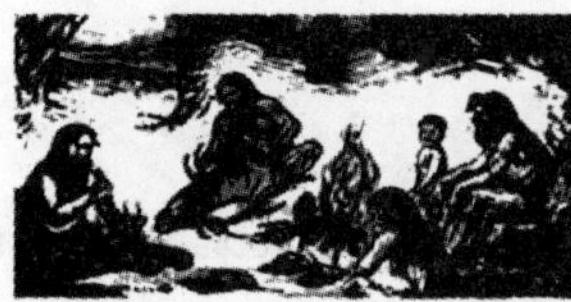

图 7-1 燃烧是人类最早利用的化学反应之一

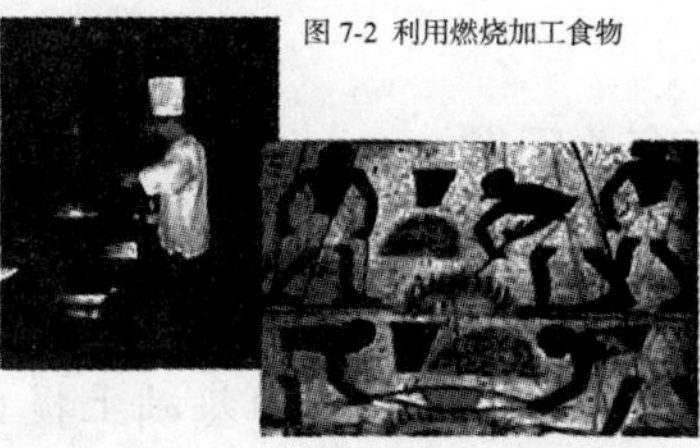

图 7-2 利用燃烧加工食物

图 7-3 古埃及人利用燃烧冶炼铜

一、燃烧的条件

【实验 7-1】[①] 在500 mL的烧杯中注入400 mL热水，并放入用硬纸圈圈住的一小块白磷。在烧杯上盖一片薄铜片，铜片上一端放一小堆干燥的红磷，另一端放一小块已用滤纸吸去表面上水的白磷（如图7-4），观察现象。

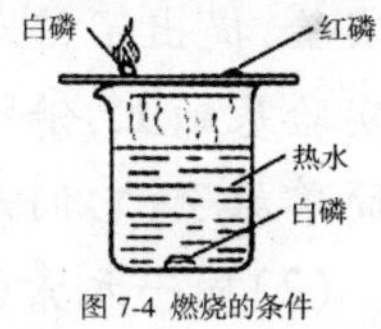

图 7-4 燃烧的条件

现象	

用导管对准上述烧杯中的白磷，通入少量氧气（或空气），观察现象。

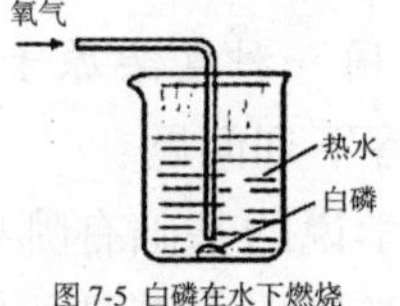

图 7-5 白磷在水下燃烧

现象	

① 本实验由教师演示，且在通风橱中或抽风设备下进行。

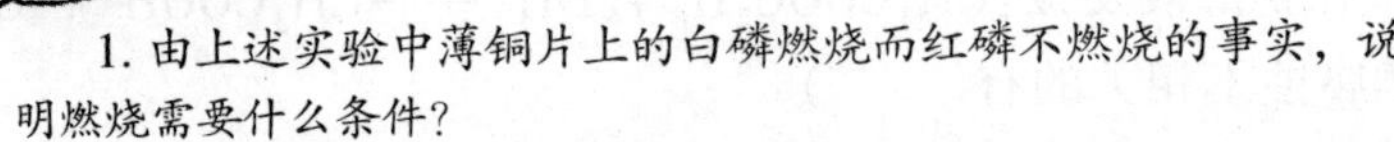

1. 由上述实验中薄铜片上的白磷燃烧而红磷不燃烧的事实，说明燃烧需要什么条件？

2. 由薄铜片上的白磷燃烧而热水中的白磷不燃烧的事实，说明燃烧还需要什么条件？

3. 由本来在热水中不燃烧的白磷，在通入氧气（或空气）后燃烧的事实，再次说明燃烧需要什么条件？

4. 综合上述讨论，可得出燃烧需要哪些条件？

可燃物与氧气发生的一种发光、放热的剧烈的氧化反应叫做燃烧，燃烧需要三个条件：

(1) 可燃物；

(2) 氧气（或空气）；

(3) 达到燃烧所需的最低温度（也叫着火点）。

图 7-6 燃烧条件示意图

表7-1 在通常情况下一些常见物质的着火点

物质	白磷	红磷	木材	木炭	无烟煤
着火点/℃	40	240	250~330	320~370	700~750

二、灭火的原理和方法

如果破坏燃烧的条件，使燃烧反应停止，就可以达到灭火的目的。

根据燃烧的条件推论灭火的原理。

图 7-7 扑灭火灾

【实验 7-2】 点燃三支蜡烛，在其中一支蜡烛上扣一只烧杯；将另两支蜡烛放在烧杯中，然后向其中一只烧杯中加适量碳酸钠和盐酸（如图7-8），观察现象并分析原因。

现象	
分析	

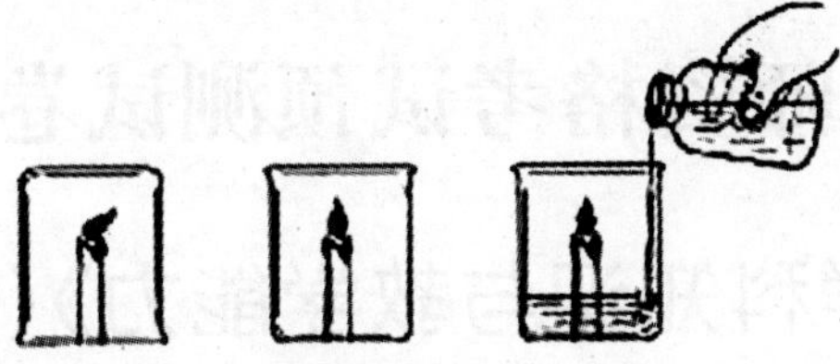

图 7-8 蜡烛的燃烧现象为什么不同?

清除可燃物或使可燃物与其他物品隔离,隔绝氧气(或空气),以及使温度降到着火点以下,都能达到灭火的目的。

试根据灭火的原理和上述实验,设计一个简易的灭火器(图7-9的装置可供参考)。

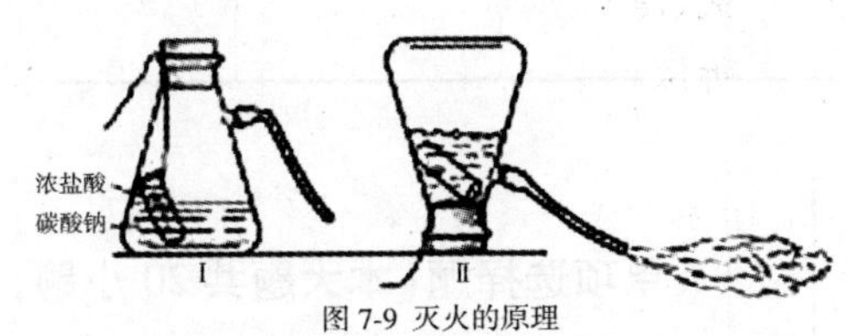

图 7-9 灭火的原理

下面是一些灭火的实例,试分析其灭火的原理:

1. 炒菜时油锅中的油不慎着火,可用锅盖盖灭;
2. 堆放杂物的纸箱着火时,可用水灭火。

问题:

(1)分析学生学习本节课前应具有的相关知识和经验。(6分)

(2)写出本节课的三维教学目标。(6分)

(3)说明本节课的教学重点和难点。(6分)

(4)简要写出本节课的教学思路。(6分)

(5)有学生认为点火也是燃烧条件之一,试设计一个教学活动,以帮助其形成正确的认识。(6分)

预测试卷

教师资格考试预测试卷(一)

《化学学科知识与教学能力》(初级中学)

(时间120分钟　满分150分)

题 号	一	二	三	四	五	总 分	核分人
题 分	60	25	15	20	30	150	
得 分							

得分	评卷人

一、单项选择题(本大题共20小题,每小题3分,共60分)

1. 下列各组物质中不完全属于共价化合物的是(　　)

①H_2O、HD、C_3H_8　②P_2O_5、CO_2、$(NH_4)_3PO_4$　③SO_2、SiO_2、CS_2　④CCl_4、$(NH_4)_2S$、H_2O_2

A. ①②　B. ③④　C. ②③　D. ②④

2. 设 N_A 为阿伏伽德罗常数的值,下列说法正确的是(　　)

A. 1 L 1 $mol\cdot L^{-1}$ 的 NaClO 溶液中含有 ClO^- 的数目为 N_A

B. 78 g 苯含有碳碳双键的数目为 $3N_A$

C. 常温常压下,14 g 由 N_2 与 CO 组成的混合气体含有的原子数目为 N_A

D. 标准状况下,6.72 L NO_2 与水充分反应转移的电子数目为 $0.1N_A$

3. 14 g 铜、银合金与足量某浓度的硝酸完全反应,将生成的气体与 1.12 L(标准状况下)氧气混合,通入水中恰好全部被吸收,则合金中铜的质量为(　　)

A. 3.2 g　B. 1.6 g　C. 9.6 g　D. 6.4 g

4. 下列反应不可能按反应方程式进行的是(　　)

A. $NaNO_3 + H_2SO_4(浓) \xlongequal{\triangle} NaHSO_4 + HNO_3\uparrow$

B. $2NaI + H_2SO_4(浓) \xlongequal{} Na_2SO_4 + 2HI$

C. $CaF_2 + H_2SO_4(浓) \xlongequal{\triangle} CaSO_4 + 2HF\uparrow$

D. $2NH_3 + H_2SO_4 \xlongequal{} (NH_4)_2SO_4$

5. 香叶醇是合成玫瑰香油的主要原料,其结构简式如图所示,下列有关香叶醇的叙述错误的是(　　)

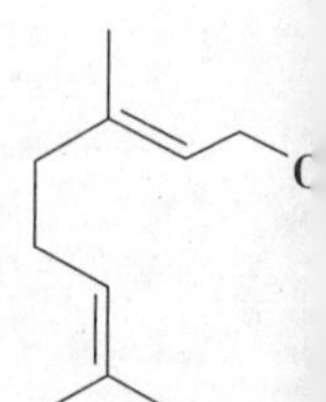

A. 香叶醇的分子式为 $C_{10}H_{18}O$

B. 能使溴的四氯化碳溶液褪色

C. 能使酸性高锰酸钾溶液褪色

D. 分子中只含有一种官能团,能发生取代反应

6. 下列离子方程式正确的是(　　)

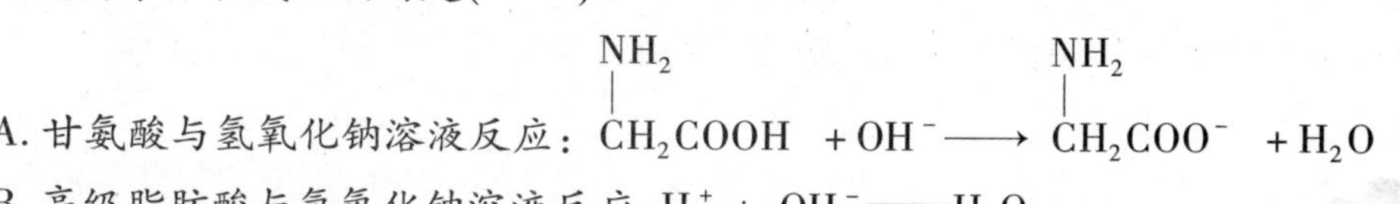

A. 甘氨酸与氢氧化钠溶液反应: $CH_2(NH_2)COOH + OH^- \longrightarrow CH_2(NH_2)COO^- + H_2O$

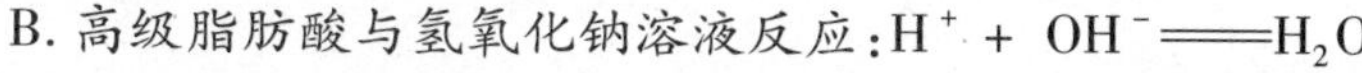

B. 高级脂肪酸与氢氧化钠溶液反应: $H^+ + OH^- \xlongequal{} H_2O$

C. 乙醇与浓氢溴酸反应: $CH_3CH_2OH + H^+ \longrightarrow CH_3CH_2^+ + H_2O$

D. 乙酸乙酯与氢氧化钠溶液反应: $CH_3COOC_2H_5 + OH^- \longrightarrow CH_3COOH + C_2H_5O^-$

7. 下列现象与电化学腐蚀不相关的有(　　)

A. 生铁比纯铁容易生锈　　B. 纯银饰品久置表面变暗

C. 黄铜制品不易产生铜绿　　D. 与铜管连接的铁管易生锈

8. 用下列装置进行实验,不能达到实验目的的是(　　)

A. 干燥 CO_2

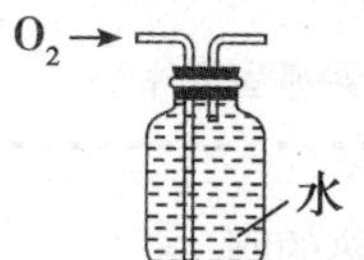

B. 收集 O_2

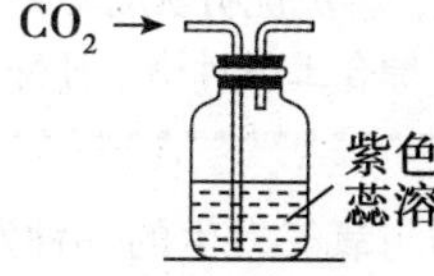

C. 验证 CO_2 性质

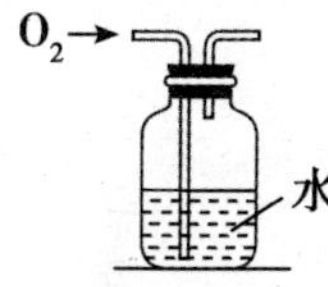

D. 监控气体流速

9. 粗盐提纯实验中,搭建蒸发装置时,下列操作中应首先进行的是(　　)

A. 放置酒精灯　　B. 固定铁圈位置

C. 点燃酒精灯　　D. 将蒸发皿放置在铁圈上

10. 科学家经过不断的科学实验,初步获得了室温下水可以变成冰,不导电的塑料通过加入添加剂也能导电等科学认识。这说明(　　)

A. 科学实验是人们获得认识的唯一途径　　B. 科学实验是人们获得认识的一个重要来源

C. 科学实验是人类最基本的实践活动　　D. 科学实验是认识的最终目的

11. 义务教育阶段化学课程的课程目标是促进学生在三个目标领域的发展,以下目标领域不属于化学课程目标领域的是(　　)

A. 知识与技能　　B. 过程与方法　　C. 情感态度与价值观　　D. 化学与社会发展

12. 化学课程目标的陈述结构中最基本的成分是(　　)

A. 主体　　B. 行为　　C. 条件　　D. 程度

13. 在目前的教学过程中,能在短时间内向学生传授大量知识的教学方法是(　　)

A. 讲授法　　B. 观察法　　C. 练习法　　D. 参观法

14. 探究法是常用的化学教学方法,它属于(　　)

A. 第一层级　　B. 第二层级　　C. 第三层级　　D. 第四层级

15. 学生自我评价通常采用的方式是(　　)

A. 建立化学学习记录的方式　　B. 建立化学学习预习的方式

C. 建立化学学习复习的方式　　D. 建立化学学习档案的方式

16. 化学课堂教学方案常用的编制形式是(　　)

①讲稿式　　②纲要式　　③板书式　　④表格式　　⑤综合式

A. ①②③④⑤　　B. ①②④⑤　　C. ③④⑤　　D. ①②③④

17. 在化学教学中体现师生关系的教学原则是(　　)

A. 科学性与思想性　　B. 教师为主导,学生为主体

C. 实验引导与启迪思维　　D. 掌握双基与发展能力

18. 化学实验能为学生认识化学科学知识提供化学实验事实,这属于化学实验的(　　)功能。

A. 认识论　　B. 方法论　　C. 教学论　　D. 以上均包括

19. 化学新课程倡导的三种主要学习方式是(　　)

A. 自主学习、探究学习和合作学习　　B. 合作学习、接受学习和发展学习

C. 自主学习、探究学习和发展学习　　D. 合作学习、自主学习和主动学习

20. 在教学《化学与健康》时,王老师利用吸烟者的肺部病理照片、录像或图片,教育学生吸烟有害健康。该情境属于(　　)

A. 学科问题情境　　B. 学生经验情境　　C. 化学史实情境　　D. 社会问题情境

得分	评卷人

二、简答题(本大题共2小题,第21题12分,第22题13分,共25分)

21. 某化学学习小组探究铁及其化合物的氧化性和还原性实验。

(1)实验试剂及仪器:氯化亚铁溶液、氯化铁溶液、氯水、KSCN溶液、铁粉、锌片、铜片、稀硫酸、胶头滴管、试管。

(2)实验记录:

序号	实验设计	实验观察(主要现象)	离子方程式	解释与结论
①	向铁粉中滴入稀硫酸	铁粉溶解,溶液由无色变成浅绿色,有无色无味的气体生成	$Fe+2H^{+}=Fe^{2+}+H_2\uparrow$	Fe具有还原性
②	氯化亚铁溶液中滴入KSCN溶液,再加入氯水	滴入KSCN溶液无明显现象,加入氯水立即变成血红色	$2Fe^{2+}+Cl_2=2Fe^{3+}+2Cl^{-}$ $Fe^{3+}+3SCN^{-}=Fe(SCN)_3$	Fe^{2+}具有还原性
③	氯化亚铁溶液中加入锌片	有黑色沉淀生成	$Fe^{2+}+Zn=Fe+Zn^{2+}$	Fe^{2+}具有氧化性
④	向氯化铁溶液中加入KSCN溶液,再加入足量Cu片(或铁粉或锌片)	加入KSCN溶液出现血红色,加入足量Cu片(或铁粉或锌片)后血红色消失	$2Fe^{3+}+Cu=2Fe^{2+}+Cu^{2+}$	Fe^{3+}具有氧化性

根据上述材料,回答下列问题:

(1)在实验②中,有部分同学在氯化亚铁溶液中滴入KSCN溶液后,就出现了血红色,可能的原因

是什么？（3 分）

(2)在配制氯化铁溶液时，由于实验员失误，可能导致溶液中含有少量的 Fe^{2+}，如何检验是否有少量 Fe^{2+} 的存在？（3 分）

(3)作为教师，在进行实验探究教学时，应注意哪些方面？（6 分）

. 阅读下列文字，回答有关问题。

所谓媒体，是英文 media 的译名，也称媒介，是载有信息的物体，或储存信息和传递信息的工具，具体指报纸、书刊、广播、电视、计算机等。教学媒体是载有教学信息的物体，储存和传递教学信息的工具。以多媒体为主的现代教学媒体在教学过程中发挥越来越巨大的作用。

问题：

(1)什么是多媒体教学？它在教学过程中有哪些优点？（6 分）

(2)在教学过程中，教师应如何利用多媒体上好一节课？（7 分）

得分	评卷人

三、诊断题（本大题 1 小题，15 分）

. 教师指导学生进行实验并观察结果，下表为实验记录：

实验过程	得出观点或结论
A. 铁和氧气燃烧后质量变大	质量是守恒的
B. 水电解得到氢气和氧气	分子是可分的
C. 白糖加入水中后消失	微粒是运动的
D. 苯和醋酸混合后体积变大	微粒间是有间隔的

以上为学生根据实验得出的观点，如果你是教师，正在讲授这节课：

(1)以上观点是否正确，请指出正确的结论，并且诊断错误结论的原因。（7 分）

(2)对本次实验进行讲评,说明思路及方法。(8分)

得分	评卷人

四、案例分析题(本大题1小题,20分)

24. 下面是某初中化学教师讲授"化学式与化合价"的教学片段。

[提出问题1]展示水分子示意图,引出问题:你能用我们前面学过的符号来表示图片里的意思吗

[建立概念1]通过对图片表示意义的探究,引导学生自己总结出化学式的概念,让同学们自己读课本上的内容,深化理解化学式表示的涵义。

[提出问题2]通过列表格对比,引出问题:

物质的名称	所含的原子或离子的个数比	化学式
1. 氯化氢	H: Cl =	HCl
2. 氯化钙	Ca^{2+}: Cl^{-} =	$CaCl_2$
3. 硫化铜	Cu: S =	CuS
4. 碳酸钙	Ca^{2+}: CO_3^{2-} =	$CaCO_3$

请同学们先观察上面的表格并讨论完成表格中的内容,然后思考你有什么新的发现?

[建立概念2]通过对表格内容的讨论和对课本相应内容的阅读,老师带领学生总结归纳出化合的概念、标法、涵义以及化合物里化合价之和为0。此外,通过师生互动告诉学生快速记住常见素的化合价的口诀:

一价钾钠银氯氢,二价氧钙镁钡锌,三铝四硅五氮磷,二、四、六硫都齐全,铜、汞二价最常见。

根据以上材料,回答下列问题:

(1)化合物中各元素正、负化合价的代数和为__________。(3分)

(2)$2H_2$代表__________________________________。(3分

(3)这位老师采用了哪种课堂组织形式?(6分)

(4)以该教师的教学为例,说明化学概念对发展学生科学素养具有哪些作用。(8分)

得分	评卷人

五、教学设计题(本大题1小题,30分)

25. 下为某版本教科书《化学2》"金属资源的利用和保护"的片段:

一、铁的冶炼

早在春秋战国时期,我国就开始生产和使用铁器,从公元1世纪起,铁便是一种最主要的金属材料。

炼铁的原理是利用一氧化碳与氧化铁的反应。在实验室里,可以利用图8-20所示的装置进行实验。实验中玻璃管里的粉末由红色逐渐变黑,这种黑色的粉末就是被还原出来的铁;试管里澄清的石灰水变浑浊,证明有二氧化碳生成。

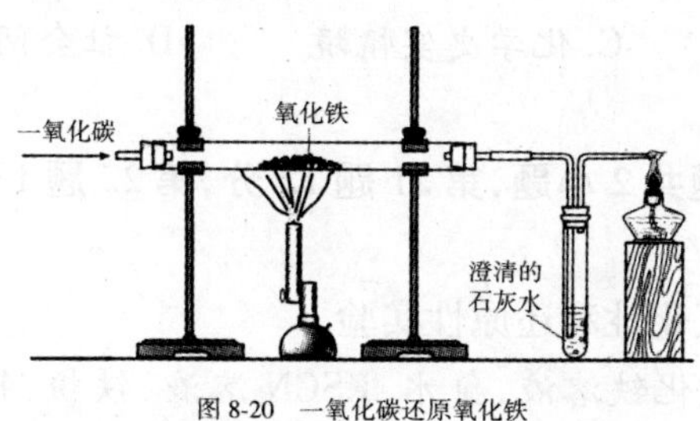

图 8-20　一氧化碳还原氧化铁

氧化铁在加热时能被一氧化碳还原成铁,同时生成二氧化碳。

$$Fe_2O_3+3CO \xrightarrow{高温} 2Fe+3CO_2$$

铁矿石冶炼成铁是一个复杂的过程,把铁矿石和焦炭、石灰石① 一起加入高炉,在高温下,利用焦炭与氧气反应生成的一氧化碳把铁从铁矿石里还原出来。

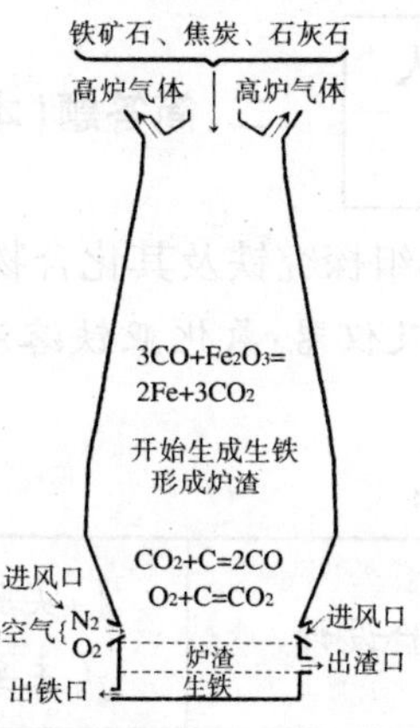

图 8-21　炼铁高炉及炉内化学变化过程示意图

问题:

(1)本节课的教学重难点是什么?(6分)

(2)完成"金属资源的利用和保护"的教学设计,内容包括教学目标和教学过程。(24分)

教师资格考试预测试卷(二)

《化学学科知识与教学能力》(初级中学)

(时间120分钟　满分150分)

题号	一	二	三	四	五	总分	核分人
题分	60	25	15	20	30	150	
得分							

得分	评卷人

一、单项选择题(本大题共20小题,每小题3分,共60分)

1. 下列有关认识,科学的是(　　)

A. 用石墨可制得金刚石　　B. “绿色食品”就是绿颜色的食品

C. 稀有气体不与任何物质反应　　D. 纯牛奶中不含任何物质

2. 纳米材料研究已成为“材料科学”的新热点。这是用特殊方法把固体物质加工到纳米级($1\sim100$ nm,1 nm $=10^{-9}$ m)的超细粉末粒子后制得的。下列分散系中的分散质微粒直径和这种粒子具有相同数量级的是(　　)

A. 溶液　　B. 悬浊液　　C. 乳浊液　　D. 胶体

3. 2004年,美国科学家通过“勇气”号太空车探测出火星大气中含有一种称为硫化羰(化学式为COS)的物质。已知硫化羰与二氧化碳的结构相似,但能在氧气中完全燃烧。下列有关硫化羰的说法正确的是(　　)

A. 硫化羰是酸性氧化物

B. 相同条件下,硫化羰的密度比空气小

C. 硫化羰可用作灭火剂

D. 硫化羰在氧气中完全燃烧后的生成物是CO_2和SO_2

4. 以下有关原子结构及元素周期律的叙述正确的是(　　)

A. 第ⅠA族元素铯的两种同位素^{137}Cs比^{133}Cs多4个质子

B. 同周期元素(除0族元素外)从左到右,原子半径逐渐减小

C. 第ⅦA族元素从上到下,其氢化物的稳定性逐渐增强

D. 同主族元素从上到下,单质的熔点逐渐降低

5. 下列各组有机物只用一种试剂无法鉴别的是(　　)

A. 乙醇、甲苯、硝基苯　　B. 苯、苯酚、乙烯

C. 苯、甲苯、环己烷　　　　D. 甲酸、乙醛、乙酸

对已达化学平衡的下列反应:$2X(g)+Y(g) \rightleftharpoons 2Z(g)$,减小压强时,对反应产生的影响是(　　)

A. 逆反应速率增大,正反应速率减小,平衡向逆反应方向移动

B. 逆反应速率减小,正反应速率增大,平衡向正反应方向移动

C. 正、逆反应速率都减小,平衡向逆反应方向移动

D. 正、逆反应速率都增大,平衡向正反应方向移动

酒精监测仪中的反应原理为 $C_2H_5OH + 4X$(红棕色) $+6H_2SO_4 = 2Cr_2(SO_4)_3$(绿色) $+ 2CO_2\uparrow + 9H_2O$,则物质 X 的化学式为(　　)

A. CrO_3　　B. Cr_2O_3　　C. Cr_2S_3　　D. $CrSO_3$

已知:$2H_2(g)+O_2(g)=2H_2O(l)$ $\Delta H=-571.6\ kJ\cdot mol^{-1}$,$CH_4(g)+2O_2(g)=CO_2(g)+2H_2O(l)$ $\Delta H=-890\ kJ\cdot mol^{-1}$。现有 H_2 与 CH_4 的混合气体 112 L(标准状况),使其完全燃烧生成 $CO_2(g)$ 和 $H_2O(l)$,若实验测得反应放热 3695 kJ,则原混合气体中 H_2 与 CH_4 的物质的量之比是(　　)

A. 1∶1　　B. 1∶3　　C. 1∶4　　D. 2∶3

下列反应中,属于加成反应的是(　　)

A. 甲烷与氯气反应生成油状液滴　　B. 乙烯使溴的四氯化碳溶液褪色

C. 乙烯使酸性高锰酸钾溶液褪色　　D. 苯燃烧时火焰明亮并带有浓烟

已知 Q 与 R 的摩尔质量之比为 9∶22,在反应 $X+2Y = 2Q+R$ 中,当 1.6 g X 与 Y 完全反应后,生成 4.4 g R,则参与反应的 Y 和生成物 Q 的质量之比为(　　)

A. 46∶9　　B. 32∶9　　C. 23∶9　　D. 16∶9

创设化学教学情景最丰富的情景素材是(　　)

A. 实物　　B. 化学实验　　C. 投影仪　　D. 模型

化学课程目标,是人们赋予化学课程教育功能时所规定的(　　)

A. 最低教育要求　　B. 最高教育要求　　C. 一般教育要求　　D. 中等教育要求

提倡学生在化学实验中进行探究性学习的关键在于重视(　　)

A. 探究过程和结果　　B. 探究动作

C. 探究方法　　D. 探究结果

化学探究实验的活动主体是(　　)

A. 老师　　B. 学生

C. 师生共同探究　　D. 老师带领学生探究

在课上,教师不仅描述化学事实,而且加以深入分析和论证,从而得出科学的结论。这种方法是(　　)

A. 讲述法　　B. 讲解法　　C. 讲演法　　D. 谈话法

教学中,教师为了帮助学生理解化学工业对人类社会生活的影响,设计了问题“使用塑料制品对人类是有利还是有害”,由学生分别代表化工产品生产者、消费者、环保工作者就此问题发表观点,这种教学方式属于(　　)

A. 科学探究教学　　B. 小组讨论教学　　C. 角色扮演教学　　D. 社会调查教学

17. 化学课程标准的性质是(　　)

A. 参考性文件　B. 指导性文件　C. 参考资料　D. 阅读材料

18. “一个坏的老师奉送真理,一个好的老师教人发现真理”体现的教学原则是(　　)

A. 启发性原则　B. 直观性原则　C. 巩固性原则　D. 循序渐进原则

19. 教师在给学生选择和编制练习题时应注意(　　)

①练习题要多　②习题类型力求多样化　③习题考查的内容要全面

④充分考虑学习的不同阶段以及不同层次学生的需要

A. ①③　B. ①②　C. ②③④　D. ①②③④

20. 教师要注重有效地发挥现代信息技术的作用,(　　)有助于学生理解知识,但无法全面体现化实验的功能,不能替代化学实验。

A. 计算机　B. 演示实验　C. 模型　D. 模拟实验

得分	评卷人

二、简答题(本大题共2小题,第21题12分,第22题13分,共25分)

21. 阅读下列文字,回答有关问题。

有不少化学教师做“口含玻璃管对包裹了过氧化钠的棉花吹气,棉花燃烧”的实验,从而说明过化钠与二氧化碳反应,生成碳酸钠和氧气。

实验过程:

(1)在一个500 mL的烧杯里粘一段蜡烛头,再倒放一只50 mL的小烧杯。小烧杯上放一片铁防止棉花燃烧把小烧杯烧裂,点燃蜡烛,把包了过氧化钠固体的棉花放在小烧杯上,用沉浮式气发生器制取二氧化碳(如图a所示),随着二氧化碳向大烧杯里注入,我们会看到燃烧的蜡烛首熄灭,片刻后棉花燃烧起来。

(2)在另一个大烧杯里也做如图a的准备,沉浮式气体发生器的配重盒里放入浓硫酸(如图b示),让生成的二氧化碳气通过浓硫酸干燥后再注入大烧杯,我们会看到燃烧的蜡烛首先熄灭,棉花不能燃烧。

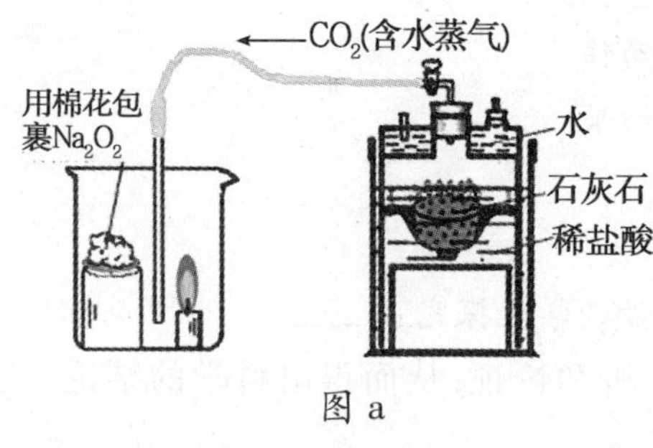

图 a

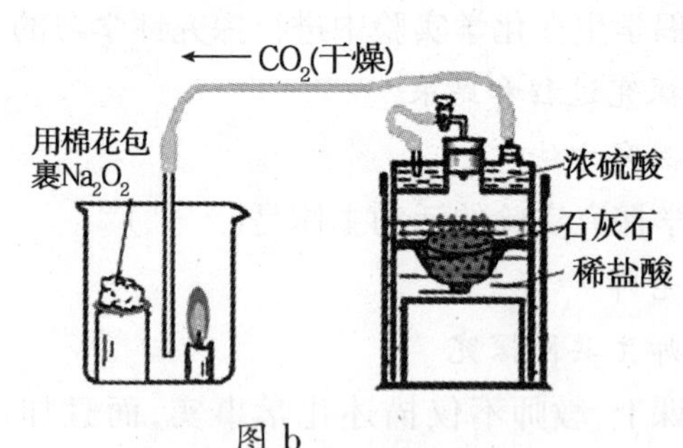

图 b

根据上述材料,回答下列问题:

(1)通过两组实验,可以看出实验成功(棉花燃烧)的关键因素是什么?(6分)

(2)试说明在进行演示实验教学时应注意哪些事项。(6分)

22. 阅读下列文字,回答有关问题。

化学概念是将化学现象、化学事实经过比较、综合、分析、归纳、类比等方法抽象出来的理论性知识。它是已经剥离了现象的一种更高级的思维形态。反映着化学现象及事实的本质,是化学学科知识体系的基础。现代认知心理学理论、化学教育理论研究方法指导并促进化学概念的学习与教学研究。

结合上述材料,简要回答问题:

(1)举例说明一个化学概念需要哪些基本要素。(6 分)

(2)试说明如何让学生形成一个化学概念。(7 分)

得分	评卷人

三、诊断题(本大题 1 小题,15 分)

23. 某化学教师在一次化学考试中设计了如下习题,并对不同学生的解题结果进行了统计和分析。

【试题】(多选)

下列物质的用途与其化学性质相关的是(　　)

A. 用金刚石切割玻璃　　B. 用氮气作食品包装袋的填充气

C. 用活性炭作净水剂　　D. 用氧气供给病人呼吸

【考试结果】大部分的学生认为 B 和 D 正确,少部分的学生认为 C 正确,极少部分的学生认为 A 正确。

试根据上述信息,回答下列问题:

(1)学习诊断的方法有哪些？该化学教师应用的诊断方法是什么？反馈的基本策略有哪些？该教师这种反馈策略属于什么反馈？(4 分)

(2)本题的正确选项是什么？分析学生没有选择该选项的原因。(4 分)

(3)分析学生选择错误选项的原因,并给出本题的正确解题思路。(7 分)

得分	评卷人

四、案例分析题(本大题1小题,20分)

24.阅读下列素材,回答有关问题。

素材一 公元前5世纪,安培多克勒提出四原质说,认为世界皆由水、火、气、土4种原质构成。公元前4世纪,四原质说为亚里士多德所发展,他在四原质的基础上提出四原性:冷、热、干、湿。冷与干则是土,冷与湿则是水,热与干则是火,热与湿则是气。由于四元论具有感官表象的一致性,亚里士多德的四元论能为人们广泛接受,并统治了人们长达2000多年。

素材二 1784年左右,卡文迪许研究了空气的组成,发现空气中氮气的体积占78%,氧气占21%。此外,他还确定了水的成分,从而肯定了空气是混合物而不是元素,水是化合物而不是元素。1789年,拉瓦锡在《化学概论》中明确提出了元素的操作定义:用现有的化学分析手段都无法分解的物质,可姑且称为"元素"。早在人们学会利用火进行化学分析时,就已经能分解出11种单质:铜、铁、金、锡、银……1800年,戴维对伏打电堆做了改进,发现很多在火的作用下不分解的物质却经不起电的作用。1807~1808年,戴维用电化学方法分解出钠、钾、钡、钙、镁、锶,6种活泼金属,使分解某些活泼的金属化合物得以实现。1814~1817年,约瑟夫·冯·夫琅禾费制造了一个棱镜光谱仪。紧接着,本生和基尔霍夫证明,根据两谱线在光谱中的位置可以得知某种特定金属的存在,利用这种方法,可以检测到极微量的金属。

素材三 1803年英国化学家道尔顿提出原子论后,受到科学界的普遍重视。原子论的核心是:每种元素以其原子的质量为其最基本的特征。因此,测定原子量的工作成为当时化学的重点工作。

道尔顿和贝采里乌斯分别以氢和氧为基准,对原子的质量进行了测量。1869年,人们已经发现了63种元素,门捷列夫按原子量的大小和元素的化学性质之间的关系列成一张表,这便是他的第一张元素周期表。门捷列夫的假说跟以往假说相比具有三个优势:一是对当时测得不准确的9种元素的原子量做了必要的修正;二是根据原子量的增长是有规律的这一科学假设,给周期表预留了6个空档;三是从当时的原子量测定数据来看,碲比碘重,钴比镍重,门捷列夫根据这两对元素的性质,将它们的位置做了必要的调整。

根据上述素材,回答下列问题:

(1)从元素周期表的发现始末,归纳出科学的化学理论发展需要经历哪些阶段。(6分)

(2)从上述材料概括影响化学科学的发展的因素有哪些。(6分)

(3)恩格斯说:"门捷列夫不自觉地应用黑格尔的量转化为质的规律,完成了科学上的一个勋业"。你如何理解这句话?(8分)

得分	评卷人

五、教学设计题(本大题1小题,30分)

阅读下列材料,完成教学设计。

材料一 《义务教育化学课程标准》(2011年版)的课程内容:"认识化学变化的基本特征,初步了解化学反应的本质"。

材料二 义务教育教科书《化学》人教版(九年级上册)的目录(略)。

材料三 教材《化学》(九年级上册)"物质的变化和性质"一课的内容片段。

我们知道,大到宇宙中的星体,小到肉眼看不到的粒子,构成了千姿百态的物质世界。各种物质之间存在着多种相互作用,也不断地发生着变化。例如,水在一定条件下可以变成水蒸气和冰,钢铁制品在潮湿的地方会慢慢生锈,煤、木材和柴草可以在空气中燃烧而发光放热,等等。认识物质及其变化的特点,对于了解自然现象和规律是至关重要的,也与我们的日常生活紧密相关。

一、化学变化和物理变化

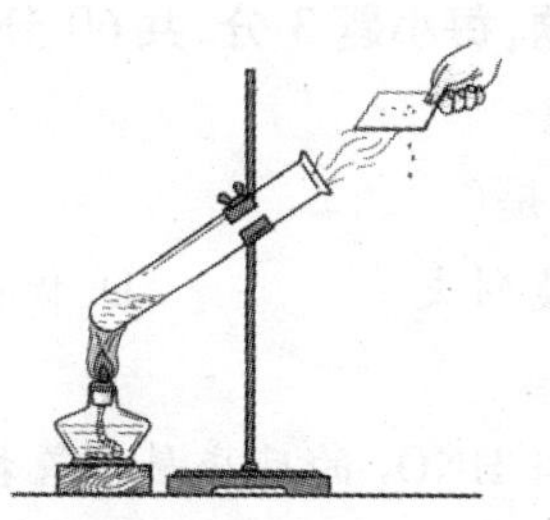
图1-1 水的沸腾

【实验1-1】 把盛有少量水的试管斜夹在铁架台上(如图1-1)。在试管底部小心加热到水沸腾。把一块洁净的玻璃片(或盛有冷水的小烧杯)移近试管口,观察并记录玻璃片上发生的现象。

【实验1-2】 取少量胆矾(或称蓝矾)放在研钵内(如图1-2),用杵把胆矾研碎。观察并记录胆矾发生的变化。

【实验1-3】 将少量胆矾和研碎的胆矾分别放入2支试管,向其中加入少量水,振荡得到澄清的硫酸铜溶液,再向其中分别滴加氢氧化钠溶液,观察并记录试管中发生的现象。

【实验1-4】 把少量石灰石(或大理石)放在干燥的试管里,向其中加入少量稀盐酸,用配有玻璃弯管的橡皮塞塞住试管口,使弯管的另一端伸入盛有澄清石灰水的烧杯里(如图1-3)。注意观察并记录石灰石(或大理石)的变化和石灰水发生的变化。

图1-2 胆矾的研碎

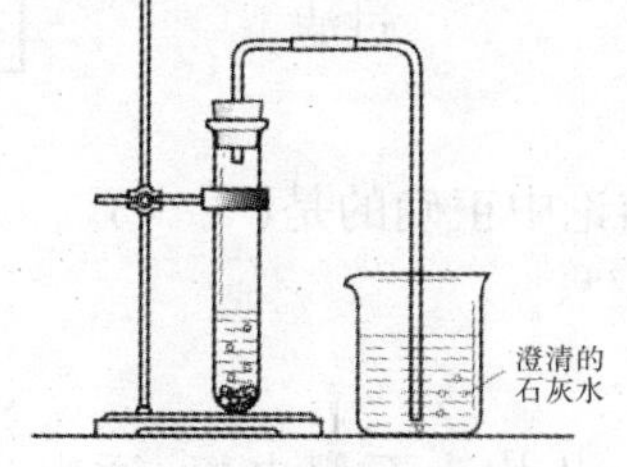

图1-3 石灰石与盐酸的反应

阅读以上材料,回答下列问题:

(1)试确定本节课的教学重点和难点。(6分)

(2)完成本节课的教学设计。(内容包括教学目标、教学过程及板书设计)(24分)

教师资格考试预测试卷(三)

《化学学科知识与教学能力》(初级中学)

(时间120分钟　满分150分)

题号	一	二	三	四	五	总分	核分人
题分	60	25	15	20	30	150	
得分							

得分	评卷人

一、单项选择题(本大题共20小题,每小题3分,共60分)

1. 发明了联合制碱,被誉为我国"制碱工业先驱"的科学家是(　　)

A. 汤姆逊　　B. 张青莲　　C. 门捷列夫　　D. 侯德榜

2. 下列对硝酸的认识中不正确的是(　　)

A. 浓 HNO_3 和稀 HNO_3 都具有氧化性　　B. 铜与 HNO_3 的反应属于置换反应

C. 金属与 HNO_3 反应不产生氢气　　D. 可用铁和铝制品盛装浓 HNO_3

3. 某学生设计了如图所示的方法对A盐进行鉴定:

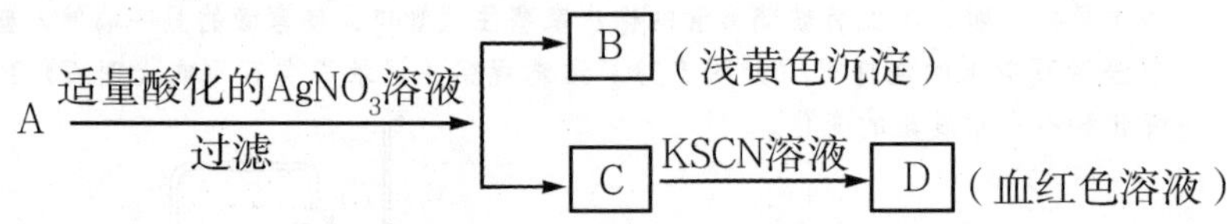

由此分析,下列结论中正确的是(　　)

A. A中一定有 Fe^{3+}　　B. C中一定有 Fe^{3+}

C. B为AgI沉淀　　D. A一定为 $FeBr_2$ 溶液

4. 如图所示,a、b、c、d均为石墨电极,通电进行电解。下列说法正确的是(　　)

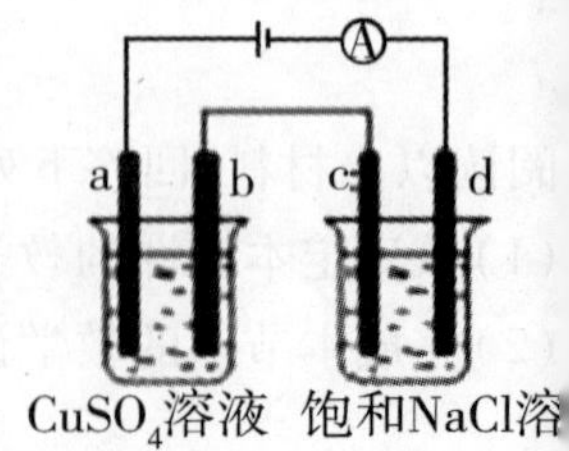

A. 乙烧杯中d电极的反应式为 $2Cl^- - 2e^- = Cl_2\uparrow$

B. a、c两极产生气体的物质的量相等

C. 甲、乙两烧杯中溶液的pH均保持不变

D. 乙烧杯中发生的反应为 $2NaCl + 2H_2O \xlongequal{电解} 2NaOH + H_2\uparrow + Cl_2\uparrow$

5. 已知充分燃烧 a g乙炔气体时生成1 mol二氧化碳气体和液态水,并放出热量 b kJ,则乙炔燃烧的

化学方程式正确的是(　　)

A. $2C_2H_2(g)+5O_2(g)\longrightarrow 4CO_2(g)+2H_2O(l)$;$\Delta H=-4b$ kJ/mol

B. $C_2H_2(g)+\frac{5}{2}O_2(g)\longrightarrow 2CO_2(g)+H_2O(l)$;$\Delta H=2b$ kJ/mol

C. $2C_2H_2(g)+5O_2(g)\longrightarrow 4CO_2(g)+2H_2O(l)$;$\Delta H=-2b$ kJ/mol

D. $2C_2H_2(g)+5O_2(g)\longrightarrow 4CO_2(g)+2H_2O(l)$;$\Delta H=b$ kJ/mol

6. 下列关于蛋白质的叙述中,正确的是(　　)

A. 蛋白质溶液中加入$(NH_4)_2SO_4$溶液可提纯蛋白质

B. 重金属盐使蛋白质变性,所以吞服“钡餐”会引起中毒

C. 温度越高,酶对某些反应的催化效率越高

D. 任何结构的蛋白质遇到浓硝酸都会变成黄色

7. 下列属于纯净物的是(　　)

A. 纯蓝墨水　　B. 生理盐水　　C. 蒸馏水　　D. 葡萄糖水

8. 当表皮划破时,可用$FeCl_3$溶液应急止血,其主要原因是(　　)

A. $FeCl_3$溶液具有杀菌作用

B. $FeCl_3$溶液能促进血液中胶粒凝聚

C. $FeCl_3$溶液遇血液产生了氢氧化铁沉淀

D. $FeCl_3$溶液能氧化血红蛋白

9. 同一化学反应进行的快慢与很多因素有关。现用100 g溶质的质量分数为30%的双氧水与一定质量的二氧化锰混合制取氧气,为使反应慢点进行而又不影响生成氧气的质量,下列操作不能达到目的的是(　　)

A. 减少双氧水的用量　　B. 加水稀释

C. 逐滴加入双氧水　　D. 降低温度

10. 元素的原子结构决定其性质和在周期表中的位置。下列说法正确的是(　　)

A. 元素原子的最外层电子数等于元素的最高化合价

B. 多电子原子中,在离核较近的区域内运动的电子的能量较高

C. P、S、Cl得电子能力和最高价氧化物对应水化物的酸性均依次增强

D. 元素周期表中位于金属和非金属分界线附近的元素属于过渡元素

11. 教学语言是教师进行化学教学时最常用的工具和手段,(　　)不是教学语言应具有的特点。

A. 科学性　　B. 逻辑性　　C. 启发性　　D. 人文性

12. 新课程把化学教学过程看作是(　　)

A. 师生交往、积极互动、共同发展的过程

B. 课程传递和执行的过程

C. 教师的教与学生的学的过程

D. 是知识传授与学生能力发展的过程

13. 以下关于认知性学习目标水平的描述中,符合从低到高顺序的是(　　)

A. 知道、找到、了解、认识　　B. 说明、识别、列举、设计

C. 说出、看懂、判断、应用　　D. 解释、比较、评价、记住

14. 下列化学概念之间的逻辑关系不正确的是(　　)

A. 单质与化合物：并列关系　　B. 氧化物与酸性氧化物：主从关系

C. 盐酸与氯化氢的水化物：全等关系　　D. 氧化还原反应与化合反应：对立关系

15. 当前各种类型的化学竞赛的考试主要是(　　)考试。

A. 形成性　　B. 诊断性　　C. 终结性　　D. 学能倾向性

16. 下列选项中,能成为教材具体呈现方式的是(　　)

A. 电子学习材料　　B. 纸质学习材料　　C. 视听学习材料　　D. 以上都是

17. (　　)是化学学科的基本特征。

A. 化学物质　　B. 化学现象　　C. 化学实验　　D. 化学探究

18. 将化学教学设计分为课程教学设计、单元教学设计和课时教学设计的根据是(　　)

A. 化学教学不同层次的目的和性质

B. 化学教学不同层次的性质和类型

C. 化学教学不同层次的目的、要求和作用

D. 化学教学不同层次的目的、性质和类型

19. 通过一些有效措施使化学实验对实验场所和环境的污染程度降到最低限度是指(　　)

A. 化学实验科学化　　B. 化学实验清洁化

C. 化学实验微型化　　D. 化学实验简便化

20. 义务教育化学课程标准对实验技能的要求是(　　)

A. 练习和熟练　　B. 初步学习和初步学会

C. 练习和学会　　D. 初步了解和基本认识

得分	评卷人

二、简答题(本大题共 2 小题,第 21 题 12 分,第 22 题 13 分,共 25 分)

21. 阅读“酚的物理性质”的教学片段,回答问题。

【学生实验 1】观察苯酚的颜色、状态,闻一闻苯酚的气味。

生:观察,并闻药品的气味。有的同学提出疑问:“我观察到药品有一点红色”,对此疑问同学展开讨论。

师:苯酚部分被氧化时会呈红色,那么苯酚应该如何保存呢?

生:隔绝空气,密封保存。

【学生实验 2】在试管中加入少量水,逐渐加入苯酚晶体,不断振荡试管。继续向上述试管中加入苯酚晶体至有较多晶体不溶解。不断振荡试管,静置片刻。

(提醒同学实验过程中接触苯酚一定要注意安全及出现危险情况的处理方法)

【学生实验 3】将上述试管放在水浴中加热,从热水浴中拿出试管,冷却静置。

师:清洗内壁沾有苯酚的试管用热水还是冷水?为什么?

生:用高于 65 ℃的热水,因为苯酚能与高于 65 ℃的热水互溶。

【学生实验 4】将苯酚晶体分别加入到苯和煤油中,并与实验 2 作比较。

问题:

(1)上述教学过程有利于培养学生的哪些能力?(3 分)

(2)由上述教学过程,归纳苯酚的物理性质。(3 分)
(3)试说明实验教学的意义。(6 分)

阅读下面文字,回答有关问题。
新课程改革以来,针对原有化学课程与教学存在的问题,许多专家学者提出中学化学的教学要由“知识为本”的教学转向“观念为本”的教学。
化学基本观念是个体在系统学习化学课程的基础上所形成的对化学的总体看法和概括性认识,具有超越知识的持久价值和广泛的迁移作用。在学校教学中,化学基本观念主要来自三个方面:一是来自学生对化学学科知识的反思概括,例如元素观;二是来自学生对化学探究过程、学习方法的反思,例如分类观;三是来自学生对化学科学在社会生活中的价值的认识与反思。
问题:
(1)在中学学段,学生应该形成哪些化学基本观念(至少写出三种,已给的两种除外)?(3 分)
(2)简述“分类观”的含义,并举例说明在教学中如何帮助学生形成分类观。(10 分)

得分	评卷人

三、诊断题(本大题 1 小题,15 分)

某教师在一次测试中,设计了如下简答题,测试学生知识理解能力:
【试题】二氧化碳可用于灭火的原因是什么?
有超过半数学生认为是“二氧化碳不可燃,不助燃”导致其可灭火。
试回答下列问题:
(1)灭火的原因是什么?(3 分)
(2)二氧化碳灭火的原因是什么?(3 分)
(3)分析学生出错的原因是什么?(9 分)

得分	评卷人

四、案例分析题(本大题1小题,20分)

24. 下面是某化学教师一次习题课的教学摘录。

[任务驱动]

出示任务:如何由石灰石制取颗粒细而纯的碳酸钙牙膏摩擦剂?

(学生经过独立思考和小组合作,形成方案)

[交流评价]

教师巡视并选取四个典型实验方案,让各小组评价方案的可行性并全班交流,教师点评。

方案1:石灰石、加水、溶解、过滤、碳酸钙

方案2:石灰石、盐酸、氯化钙、加碳酸钠溶液、碳酸钙

方案3:石灰石、高温、加水、石灰水、加碳酸钠溶液、碳酸钙

方案4:石灰石、高温、二氧化碳、生石灰、加水、石灰水、碳酸钙

[巩固提高]略

根据上述信息,回答下列问题:

(1)根据化学原理,你认为哪个方案不可行?请说明理由。(8分)

(2)请你针对方案3和方案4的可行性进行分析与评价。(6分)

(3)从评价主体来看,上述教学摘录中主要采用了哪种评价方式?(6分)

得分	评卷人

五、教学设计题(本大题1小题,30分)

25. 以下是对初中化学《元素》的教材分析和学情分析。

教材分析:"元素"名词在前面的单元中多次出现,教科书把它当作物质的基本成分。本课题仓元素、元素符号和元素周期表简介三部分内容。此设计为第一课时,包括元素和元素符号两部内容。在学习本课题之前已经学习了氧气、空气和水等物质的性质,认识了分子和原子以及原

的结构和组成,学生把元素当成组成物质的基本成分,本节课将学生对物质的宏观组成与微观结构的认识统一起来,在初中化学教学中占有重要的地位。

元素概念是教学难点,因为它比较抽象,是微观和宏观的结合点,不宜一次要求到位。对于"具有相同核电荷数的一类原子的总称"中的"一类原子"这一说法,在没有同位素知识准备时,学生难以理解。元素概念理解的困难还在于在实际使用中容易跟原子概念混淆。

元素符号是教学重点,它的教学要注意分散难点,逐步记忆。教科书在第二单元就已经给出了一些元素符号,当时是作为化学符号出现的,目的是增加学生的一些感性认识。教学过程中也可以在化学课一开始就以化学符号的形式有计划地逐渐给出元素符号和化学式,让学生逐渐熟悉,自然记住,到学习本课题时,已经认识并记住了一些元素符号,这就减轻了对枯燥乏味的元素符号的记忆负担。对于一些常见元素的符号和名称,要求学生必须会写、会读、会用。

学生在学本单元之前,并没学多少元素,尚难以理解元素周期律。本课题编写"元素周期表简介",目的在于让学生比较早地学习使用元素周期表这个工具。根据学生的知识基础,他们可从原子序数查找某一元素的名称、符号、相对原子质量及确认该元素是金属、非金属还是稀有气体元素等信息,为他们以后的学习提供方便。

学生分析:在没有同位素相关知识时,学生对元素概念是难以理解的,容易把元素概念与原子概念混淆。学生搞不清在分析物质宏观组成时用"元素",在研究物质微观结构时用"原子"。这里教学时只要求学生对元素概念熟练,随着知识的积累,他们是会豁然贯通的。对于元素符号的教学,学生很容易学习,不存在难点。

结合上述材料,回答问题:

(1)本节课的教学重难点是什么?(6 分)

(2)请为本节课写一个教学设计,内容包括教学目标和教学过程。(24 分)

教师资格考试预测试卷(四)

《化学学科知识与教学能力》(初级中学)

(时间120分钟　满分150分)

题号	一	二	三	四	五	总分	核分人
题分	60	25	15	20	30	150	
得分							

得分	评卷人

一、单项选择题(本大题共20小题,每小题3分,共60分)

1. 下列物质性质与应用的对应关系,正确的是(　　)

A. 晶体硅熔点高、硬度大,可用于制作半导体材料

B. 氢氧化铝具有弱碱性,可用于制胃酸中和剂

C. 漂白粉在空气中不稳定,可用于漂白纸张

D. 氧化铁能与酸反应,可用于制作红色涂料

2. 在室温下,某无色透明溶液中由水电离出来的 H^+ 和 OH^- 浓度的乘积为 1×10^{-24},则此溶液中可能大量共存的离子组为(　　)

A. HCO_3^-、Al^{3+}、Na^+、SO_4^{2-}　　B. I^-、NO_3^-、K^+、NH_4^+

C. Cu^{2+}、Cl^-、SO_4^{2-}、K^+　　D. Ba^{2+}、K^+、NO_3^-、OH^-

3. 下列热化学方程式或离子方程式中,正确的是(　　)

A. 甲烷的标准燃烧热为 $-890.3\ kJ\cdot mol^{-1}$,则甲烷燃烧的热化学方程式可表示为 $CH_4(g)+2O_2(g)\xlongequal{点燃}CO_2(g)+2H_2O(g)\quad \Delta H=-890.3\ kJ\cdot mol^{-1}$

B. 500 ℃、30 MPa下,将0.5 mol N_2 和1.5 mol H_2 置于密闭的容器中充分反应生成 $NH_3(g)$,放热19.3 kJ,其热化学方程式为 $N_2(g)+3H_2(g)\underset{500\ ℃、30\ MPa}{\overset{催化剂}{\rightleftharpoons}}2NH_3(g)\quad \Delta H=-38.6\ kJ\cdot mol^{-1}$

C. 氯化镁溶液与氨水反应:$Mg^{2+}+2OH^-\xlongequal{}Mg(OH)_2\downarrow$

D. 氧化铝溶于NaOH溶液:$Al_2O_3+2OH^-\xlongequal{}H_2O+2AlO_2^-$

4. 在常压和500 ℃条件下,等物质的量的 Ag_2O、$Fe(OH)_3$、NH_4HCO_3、$NaHCO_3$ 完全分解,所得气体体积依次为 V_1、V_2、V_3、V_4,体积大小顺序正确的是(　　)

A. $V_3>V_2>V_4>V_1$　　B. $V_3>V_4>V_2>V_1$

C. $V_3 > V_2 > V_1 > V_4$　　D. $V_2 > V_3 > V_1 > V_4$

制作印刷电路时常用 $FeCl_3$ 溶液作为“腐蚀液”，发生的反应为 $2FeCl_3 + Cu \xlongequal{} 2FeCl_2 + CuCl_2$。向盛有 $FeCl_3$ 溶液的烧杯中同时加入铁粉和铜粉，反应结束后，下列结果不可能出现的是(　　)

A. 烧杯中铁、铜都有　　B. 烧杯中铁、铜均无

C. 烧杯中有铁无铜　　D. 烧杯中有铜无铁

空气中 NO_2 含量超标会损害人体肺功能，导致人患呼吸道疾病等。下列有关 NO_2 的叙述中不正确的是(　　)

A. NO_2 是造成光化学烟雾的主要因素

B. 将 NO_2 与 N_2O_4 的混合气体浸入沸水中，气体颜色变浅，浸入冷水中，气体颜色变深

C. 空气中少量 NO_2 随雨水落在地面上，可形成硝酸盐，促进农作物的生长

D. 实验室用 Cu 和浓 HNO_3 反应制取 NO_2

丙烯醛的结构简式为 $CH_2 = CH—CHO$，下列有关它的性质的叙述中错误的是(　　)

A. 能使溴水褪色，也能使酸性 $KMnO_4$ 溶液褪色

B. 在一定条件下与 H_2 充分反应生成 2 - 丙醇

C. 能发生银镜反应，表现出还原性

D. 在一定条件下能被空气中的氧气氧化

下列实验的现象与对应结论均正确的是(　　)

选项	操作	现象	结论
A	将浓硫酸滴到蔗糖表面	固体变黑膨胀	浓硫酸有强腐蚀性
B	常温下将 Al 片放入浓硝酸中	无明显变化	Al 与浓硝酸不反应
C	将一小块 Na 放入无水乙醇中	产生气泡	Na 能置换出醇羟基中的氢
D	将水蒸气通过灼热的铁粉	粉末变红	铁与水在高温下发生反应

压强变化不会使下列化学反应的平衡发生移动的是(　　)

A. $H_2(g) + I_2(g) \rightleftharpoons 2HI(g)$　　B. $3H_2(g) + N_2(g) \rightleftharpoons 2NH_3(g)$

C. $2SO_2(g) + O_2(g) \rightleftharpoons 2SO_3(g)$　　D. $C(s) + CO_2(g) \rightleftharpoons 2CO(g)$

含氮有机物对乙酰氨基酚(如右下图)是生活中常见感冒药的主要成分，下列有关对乙酰氨基酚的说法正确的是(　　)

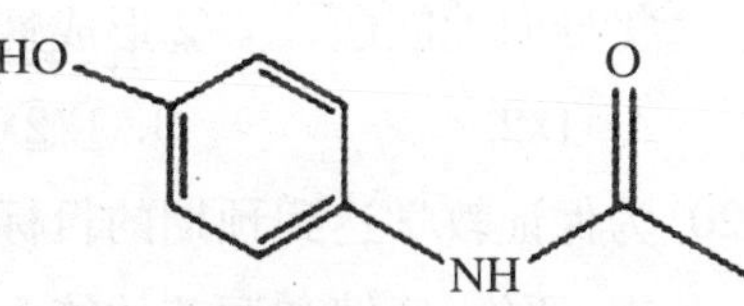

A. 对乙酰氨基酚的分子式为：$C_8H_{10}NO_2$

B. 对乙酰氨基酚可与浓溴水发生加成反应

C. 与对乙酰氨基酚互为同分异构体，分子中含有硝基和苯环，且苯环上有三个取代基的分子共有 6 种

D. 对乙酰氨基酚可以与 Na_2CO_3 发生反应，产生 CO_2 气体

11. 下列化学课题中，主要采取技能性知识学习策略的是(　　)

A. 化学概念课　B. 化学计算课　C. 化学原理课　D. 元素化合物课

12. 化学新课程的课程目标体系包括(　　)

A. 两个维度　B. 三个维度　C. 四个维度　D. 五个维度

13. 中学化学教学与其他学科教学内容最本质的不同是(　　)

A. 以培养学生的科学素养为核心

B. 实验和科学探究教学

C. 理性思维和动手操作相结合

D. 以实验为基础，以化学用语为工具

14. 讲授教学法是教师在教学过程中最常用的一种传统教学方法，其主要缺点是(　　)

A. 只适合大规模知识的传授教学

B. 学生知识掌握的灵活性不足

C. 师生必须进行大量的交互作用

D. 容易导致学生机械的、被动的、“填鸭式”的学习

15. 化学实验技能学习的规律是(　　)

A. 学习→学会→熟练　B. 学习→练习→成功

C. 模仿→练习→熟练　D. 模仿→练习→学会

16. 我国新一轮课改注重学生的主体性、能动性、独立性，在学习方式上特别强调和提倡(　　)

A. 接受式学习　B. 探索学习

C. 研究性学习　D. 自主学习

17. 化学课时教学设计中，对教学内容进行分析研究不包括(　　)

A. 教学内容的知识类型　B. 教学内容的逻辑顺序

C. 教学内容的知识价值　D. 教学评价内容和方法的设计

18. 合作学习的优势有(　　)

①有利于激发学生的学习动机　②有利于学生间的互动交流、沟通

③有利于合作与尊重的人际关系的生长　④有利于个人自信心的增长

⑤有利于认识风格不同的学生，相互学习，提高学习动力

A. ①②③④⑤　B. ①②④⑤　C. ①③④⑤　D. ①④⑤

19. 提出问题是化学教学环节中的一个重要环节，一般来说，课堂教学中提出的问题可分为(　　)

①导向性问题　②形成性问题　③评价性问题　④诊断性问题

A. ①②　B. ①②④　C. ①②③　D. ①④

20. 为保证教学达到预期的目标，教师在教学过程中，不断地对教学活动本身进行积极主动的计划、检查、评价、反馈和调节的能力是(　　)

A. 教学认知能力　B. 教学监控能力

C. 教学操作能力　D. 教学沟通能力

得分	评卷人

二、简答题(本大题共 2 小题,第 21 题 12 分,第 22 题 13 分,共 25 分)

21. 阅读下列文字,回答问题。

随着课程改革的不断深入,学科间的联系不断加强,以环境、能源、资源为线索的化学课程或以化学为主的综合理科课程不断问世,分科课程内部的综合化趋势日益明显,这要求学生在学习的过程中,重视学科知识的交叉,善于找到各学科知识点间的联结点,以培养发散思维、分析和解决问题的综合能力。

(摘自梁永平,理科教师科学本质观调查研究,教育科学,2005 年第 3 期)

问题:

(1)试说明设置重视学科间的联系的综合课程具有什么重要意义。(6 分)

(2)新课程改革下,提倡“促进学生全面发展”的化学教学理念,化学课程如何体现新课程理念?(6 分)

22. 阅读下列材料,回答问题。

一位初三学生在一次化学期中考试中考了 59.5 分,在自以为某题正确的情况下,找到了该科任课老师要求加上该题应得的分数。老师细心地讲解了不能得分的原因,但当他看到该生失望沮丧的表情时,还是毫不犹豫地给他加了 0.5 分,并告诉他:“这次借给你 0.5 分,下次考试的时候要还回来啊!”学生高兴地答应了。

期末考试时,这位学生的化学考了 65 分,当他找到老师还当初借的分数时,老师笑着说:“看到你进步,我很高兴,当初的那 0.5 分就不用还了”。

之后,该学生就一直很努力地学习化学,遇到不懂的问题也敢主动地请教老师了,而老师对他的每一次请教都很耐心地回答,并且还经常夸他化学有进步,有学化学的天赋。慢慢地,该学生的化学成绩达到班上中上等学生的水平了,并且对化学产生了浓厚的兴趣。

问题:利用学习动机的相关理论分析材料中学生学习动机的变化。

得分	评卷人

三、诊断题(本大题1小题,15分)

23. 某教师在考试中设计了下列试题,部分学生的考试结果如下:

[试题]有混合气体 CO_2,$H_2O(g)$,H_2,O_2,N_2,CO 等,依次通过①灼热的铜丝②澄清的石灰水③灼热的氧化铜④浓硫酸,最后剩下的气体是什么?

[考试结果]部分学生会这样分析:过程①吸收 O_2;过程②吸收 CO_2;过程③吸收 H_2和 CO;过程④吸收 $H_2O(g)$,所以最后只剩下 N_2。

试根据上述解题过程及考试结果回答下列问题:

(1)本题的正确答案为________。(3分)

(2)本题的解题思路是____。(6分)

(3)分析学生解题错误可能是由哪些原因造成的。(6分)

得分	评卷人

四、案例分析题(本大题1小题,20分)

24. 案例:

初中化学第四单元的主题是物质构成的奥秘,这个单元的学习让周老师有些担心,因为本单元涉及原子构成的奥秘,元素、离子、化学式与化合价四个内容相对抽象的课题,学生对这部分内容的学习和理解会有一定的难度。周老师在备课过程中精心准备,并针对各课题中的重点和难点内容提出了几个问题,让学生带着这些问题提前预习本单元。

第四单元的教学结束后,周老师感觉大部分学生对这个单元内容的掌握情况还是不错的,但也有部分学生出现了“掉队”的现象。而他们班的刘萌和李莎两位同学的表现更让他有点疑惑。这两位同学在前三个单元学习过程中的成绩和表现是非常接近的,都处于班级的中等水平。在第四单元的学习过程中,刘萌的化学成绩和表现快速进步,而李莎的成绩却出现大幅度的退步。为什么会出现这种现象呢?周老师感觉她们两个的情况有一定的代表性,有进一步研究的价值。经过反复思考,周老师决定找这两位同学谈话。

下面是周老师与刘萌同学的一部分交谈记录。

周老师:“你愿意学习化学吗?你觉得这门课好学吗?”

刘萌:“我还是比较喜欢学化学的,因为我从上小学自然课开始就对一些变化和现象非常感兴趣,

而且我将来想从事生物化学专业的工作,就必须学好化学。刚开始学的时候觉得化学有点难,当学了一段时间,总结出一些方法后就不难了,我觉得我是能学好化学的。”

周老师:“很多同学都认为第四单元很难,可我发现你掌握得非常好,你能说说你是怎么学的吗?”

刘萌:“第四单元是比前三个单元难,所以我在学习这个单元时也花了很多时间。首先,我仔细读了您提出的那几个问题,这样就找出了预习时应该注意的重点。然后,我在每天放学后用一小时预习一个课题,预习后我又试着回答您提出的问题和课后习题。我原来打算四天预习完,可是课题4——化学式和化合价有点抽象,我就用了两天时间来预习。我预习每个课题都写预习笔记,在您上课时我就把我理解不充分的内容和理解错误的地方用红笔记在预习笔记的边上,课后再复习和对比。”

周老师:“在学习这单元过程中你觉得最困难的是什么内容?学了四个单元以后,在学习化学方面你有没有什么好的方法或窍门?”

刘萌:“我觉得有困难的地方一个是元素符号的记忆和书写,还有一个是化学式的意义和化合价。后来我发现很多电视广告中都有元素符号和化学式,我就让我父母帮我录下来,我多看几遍就记住了,而且还知道了不少其他知识呢。有一天,我和妈妈逛街还发现了一个金店的广告把白金(铂)的元素符号写成了 Pb,我告诉他们写错了,他们的店员和老板非常感谢我,妈妈对我也加以表扬,当时我非常有成就感。”

“要说好的方法和窍门,我觉得每学完一个课题后,把这个课题中主要内容的相互关系以框图的方式列出来,这样就一目了然,非常清晰了。这个方法我也是从前面的单元小结中学到的。”

下面是周老师与李莎同学的一部分交谈记录。

周老师:“你愿意学习化学吗?你觉得这门课好学吗?”

李莎:“刚开始比较喜欢,觉得化学实验挺有意思的,在第四章就发现化学很难学。”

周老师:“哪些地方难学?”

李莎:“学习前三章时,我不预习也能听懂。在第四章,我发现再这样做就听不懂了。第四章的内容难理解,而且需要记的东西很多,我记不住。”

问题:刘萌的学习属于哪种学习方式?(6 分)教师在组织、指导学生采用这种方式学习时,要注意哪些问题?(14 分)

得分	评卷人

五、教学设计题(本大题1小题,30分)

25. 阅读下列三段材料,根据要求完成任务。

材料一 《义务教育化学课程标准》(2011 年版)关于溶液的内容标准:认识溶解现象,知道溶液由溶质和溶剂组成的。

材料二 某版本教科书"溶液的形成"的部分内容如下:

一、溶液

【实验9-1】在20 mL水中加入一匙蔗糖,用玻璃棒搅拌,还能看到蔗糖吗?

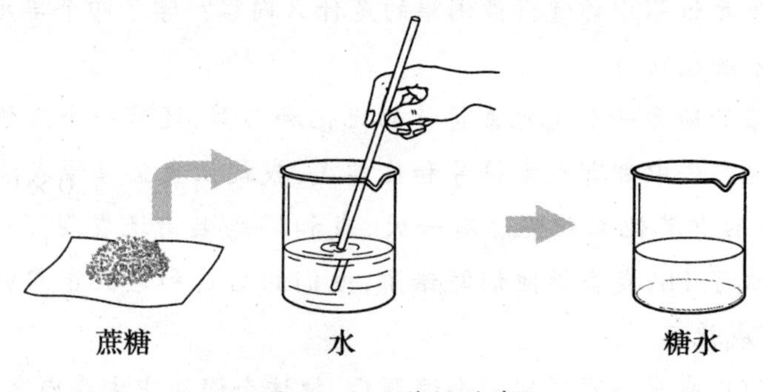

图9-2 蔗糖溶解

现象	
形成什么	

【讨论】在蔗糖溶液和氯化钠溶液中,溶质是什么?溶剂是什么?

【实验9-2】在两支试管中各加入2~3 mL水,分别加入1~2小粒碘或高锰酸钾;另取两支试管加入2~3 mL汽油,再分别加入1~2小粒碘或高锰酸钾。振荡,观察现象。经教师同意,也可用其他溶剂或溶质来进行实验。

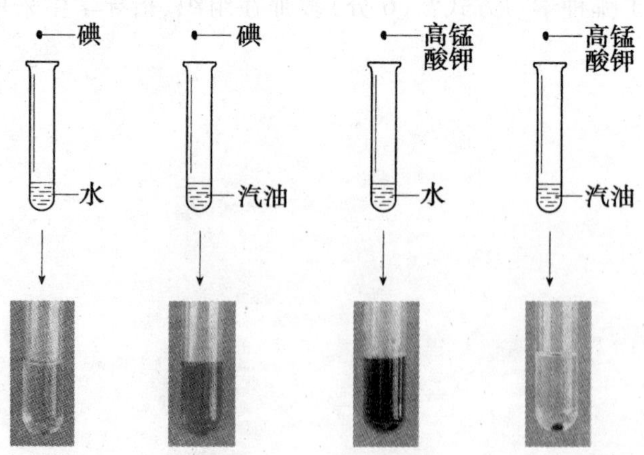

图9-4 碘或高锰酸钾分别放入水或汽油中

溶剂	溶质	现象
水	碘	
水	高锰酸钾	
汽油	碘	
汽油	高锰酸钾	

【实验9－3】在盛有2 mL水的试管中滴入2～3滴红墨水(用红墨水是为了显色,利于观察),振荡。然后再用滴管缓缓加入约2 mL乙醇,不要振荡,观察溶液是否分层。然后振荡,有什么现象发生?

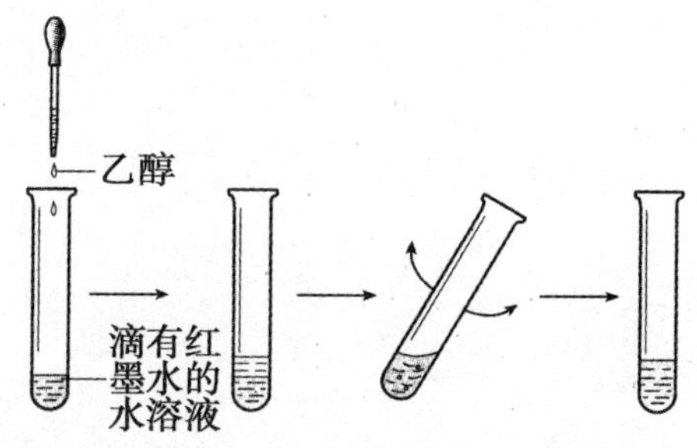

图9－5　水和乙醇能够互溶吗

溶剂	溶质	振荡前现象	振荡后现象	静置后现象	结论
水	乙醇				

材料三　教学对象为初中学生,学生在日常生活中对溶液已经积累了一定的感性认识,前面的八个单元中学习过的很多反应都是在溶液中进行的。

要求:

(1)谈谈你对该处"溶液"的教学价值的认识。(8分)

(2)根据上述三个材料,完成"溶液"学习内容的教学设计,从教学目标、教学重难点和教学过程三个方面叙述。(22分)

教师资格考试预测试卷(五)

《化学学科知识与教学能力》(初级中学)

(时间120分钟　满分150分)

题 号	一	二	三	四	五	总 分	核分人
题 分	60	25	15	20	30	150	
得 分							

得分	评卷人

一、单项选择题(本大题共20小题,每小题3分,共60分)

1. 如表是生活中常见的4种饮料及主要成分,下列关于这些饮料的组成、性质和用途表述错误的是(　　)

名称	主要成分
雪碧	碳水化合物、水
苏打水(弱碱性)	碳酸氢钠、水
盐汽水	氯化钠、水
柠檬汁	水、碳水化合物、蛋白质、纤维、维生素等

A. 雪碧是一种混合物　　B. 4种饮料中,苏打水的pH值最小

C. 从事高温作业的人员,适宜补充盐汽水　　D. 喝适量柠檬汁有助于补充人体的维生素

2. 下列化学用语使用正确的是(　　)

A. NH_4Br 的电子式:$\left[H:\underset{\underset{H}{..}}{\overset{\overset{H}{..}}{N}}:H\right]^+Br^-$　　B. S^{2-} 的结构示意图:(+16) 2 8 8

C. 乙酸的结构简式:$C_2H_4O_2$　　D. 中子数为20的氯原子:$^{20}_{17}Cl$

3. 某酒精厂由于管理不善,酒精滴落到某种化学药品上酿成火灾。该化学药品可能是(　　)

A. $KMnO_4$　　B. $NaCl$

C. $(NH_4)_2SO_4$　　D. CH_3COOH

4. 下列有关钠在氯气中燃烧的实验,分析合理的是(　　)

A. 钠在氯气中燃烧时,钠原子得到电子

B. 反应物钠由分子构成,生成物氯化钠由离子构成

C. 钠能在氯气中燃烧,说明燃烧不一定需要氧气参与

D. 钠在氯气中燃烧生成的氯化钠与家庭中食用的氯化钠化学性质不同

下列各组离子能共存的是(　　)

A. $pH=12$ 的溶液中:Na^{+}、HCO_3^{-}、Cl^{-}、Ca^{2+}

B. 酸性溶液中:Na^{+}、NO_3^{-}、Cl^{-}、Fe^{2+}

C. 能使酚酞变红的溶液中:Na^{+}、Ba^{2+}、AlO_2^{-}、NO_3^{-}

D. 含有 Fe^{3+} 的溶液中:Cl^{-}、SO_4^{2-}、K^{+}、SCN^{-}

下列叙述错误的是(　　)

A. SO_2使溴水褪色与乙烯使 $KMnO_4$溶液褪色的原理相同

B. 制备乙酸乙酯时可用热的 NaOH 溶液收集产物以除去其中的乙酸

C. 用饱和食盐水替代水跟电石反应,可以减缓乙炔的产生速率

D. 用 $AgNO_3$溶液可以鉴别 KCl 和 KI

常温下有 $pH=2$ 的 HCl 溶液,下列说法正确的是(　　)

A. $c(H^{+})=c(Cl^{-})+c(OH^{-})$

B. 与等体积 $pH=12$ 的 $NH_3 \cdot H_2O$ 混合,溶液呈酸性

C. 与等体积 $0.01\ mol \cdot L^{-1}$ 的 $NH_3 \cdot H_2O$ 混合后,溶液中 $c(H^{+})=1.0\times10^{-7}\ mol/L$

D. 与等体积 $0.01\ mol \cdot L^{-1}$ 的 CH_3COONa 混合,$c(Cl^{-})=c(CH_3COO^{-})$

下列四个图象能正确反映其对应实验操作的是(　　)

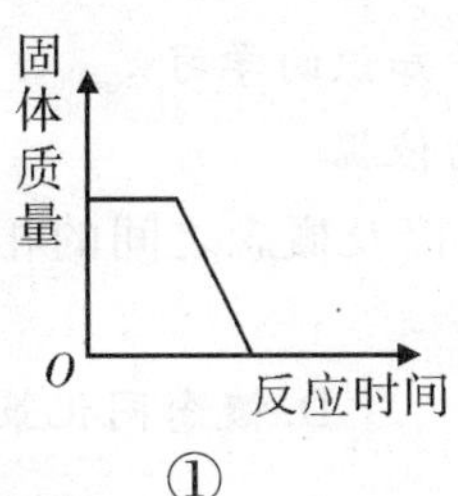

①

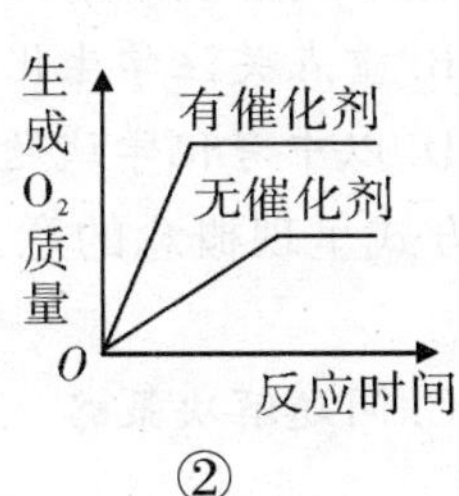

②

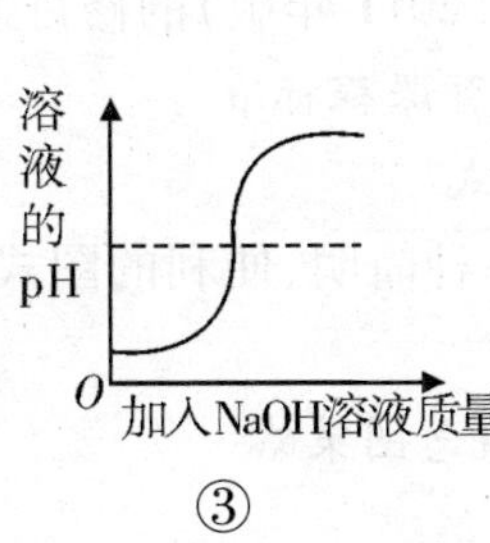

③

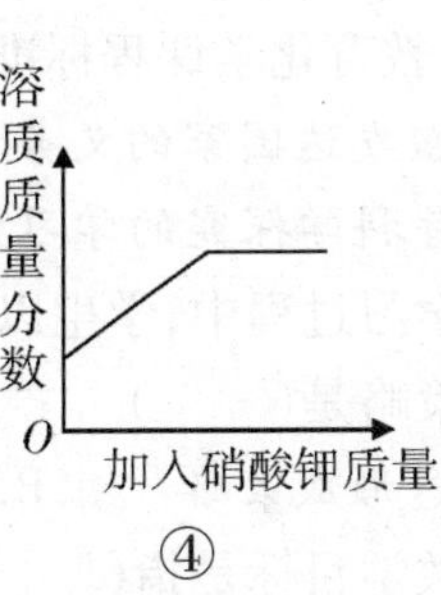

④

A. ①高温煅烧一定质量的石灰石

B. ②用等质量、等浓度的双氧水分别制取氧气

C. ③向一定体积的稀盐酸中逐滴加入氢氧化钠溶液

D. ④某温度下,向一定量饱和硝酸钾溶液中加入硝酸钾晶体

绿色化学对于化学反应提出了"原子经济性"(原子节约)的新概念及要求。理想的原子经济性反应是原料分子中的原子全部转变成所需产物,不产生副产物,实现零排放。下列几种生产乙苯的方法中,原子经济性最好的是(反应均在一定条件下进行)(　　)

A. ⌬ $+C_2H_5Cl \longrightarrow$ ⌬$-C_2H_5$ $+HCl$

B. ⌬ $+C_2H_5OH \longrightarrow$ ⌬$-C_2H_5$ $+H_2O$

C. ⌬ $+\ CH_2{=}CH_2 \longrightarrow$ ⌬$-C_2H_5$

D. ⌬$-CH(Br)-CH_2$ $\longrightarrow$ ⌬$-CH{=}CH_2$ $+HBr$; ⌬$-CH{=}CH_2$ $+H_2 \longrightarrow$ ⌬$-C_2H_5$

某同学用如图所示装置测定空气里氧气的含量,实验时,连接好装置并检查不漏气后再进行后续操作,下列说法正确的是(　　)

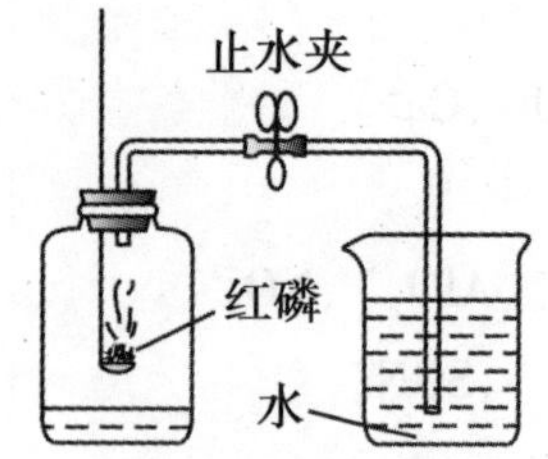

A. 红磷燃烧时，要打开止水夹，以免瓶因温度升高，气压较大，造成橡皮塞从瓶口脱落

B. 在空气里点燃红磷后，应缓慢把燃烧匙伸入瓶内并塞紧橡皮塞

C. 所用红磷要过量，以保证集气瓶内空气里的氧气能充分反应

D. 仍用本装置，只把红磷换成燃烧的木炭，能够更精确测定空气里氧气的含量

11. 在化学教学过程中，教学的内容、方法、进度等要适合学生的认知顺序和心理发展顺序，使学生接受，但又有一定的难度，需努力掌握。这体现的教学原则是(　　)

A. 量力性　　B. 巩固性　　C. 因材施教　　D. 启发性

12. 制定化学教学目标的直接依据是(　　)

A. 化学课程目标　　B. 化学教学内容

C. 学生的科学素养基础　　D. 学生身心发展特点

13.《义务教育化学课程标准》(2011 年版)的修订遵循下列哪项原则？(　　)

A. 照搬发达国家的义务教育课程标准　　B. 重点关注学生化学知识的学习

C. 倡导科学探究的学习方式　　D. 以中考化学试题为依据

14. 化学学习过程中，学生以一种简明、便利的图式方式呈现概念的意义以及概念之间的相互联系学习策略是(　　)

A. 概念形成策略　　B. 概念图策略　　C. 问题解决策略　　D. 概念同化策略

15. 化学教学目标是指(　　)

A. 预期的化学教学目标　　B. 化学教育目的

C. 化学培养目标　　D. 化学课程目标

16. 下列内容不适合讲解的是(　　)

A. 化学史上的小故事　　B. 分析化学现象

C. 解释化学原理　　D. 剖析解决问题的途径

17. 教材观是教师对教材的性质、功能、使用等的基本看法和认识，从根本上影响着教师的教学方式下列关于教材观的说法正确的是(　　)

A. 化学教材是教师和学生学习的唯一课程资源

B. 化学教材为学生学习提供的范例和素材一定是最优化的

C. 新课程的教材观应实现从“教本教材”向“学本教材”的转变

D. 新课程的教材观应实现从“用教材教”向“教教材”的转变

18. 学生在学习了二氧化碳的化学性质后，再学习二氧化硫的化学性质时，常用的逻辑思维方是(　　)

A. 类比　　B. 归纳　　C. 演绎　　D. 分类

19. 化学实验设计的首要原则是(　　)

A. 简约性原则　　B. 安全性原则　　C. 科学性原则　　D. 绿色化原则

20. 下列选项中,哪一项是体现“身边的化学物质”这一主题的情景素材?(　　)

A. 太阳能海水淡化　　B. 国家规定的饮用水标准

C. 电解水实验及微观解释　　D. 我国的淡水资源危机

得分	评卷人

二、简答题(本大题共 2 小题,第 21 题 12 分,第 22 题 13 分,共 25 分)

21. 阅读下列材料,回答相关问题。

在义务教育阶段,由于学生的认知水平还比较低,故初中阶段各学科的课程内容大多为概念的理解与学习。一些早期的探究者是根据简单的联想来解释概念的,如果学生能够正确地识别出某个概念的一个例子,就给予强化,告诉他是对的;如果学生对刺激识别错了,则告诉他错了。这样通过一系列尝试,正确的反应与适当的刺激就联结起来了,因而,学生的概念也就形成了。

目前比较流行的观点是把学生看作是一个积极的信息加工者。学生是通过提出和检验各种假设来解决种种问题的,包括概念问题。换句话说,学生不断地对解决办法提出各种假设,并对之加以检验。这一观点主要基于布鲁纳等人的《思维之研究》一书。布鲁纳的基本观点是,在概念形成过程中,学生并不是被动地、消极地等待各种刺激的出现以形成联想,而是积极地、主动地追究这一概念,通过一系列的假设检验来发现这一概念。学生在形成概念的过程中,还会采取各种策略,以求加快发现这一概念的速度。

问题:

(1)学生概念形成的过程一般需要经历哪几个阶段?(6 分)

(2)化学概念教学一般可用哪些教学策略?(6 分)

22. 阅读下列文字,回答有关问题。

20 世纪 60 年代提出了探究教学,其核心是使学生通过类似科学家的探究过程理解科学概念和科学探究的本质,培养科学探究能力。初中化学课程标准将科学探究作为“课程改革的突破口”,指出“科学探究是一种重要的学习方式,也是义务教育阶段化学课程的重要内容”。

问题:

(1)探究教学具有哪些特征?在教学过程中,教师采用探究教学方式时要注意哪些问题?(6 分)

(2)在课堂教学时,教师应如何使科学探究教学得到有效实施?(7 分)

得分	评卷人

三、诊断题(本大题 1 小题,15 分)

23. 某化学教师在一次化学测验中设计了下面试题,并对学生的解题结果进行了统计和分析。(可能用到的相对原子质量:H 1　C 12　N 14　O 16)

【试题】设 N_A 为阿伏伽德罗常数,下列叙述错误的是(　　)

A. 18 g H_2O 中含有的质子数为 $10N_A$

B. 12 g 金刚石中含有的共价键个数为 $4N_A$

C. 46 g NO_2 和 N_2O_4 混合气体中含有的原子总数为 $3N_A$

D. 1 mol Na 与足量的 O_2 反应,产生 Na_2O 和 Na_2O_2 的混合物,钠失去 N_A 个电子

【考试结果】参加考试的全体考生的答题情况统计如下:

选项	A	B	C	D
比例	6.4%	45.5%	21.9%	26.2%

试根据上述信息,回答下列问题:

(1)本题的正确选项是什么?解析部分学生不选该选项的原因。(4 分)

(2)请分析其余三个选项,并诊断学生解答错误的原因。(4 分)

(3)如果要你讲评本题,你教给学生的正确解题方法是什么?(7 分)

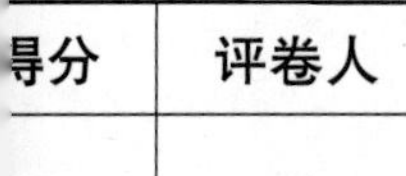

得分	评卷人

四、案例分析题(本大题1小题,20分)

下面是某教师关于“金属的腐蚀和防护”的教学片段:

通过“课前调查并思考”:

校园里哪些设施是由铁制成的?被腐蚀的铁与原来有什么不同?发生腐蚀的地方通常在哪些部位?

提出影响铁生锈的因素,有3种猜想:

猜想1:铁与水作用的结果;

猜想2:铁与氧气作用的结果;

猜想3:铁与水、氧气共同作用的结果。

针对3种猜想设计实验方案。

教师通过巡视,在目标和标准的引导下,在众多方案中,选取一种具有典型性的不完善方案进行呈现,引导学生对方案的可行性进行评价。

【生1】我们第3组同学设计的实验方案:取3支试管,试管Ⅰ中放入一根光亮的没有生锈的铁钉,再倒入一些自来水完全盖住铁钉,可验证猜想1是否成立;试管Ⅱ中放入一根铁钉和干燥剂,然后用橡皮塞塞住试管口,可验证猜想2是否成立;试管Ⅲ中放入一根铁钉和少量自来水,水不要浸没铁钉,可验证猜想3是否成立。

【教师】对于这个设计,大家有不同看法吗?

【生2】自来水中溶有氧气,而且其中还含有消毒剂可能会产生干扰,为避免其他变量的干扰,把自来水改为蒸馏水。

【生3】按照第3组同学的设计进行实验,所得的现象:试管Ⅰ、Ⅱ中的铁钉一周后仍光亮,试管Ⅲ中的铁钉生锈且铁钉近水边的部分锈蚀更厉害。觉得试管Ⅲ的现象不能得出铁生锈是由于铁与氧气、水共同作用的结果,而只能得出铁在潮湿的空气中易生锈,不能说明一定有氧气参加。所以我们组又增加了一个实验Ⅳ,把光亮的铁钉置于氧气和水中并密封,结果铁钉在水边的部分锈得厉害,这样才能说明猜想3成立。

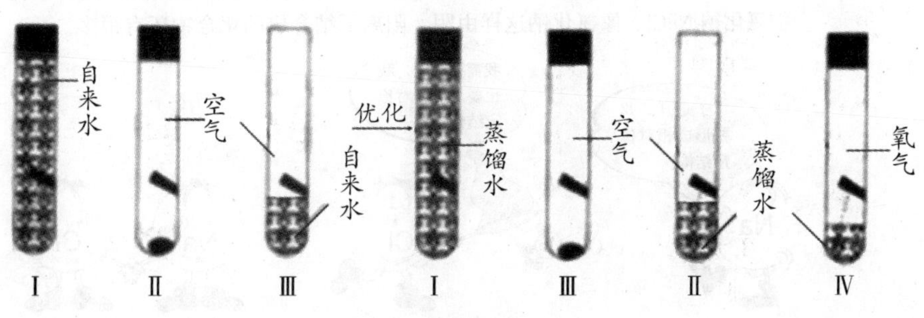

铁生锈的实验

问题：

(1)化学实验的构成基本要素包括哪些？(8 分)

(2)根据新课程的理念,该教师的教学方式是否有利于学生的发展？(12 分)

得分	评卷人

五、教学设计题(本大题 1 小题,30 分)

25. 阅读下列三段初中化学中有关“离子”的材料,按照要求完成任务。

材料一 《义务教育化学课程标准》(2011 年版)的“内容标准”:知道原子可以结合成分子,同一元素的原子和离子可以相互转化,初步认识核外电子在化学反应中的作用。

材料二 义务教育课程标准使用教科书《化学》(九年级上册)的目录:

材料三 初中《化学》“离子”部分教材内容如下：

二、离子的形成

在化学反应中，金属元素原子失去最外层电子，非金属元素原子得到电子，从而使参加反应的原子带上电荷。带电荷的原子叫做**离子**①。带正电荷的原子叫做阳离子，带负电荷的原子叫做阴离子。阴、阳离子由于静电作用而形成不带电性的化合物。例如，钠与氯气反应，每个钠原子失去 1个电子形成钠离子 Na^+，每个氯原子得到 1个电子形成氯离子 Cl^-②。Na^+与 Cl^- 由于静电作用而结合成化合物氯化钠 NaCl。像氯化钠这样由阴、阳离子结合成的化合物还有很多。

图 4-10 钠与氯气反应形成氯化钠

世界上千千万万种物质都是由原子、分子和离子构成的。

物质与其构成粒子之间的关系如下：

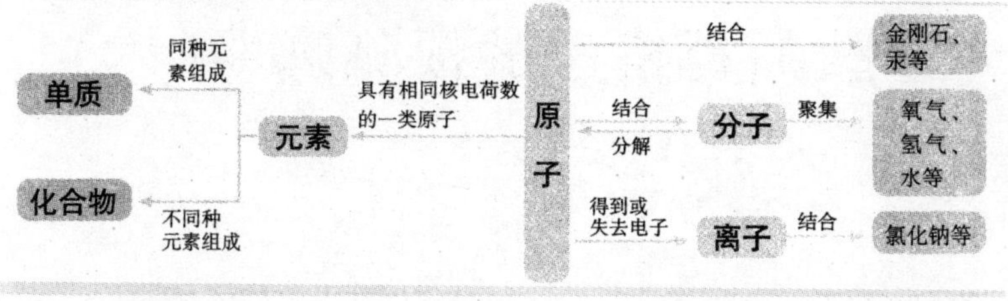

---

① 由几个原子形成的集团带有电荷，它们也叫做离子，如 SO_4^{2-}（硫酸根离子）、NO_3^-（硝酸根离子）和 NH_4^+（铵根离子）等。

② 元素符号右上角的+、–号表示电性，如 Na^+表示钠离子带 1 个单位正电荷，Cl^-表示氯离子带 1 个单位负电荷，Mg^{2+}表示镁离子带 2 个单位正电荷。

要求：

(1)确定“三维”教学目标。(4 分)

(2)确定教学重点和难点。(4 分)

(3)设计教学过程。(18 分)

(4)设计教学板书。(4 分)

教师资格考试预测试卷(六)

《化学学科知识与教学能力》(初级中学)

(时间120分钟　满分150分)

题 号	一	二	三	四	五	总 分	核分人
题 分	60	25	15	20	30	150	
得 分							

得分	评卷人

一、单项选择题(本大题共20小题,每小题3分,共60分)

1. 生活中,我们遇到过很多酸性或碱性物质,一些食物的近似pH如下,其中显碱性的物质是(　　)

A. 食醋,pH为2~3　　B. 厕所清洁剂,pH为1~2

C. 橘子,pH为3~4　　D. 炉具清洁剂,pH为12~13

2. 以石墨为电极,电解KI溶液(含有少量的酚酞和淀粉),下列说法错误的是(　　)

A. 阴极附近溶液呈红色　　B. 阴极逸出气体

C. 阳极附近溶液呈蓝色　　D. 溶液的pH变小

3. 下列涉及学科观点的有关说法正确的是(　　)

A. 根据微粒观:二氧化碳分子由碳原子和氧分子构成

B. 根据转化观:水可以转变为汽油

C. 根据分类观:空气属于混合物,冰水属于氧化物,铜属于单质

D. 根据守恒观:10 mL酒精和10 mL水充分混合,体积变为20 mL

4. 在一定条件下,一密闭容器内发生某反应,测得反应前后各物质的质量如下表所示,下列说法错误的是(　　)

物质	a	b	c	d
反应前的质量/g	30	5	10	15
反应后的质量/g	x	y	20	20

A. b一定是反应物　　B. $x+y=20$

C. a一定是反应物　　D. 反应中c与d的质量变化之比为2:1

5. 下列物质中,只有非极性共价键的是(　　)

A. H_2　　B. NaCl　　C. NaOH　　D. H_2S

可逆反应 $mA(s)+nB(g)\rightleftharpoons pC(g)$；$\Delta H<0$。在一定温度下，平衡时 B 的体积分数（B%）与压强的关系如图所示，下列叙述中一定正确的是（　　）

B%

x

O　压强(kPa)

. $m+n>p$

. 升高温度平衡向正反应方向移动

. x 点时正反应速率大于逆反应速率

. 升高温度，逆反应速率增大，正反应速率减小

手机芯片是一种在半导体材料上集合多种电子元器件的电路模块。下列可用作半导体材料的是（　　）

. 铝合金　　B. 单晶硅

. 二氧化硅　　D. 硅酸盐

下列反应的离子方程式表达正确的是（　　）

. 足量的硫酸铝溶液与纯碱溶液反应：$2Al^{3+}+3CO_3^{2-}+3H_2O = 2Al(OH)_3\downarrow+3CO_2\uparrow$

. NaHS 溶液的水解方程式：$HS^-+H_2O\rightleftharpoons H_3O^++S^{2-}$

. $Fe(OH)_3$ 与足量的 HI 溶液反应：$Fe(OH)_3+3H^+ = Fe^{3+}+3H_2O$

. 向亚硫酸氢铵溶液中加入足量的 NaOH 溶液：$NH_4^++OH^- = NH_3\cdot H_2O$

下列各组物质的鉴别方法中，能达到预期目的的是（　　）

. 烧碱与纯碱—加酚酞试剂　　B. 稀硫酸与稀盐酸—加碳酸钠

. 氮气与氧气—加澄清石灰水　　D. 生石灰与熟石灰—加水

已知金属锰在金属活动性顺序中位于铝和锌之间，下列化学反应不能发生的是（　　）

A. $Mn+2HCl = MnCl_2+H_2\uparrow$　　B. $Mg+MnSO_4 = MgSO_4+Mn$

C. $Fe+MnSO_4 = FeSO_4+Mn$　　D. $Mn+CuSO_4 = MnSO_4+Cu$

关于化学教学媒体选择应遵循的原则，下列描述错误的是（　　）

A. 方便原则　　B. 经济原则

C. 美观原则　　D. 有效原则

下列教学目标属于“知识与技能”范畴的是（　　）

A. 通过实验探究氧气的性质

B. 了解铁、铝与稀硫酸的反应

C. 感受化学对人类的伟大贡献

D. 能运用燃烧条件和灭火原理分析实际问题

关于化学基本概念的教学方法，下列最恰当的是（　　）

A. 讨论法　　B. 自学　　C. 讲授法　　D. 探究法

贯彻新课程“以人为本”的教育理念首先应该做到（　　）

A. 充分地传授知识　　B. 尊重学生人格，关注个体差异

C. 培养学生正确的学习态度　　D. 让学生自主地选课

布置课外作业的目的是（　　）

A. 使学生进一步巩固所学知识，并培养独立学习和工作的能力

B. 复习已学过的教材，对已学过的知识进行巩固和加深

C. 使学生掌握新知识

D. 使学生对所学教材当堂理解，当堂消化

16. 某教师在“金属资源的保护”的教学中这样导入课题：“家里用的铁制水壶和铝制水壶坏了以后不用了，放置在一个角落里，一段时间后会有什么现象？你怎样保护你骑的自行车，防止其生锈？”该教师采用的导入方法是(　　)

A. 实物导入　　B. 旧知导入　　C. 直接导入　　D. 社会导入

17. 化学教材中纸笔测验的新变化不包括(　　)

A. 重视对化学基本概念、基本原理的理解和应用

B. 注重科学探究能力的考查

C. 关心科技发展和科技有关的问题

D. 注重学科间的综合和渗透

18. 在一个单元教学内容中，教学的难点(　　)

A. 就是教学的重点　　B. 不一定是教学的重点

C. 不是教学的重点　　D. 是固定不变的某些知识点

19. 下列属于化学教学综合能力的是(　　)

A. 观察能力　　B. 实验能力

C. 思维能力　　D. 创造能力

20.《义务教育化学课程标准》(2011 年版)，在第四部分“实施建议”中提出了“评价建议”。以下观点，不是其所提倡的是(　　)

A. 纸笔测验难以考核学生解决实际问题的能力

B. 评价结果可以采用定性报告与等级记分相结合的方式

C. 通过活动表现评价学生的探究能力和情感态度与价值观

D. 重视学生自我评价对学生活动的促进作用

得分	评卷人

二、简答题(本大题共 2 小题，第 21 题 12 分，第 22 题 13 分，共 25 分)

21. 阅读下列文字，回答有关问题。

古希腊的学者普罗塔戈指出：“头脑不是一个需要被填满的容器，而是一把需要被点燃的火把。”教师的职责就是要用自己的星星之火，去点燃学生的火把，而有效的课堂提问正是这种星星之火。问题：

(1)什么是课堂有效提问？(6 分)

(2)老师在进行化学课堂教学中的提问时应注意哪几个方面？(6 分)

22. 阅读下列文字,回答有关问题。

随着新一轮课程改革的深化,在课改理念和新课程标准的影响和要求下,化学的课堂教学必然要走一条"有效、优效、高效"的道路,俗话说:"良好的开端等于成功的一半。"所以在诸多教学环节中,课堂导入环节具有重要的地位。下面是某教师关于"化学反应限度"教学的导入过程:

【引入】媒体展示"工业上制硫酸的部分生产流程示意图"

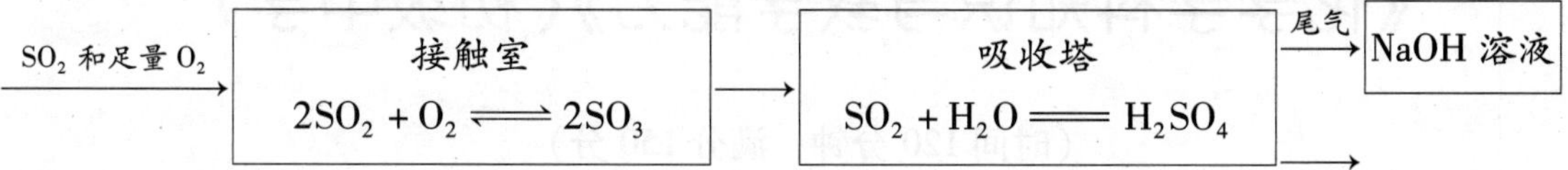

【提问讨论】

1. NaOH 溶液有什么用途?

2. 通入 O_2 是足量的,经过接触室的充分反应,为什么尾气中还有 SO_2 这种气体?(学生思考讨论,自然而然导出"化学反应的限度"的研究对象——可逆反应)

根据上述材料,回答下列问题:

(1)简述化学课堂教学导入的类型有哪些。(6 分)

(2)在化学课堂教学导入设计时,我们可以从中得到哪些启示?(7 分)

得分	评卷人

三、诊断题(本大题 1 小题,15 分)

23. 某教师在一次单元测验中,设计了如下试题考查学生。

【例题】下列对物质在空气或氧气中燃烧时的现象描述正确的是(　　)

A. 镁条在空气中燃烧,产生耀眼的白光,冒出浓烈的白雾

B. 铁丝在氧气中剧烈燃烧,生成四氧化三铁

C. 木炭在氧气中燃烧,发出白光,放出热量

D. 硫在氧气中燃烧,发出微弱的淡蓝色火焰,放出热量

请回答下列问题:

(1)该题目的正确答案是________,(2 分)解题思路是________________________________。(4 分)

(2)试分析造成学生解题错误的可能原因。(9 分)

得分	评卷人

四、案例分析题(本大题1小题,20分)

24.下面是某教师“粗盐提取”的教学片段实录。

学生实验1:用托盘天平称取5.0 g粗盐,用药匙将该粗盐逐渐加入盛有10 mL水的烧杯里,边加边用玻璃棒搅拌,直加到粗盐不再溶解为止。

教师提问1:玻璃棒起什么作用?观察所得食盐水是否浑浊。

学生讨论1:得出结论。

学生实验2:过滤食盐水(图1),仔细观察滤纸上的剩余物及滤液的颜色,如滤液仍浑浊,再过滤一次。

教师提问2:如果两次过滤后滤液仍浑浊,应如何检查实验装置并找出原因?

学生讨论2:得出结论。

学生实验3:把所得澄清滤液倒入蒸发皿。把蒸发皿放在铁架台的铁圈上,用酒精灯加热,同时用玻璃棒不断搅拌滤液。(图2)

教师提问3:加热过程为什么用玻璃棒不断搅拌滤液?

学生讨论3:得出结论。

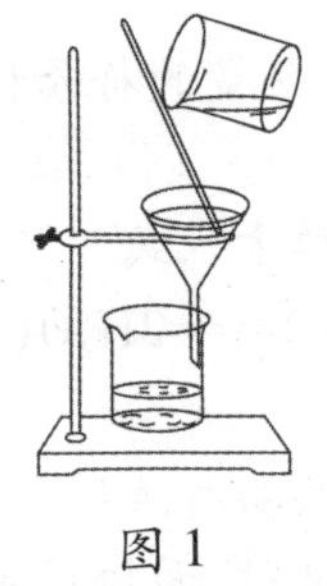
图1

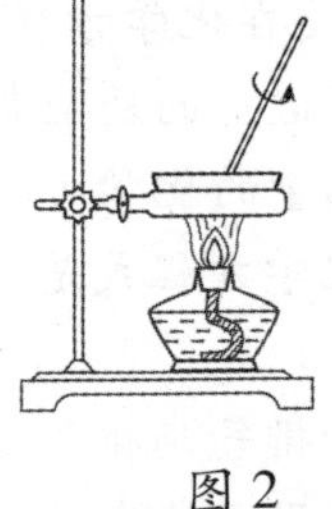
图2

问题:

(1)上述教学过程中体现了哪些课程理念?(可从知识建构、能力发展、科学方法、科学精神、动机培养等5个方面,任选3个方面予以回答)(5分)

(2)在该教学片段中,老师是如何达成“过程与方法”教学目标的?(5分)

(3)图1实验需注意的事项有哪些?如果两次过滤后滤液仍浑浊,分析可能的原因有哪些?图2中为什么要用玻璃棒不断搅拌滤液?(5分)

(4)在该内容的后续教学中,学生讨论得出“粗盐中含有的杂质只有泥沙等不溶的物质,通过过滤、蒸发即可得到纯净的NaCl”。判断该结论是否正确,并分析为什么。(5分)

得分	评卷人

五、教学设计题(本大题1小题,30分)

阅读下列材料,完成教学设计。

材料一 《义务教育化学课程标准》(2011年版)的课程内容:"初步学习氧气和二氧化碳的实验室制取方法。"

材料二 义务教育教科书《化学》(九年级上册)的目录(略)。

材料三 某教师设计的"二氧化碳制取的研究"的教学设计材料。

在现代信息技术和探究实验的支持下,实现学生学习方式从被动接受性的学习方式向研究性自主学习方式的转变。本节课的教学内容主要包括:(1)二氧化碳制取的化学反应原理;(2)实验装置;(3)实验制取二氧化碳,设计教学时通过启发质疑—实验探究—总结实践三个环节进行,做到让学生自己发现问题、解决问题,实现主动获取知识、发展能力的主体发展教育目标。在教学中提供让学生学会与人交往、与人合作、与人交流,学会分享他人观点的平台,让学生学会如何让人接受自己的观点和看法,并赢得对方的支持,使学生的合作意识得到培养。

教学流程图如下:

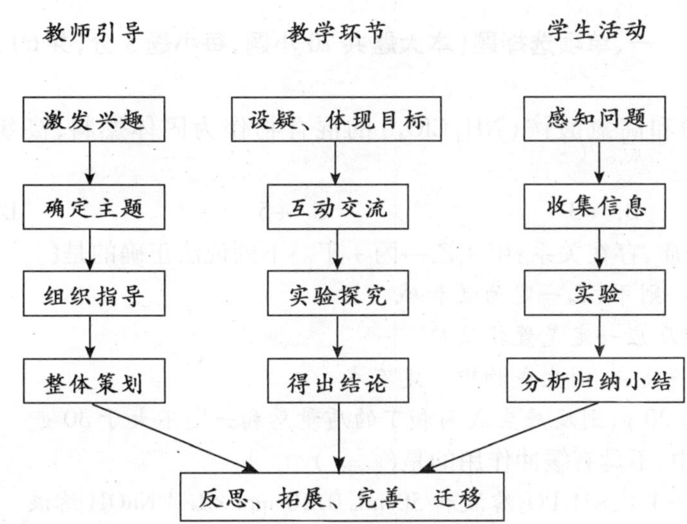

根据以上材料,回答下列问题:

(1)试确定本节课的教学重点和难点。(6分)

(2)请写出本节课的教学设计。(包括教学目标、教学过程及板书)(24分)

教师资格考试预测试卷(七)

《化学学科知识与教学能力》(初级中学)

(时间120分钟　满分150分)

题号	一	二	三	四	五	总分	核分人
题分	60	25	15	20	30	150	
得分							

得分	评卷人

一、单项选择题(本大题共20小题,每小题3分,共60分)

1. 航天飞船常用铝粉和高氯酸铵(NH_4ClO_4)的混合物作为固体燃料,高氯酸铵中Cl的化合是(　　)

A. +1　　B. +3　　C. +5　　D. +7

2. 甲、乙、丙、丁四种物质,存在关系:甲+乙→丙+丁。下列说法正确的是(　　)

A. 若丙、丁为盐和水,则甲、乙一定为酸和碱

B. 若甲为单质,则该反应一定是置换反应

C. 若该反应为复分解反应,则生成物中一定有水

D. 若甲为10 g、乙为20 g,则反应生成丙和丁的质量总和一定不大于30 g

3. 下列各组混合溶液中,不具有缓冲作用的是(　　)

A. 100 mL 0.10 $mol \cdot L^{-1}$ KH_2PO_4溶液和50 mL 0.10 $mol \cdot L^{-1}$ NaOH溶液

B. 100 mL 0.10 $mol \cdot L^{-1}$ HAc溶液和50 mL 0.10 $mol \cdot L^{-1}$ NaOH溶液

C. 100 mL 0.10 $mol \cdot L^{-1}$ NaH_2PO_4溶液和50 mL 0.20 $mol \cdot L^{-1}$ NaOH溶液

D. 100 mL 0.10 $mol \cdot L^{-1}$ KH_2PO_4溶液和50 mL 0.10 $mol \cdot L^{-1}$ HCl溶液

4. 常温下,某溶液中由水电离的$c(H^+)=1\times10^{-23}$ mol/L,该溶液可能是(　　)

①氯化铵水溶液　②二氧化硫水溶液　③氢氧化钠水溶液　④硝酸钠水溶液

A. ①③　　B. ①④　　C. ②③　　D. ③④

5. 右图是某氢氧燃料电池构造示意图。下列关于该电池的说法不正确的是(　　)

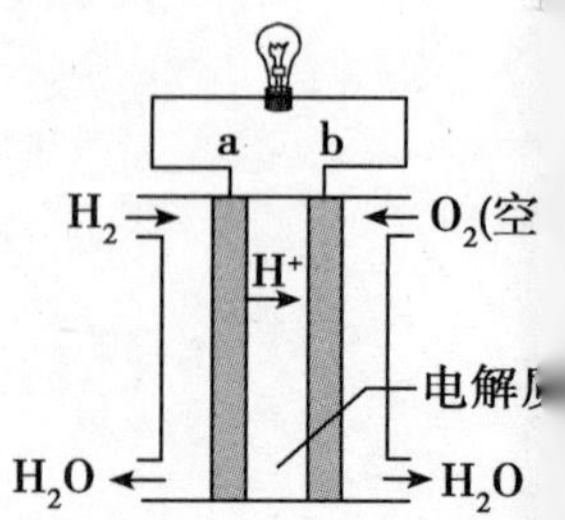

A. a电极是负极

B. 正极的电极反应是:$O_2+4H^++4e^-=\!=\!=2H_2O$

C. 电子由b电极通过灯泡流向a电极

D. 氢氧燃料电池是环保电池

6. 下列热化学方程式中 ΔH 的绝对值能表示可燃物的燃烧热的是(　　)

A. $CH_4(g)+2O_2(g)\xrightarrow{点燃}CO_2(g)+2H_2O(g)$　$\Delta H=-802.3\ kJ/mol$

B. $H_2(g)+Cl_2(g)\xlongequal{点燃}2HCl(g)$　$\Delta H=-184.6\ kJ/mol$

C. $2H_2(g)+O_2(g)\xlongequal{点燃}2H_2O(l)$　$\Delta H=-571.6\ kJ/mol$

D. $CO(g)+1/2O_2(g)\xlongequal{点燃}CO_2(g)$　$\Delta H=-283\ kJ/mol$

7. 若 N_A 代表阿伏伽德罗常数,则下列有关阿伏伽德罗常数的说法正确的是(　　)

A. 1 mol Na 与足量氧气充分反应转移电子数目为 N_A

B. 1 L 0.1 mol/L 的 HCl 溶液中含 $0.1N_A$ HCl 分子

C. 100 mL 1 mol/L 的盐酸与 0.1 mol Na_2CO_3 无论如何滴加都产生 $0.05N_A$ 的 CO_2 分子

D. 0.1 mol/L 的 $AlCl_3$ 中 Cl^- 的物质的量为 $0.3N_A$

8. 下列有关仪器使用方法或实验操作,正确的是(　　)

A. 洗净的锥形瓶和容量瓶可以放进烘箱中烘干

B. 酸式滴定管在盛装标准溶液前,必须先用该溶液润洗

C. 酸碱滴定实验中,用待滴定溶液润洗锥形瓶以减小实验误差

D. 用容量瓶配溶液时,若加水超过刻度线,立即用滴管吸出多余液体

9. 下列说法中正确的是(　　)

A. 书写热化学方程式时,只要在化学方程式的右端写上热量的符号和数值即可

B. 凡是在加热或点燃条件下进行的反应都是吸热反应

C. 表明反应所放出或吸收热量的化学方程式叫作热化学方程式

D. 氢气在氧气中燃烧的热化学方程式是 $2H_2(g)+O_2(g)\xlongequal{}2H_2O(l)$　$\Delta H=-483.6\ kJ$

10. 下列做法不正确的是(　　)

A. 发现煤气泄漏,立即打开排气扇排气　　B. 公共场所做到人离电断

C. 酒精灯洒出的酒精着火,用湿抹布盖灭　　D. 加油站、面粉厂等地严禁烟火

11. 下列属于化学概念的是(　　)

A. 溶解度　　B. 加热操作　　C. 质量守恒定律　　D. 氧气的性质

12. 某化学教师在课堂上进行演示实验时出现了失败,下列处理方式中,最恰当的一项是(　　)

A. 找一些客观原因来为自己的失败开脱

B. 对失败的实验不加评论,立即再重新演示一次

C. 为了节省时间,下课后再给学生演示一遍

D. 引导学生分析实验不成功的原因,改进后再演示一遍

13. 在教育理论指导下,通过运用问卷、访谈、观察等手段,收集有关资料,进而得出科学的结论,这种研究方法可以称为(　　)

A. 观察法　　B. 文献法　　C. 调查法　　D. 讨论法

14. 下列属于化学课程标准中技能性目标行为动词的是(　　)

A. 识别　　B. 认同　　C. 发展　　D. 模仿操作

15. 教师在讲授“二氧化碳不燃烧,也不支持,密度比空气大,因而可用于灭火”这一内容时,根据的思想是(　　)

A. 物质性质决定用途　　B. 定性与定量的关系

C. 一般与特殊的关系　　D. 量变与质变的关系

16. 教材是教学内容的载体，教材分析是教学设计的一个重要环节。下列不属于化学教材分析内容要素的是(　　)

A. 设计化学作业　　B. 挖掘教材内容的教学价值

C. 把握教材的重难点　　D. 分析和理解教材内容

17. “看到 $CuSO_4$溶液，你想到了什么”这一问题适用于(　　)

A. 激发学生的认知冲突　　B. 探查学生的已有认识

C. 转变学生的迷失概念　　D. 丰富学生的认识思路

18. 设计化学教科书的编排体系时需要重点考虑三个基本问题(简称“三序”)，下列不属于“三序”之一的是(　　)

A. 化学知识的逻辑顺序　　B. 学生的心理发展顺序

C. 学生的认知发展顺序　　D. 学生的身体发展顺序

19. 下列考试属于常模参照测验的是(　　)

①单元测验　②期末测验　③中考　④初中化学竞赛　⑤初中毕业会考

A. ①②⑤　　B. ③④　　C. ②③④　　D. 全部都是

20. 化学教学研究的起点环节是(　　)

A. 选定课题　　B. 查阅文献　　C. 研究设计　　D. 收集资料

得分	评卷人

二、简答题(本大题共 2 小题，第 21 题 12 分，第 22 题 13 分，共 25 分)

21. 阅读下列材料，回答有关问题。

努力创设真实而有意义的教学情境，是化学教学过程中经常采用的一种方法。以下是某教师在进行“燃烧和灭火”一节的教学时，引入环节的设计方案。

教师向学生展示了多届奥运会火炬的点火方案，如悉尼奥运会的水下点火，我国在珠穆朗玛峰的火炬传递等，同时介绍了不同的点火方案需要攻克的技术难关。进而提出问题：在讨论点火问题时，研究人员必须思考哪些问题？燃烧的条件是什么？

问题：

(1) 你认为选取和使用情境素材时应该注意哪些问题？(6 分)

(2) 请你结合中学化学教学实际，列举两种常见的学习情境创设方式，并简述其功能。(6 分)

22. 阅读下列材料，回答有关问题。

《义务教育化学课程标准》(2011 年版)指出：“科学探究是一种重要而有效的学习方式，在义务教育化学课程内容中……发展科学探究能力所包含的内容及要求。”

结合上述材料，回答下列问题：

(1) 简述科学探究的含义。(6 分)

(2) 以“燃烧的条件”为例，说明如何进行实验探究教学？(7 分)

分	评卷人

三、诊断题(本大题1小题,15分)

某老师在化学测验中设计了这样一道试题,并对学生的解题结果进行了统计和分析。

【试题】为除去下列物质中混有的杂质,下面所选试剂及操作方法均正确的是(　　)(括号内的物质为杂质,所选试剂均是足量)

物质	选用试剂	操作方法
A. C(CuO)	稀盐酸	溶解、过滤、洗涤、灼烧
B. CO_2(HCl)	饱和的 Na_2CO_3 溶液	用浓硫酸洗涤干燥
C. NaCl(MnO_2)	水	溶解、过滤、蒸发、结晶
D. 氯化钙溶液(HCl)	氧化钙粉末	溶解、过滤

【考试结果】有15%的学生误选D为正确答案。

根据上述信息,回答下列问题。

(1)本题正确的答案是什么?试对学生误选D的原因进行分析和诊断。(6分)

(2)如果这部分学生坚持认为自己的答案没有错,请你设计实验验证该选项是错误的。(9分)

分	评卷人

四、案例分析题(本大题1小题,20分)

阅读案例,并回答问题。

李老师在【质量守恒定律】一节课堂教学实施环节中,提出如下问题:

化学反应的特征是生成了其他物质,那么到底反应物的质量与生成物的质量有什么关系呢?

教师请学生预测:

大部分学生回答:反应物的质量之和等于生成物的质量之和

少部分学生回答:反应物的质量之和大于生成物的质量之和

【实验探究】

实验操作:如图装置,在锥形瓶中装入石灰石小块,瓶塞中插入玻璃管与大气相通,锥形瓶塞中吸在滴管里的液体为稀盐酸。将组装好的装置放在托盘天平上用砝码平衡,记录所称的质量 m_1。在锥形瓶里滴入吸在滴管里的稀盐酸。反应结束后用砝码平衡,记录所称的质量 m_2。

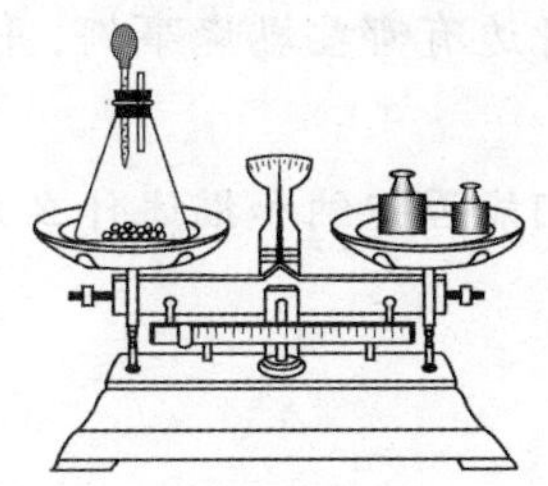

实验现象:石灰石表面均有小气泡产生,$m_1 > m_2$。

教师引导学生思考,上述实验方案有无不妥之处。

学生经过反思与交流之后,改进实验方案,重新实验。

改进后实验方案:往锥形瓶塞里的玻璃管上缚紧气球。往装有石灰石小块的锥形瓶里滴入吸管里的稀盐酸。反应前后再称量作比较。

实验结果:$m_1 = m_2$。

根据以上教学案例内容,分析并回答以下问题:

(1)验证质量守恒定律的实验,确保实验成功的关键是什么?(4分)

(2)本案例实施过程说明,在化学教学课程中,应该充分体现化学教学的什么特征?(8分)

(3)当学生预测与实验结果发生矛盾时,教师应怎么处理?(8分)

得分	评卷人

五、教学设计题(本大题1小题,30分)

25. 阅读下列材料,完成教学设计。

材料一 《义务教育化学课程标准》(2011年版)的课程内容:“认识燃烧、缓慢氧化和爆炸发条件,了解防火灭火、防范爆炸的措施。”

材料二 义务教育教科书《化学》人教版(九年级上册)的目录(略)。

材料三 某教师设计的“燃烧与灭火”的教学设计片段如下:

【导入新课】

教师通过PPT课件展示7幅与火有关的图片。

师:同学们,请看老师给大家带来的这几幅关于火的图片。火是人类文明的摇篮,火给我们带美好的生活,但使用不当也会给人类带来巨大的损失和灾难。因此了解火、用好火,显得特要。这就是我们今天要研究的课题。

【教学过程】

教师:(布置任务)同学们想一想,身边有哪些燃烧事例,并与大家交流。

学生交流、汇报。(略)

教师:(提问)根据以上事例,同学们能否归纳和描述什么是燃烧?

学生思考并回答。(略)

教师:(提问)燃烧具有什么特征?

学生思考并回答。(略)

教师:(提问)燃烧究竟需要怎样的条件呢?请根据自己对燃烧的了解,做出一些猜想。
学生:提出假设→设计方案→实验验证→得出结论。
教师:(布置任务)同学们根据以上猜想通过自己的探究活动寻找物质燃烧的条件,并将结论填写在课本上。
学生交流、汇报与讨论。教师点评学生探究报告。教师介绍着火点并小结燃烧的条件。
【课堂练习】
教师:(布置任务)请同学们根据课本上燃烧的条件完成课堂练习。
学生思考并回答。(略)
教师引导;学生倾听。
【演示实验】
教师演示白磷在水中的燃烧,并进行分析小结。
学生思考并回答。(略)
课堂练习
……
教师:(演示实验)多次点燃一支蜡烛,请同学们用不同的方法熄灭。学生代表上讲台演示,其余同学观察并思考。
教师:(创设情境)通过 PPT 课件展示 4 幅与灭火有关的图片。
学生观看并思考。
教师:(布置任务)请同学们认真看图,完成课堂练习。
学生思考并回答。
【回顾总结】
教师小结:(1)燃烧的条件;(2)灭火的原理与方法。
学生回顾总结。
教师创设情境:播放录像《不同材料引起的火灾和自救》。
学生观看并思考。
教师:引导学生建立珍爱生命、防止火灾、学会自救、远离伤害的思想。
根据以上材料,回答下列问题:
(1)试确定本节课的教学重点和难点。(6 分)
(2)试确定本节课的三维教学目标,并设计教学过程。(24 分)

教师资格考试预测试卷(八)

《化学学科知识与教学能力》(初级中学)

(时间120分钟　满分150分)

题 号	一	二	三	四	五	总 分	核分人
题 分	60	25	15	20	30	150	
得 分							

得分	评卷人

一、单项选择题(本大题共20小题,每小题3分,共60分)

1. 下列从微观角度对“花气袭人知骤暖”的解释最合理的是(　　)

A. 微粒的体积小,质量轻　　B. 微粒间有间隙

C. 微粒在不断地运动　　D. 温度越高,微粒运动速率越快

2. 下列叙述正确的是(　　)

A. 元素的化学性质取决于核外电子数

B. 分子能保持物质的化学性质,原子不能

C. 相对原子质量是一个该原子的实际质量与一个碳12原子质量的比值

D. 分子和原子的本质区别是在化学变化中分子可分,而原子不可分

3. 下列说法不正确的是(　　)

A. 塑料是最常见的有机合成材料,具有密度小、耐腐蚀、易加工等优点

B. NaOH溶液可以除去热水瓶胆内壁的水垢 $Mg(OH)_2$ 与 $CaCO_3$ 的混合物

C. 骨质疏松、佝偻病患者可在医生指导下服用钙片治疗

D. 新装修的房间内,常用炭包(装有活性炭)来除去甲醛等有害气体

4. 下列化学符号书写正确的是(　　)

A. 两个氢原子:H_2　　B. 3个氮分子:$3N_2$

C. 镁元素的化合价为+2价:Mg^{2+}　　D. 氯化钡的化学式:BaCl

5. 激素类药物己烯雌酚的结构简式如图所示。下列叙述正确的是(　　)

$$HO-C_6H_4-C(C_2H_5)=C(C_2H_5)-C_6H_4-OH$$

A. 己烯雌酚是芳香烃

B. 1 mol己烯雌酚可与6 mol H_2 发生加成反应

. 1 mol 己烯雌酚完全燃烧能生成 18 mol CO_2和 12 mol H_2O

. 己烯雌酚苯环上的一氯代物有两种(不包括立体异构)

列实验方案设计合理的是(　　)

选项	实验目的	实验方案
A	除去氢氧化钠溶液中少量碳酸钠	加过量的氢氧化钙溶液后过滤
B	除去氧化钙中少量碳酸钙	加适量的稀盐酸
C	鉴别硝酸钾和氯化铵固体	取样,分别与熟石灰混合研磨
D	鉴别稀盐酸和氯化钠溶液	取样,分别滴加硝酸银溶液

下反应最符合绿色化学原子经济性要求的是(　　)

. 乙烯聚合为聚乙烯高分子材料　　B. 甲烷与氯气制备一氯甲烷

以铜和浓硝酸为原料生产硝酸铜　　D. 用 SiO_2 制备高纯硅

图是甲、乙两种固体的溶解度曲线。下列说法正确的是(　　)

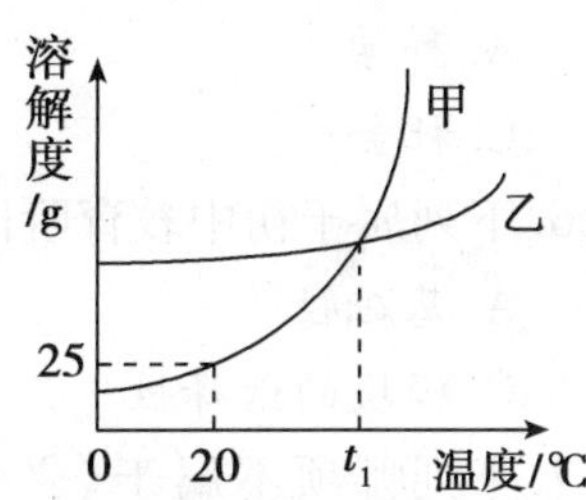

t_1℃时,甲和乙的溶解度相等

乙的溶解度受温度影响较大

甲和乙都是微溶于水的物质

20 ℃时,甲的溶解度大于乙的溶解度

元素原子的最外层有 6 个电子,Y 元素的原子最外层有 2 个电子,X、Y 素化合形成的离子化合物的化学式为(　　)

XY　　B. Y_2X　　C. YX_2　　D. YX

蓄电池又称爱迪生电池,放电时的总反应为:$Fe + Ni_2O_3 + 3H_2O = Fe(OH)_2 + 2Ni(OH)_2$,下列有关该电池的说法不正确的是(　　)

. 电池的电解液为碱性溶液,正极为 Ni_2O_3、负极为 Fe

. 电池放电时,负极反应为 $Fe + 2OH^- - 2e^- = Fe(OH)_2$

. 电池充电过程中,阴极附近溶液的 pH 降低

. 电池充电时,阳极反应为 $2Ni(OH)_2 + 2OH^- - 2e^- = Ni_2O_3 + 3H_2O$

下列属于化学实验的认识论功能的是(　　)

. 能创设生动活泼的化学教学情境

. 能激发学生的化学学习兴趣

. 能为学生检验化学理论、验证化学假说提供化学实验事实

. 转变学生学习方式和发展科学探究能力的重要途径

化学学习评价的根本目的是(　　)

. 促进学生科学素养的主动、全面的发展

. 对学生化学基础知识和基本技能的掌握情况做出评价

. 对学生科学探究能力的发展情况做出评价

. 为学生的学习创造良好的心理环境

关于化学课程倡导评价方式的多样化,下列相关说法中不正确的是(　　)

. 重点应放在考查学生对化学基本概念、基本原理以及化学、技术与社会的相互关系的认识和理解上,而不宜放在对知识的记忆和重现上

. 应注意选择具有真实情境的综合性、开放性的问题,而不宜孤立地对基础知识和基本技能进行测试

C. 应重视考查学生综合运用所学知识、技能和方法分析和解决问题的能力，而不单是强化解题的技能

D. 评价方式主要包括纸笔测验、学习档案评价，不包括活动表现评价

14. “见著知微”是化学学科的重要特点之一，它是指：通过实验现象的观察、思考和推论，建立起对小的原子、分子的认识。下列不符合这一特点的是（　　）

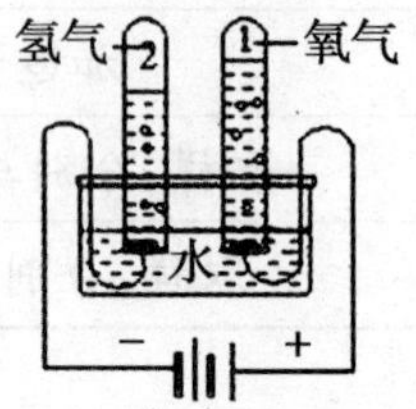

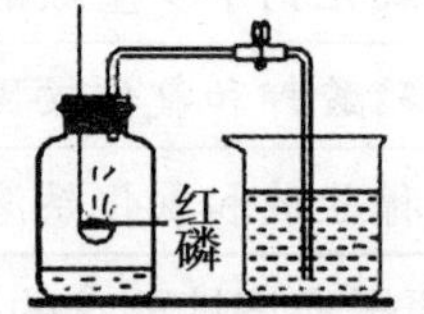

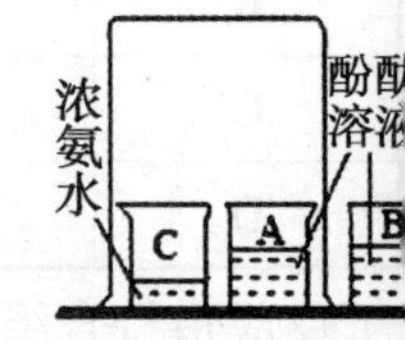

A. 蔗糖溶解　　B. 水的电解实验　　C. 测定空气中氧气含量　　D. A 烧杯中溶液

15. STS 教育中，STS 三个字母不包括（　　）

A. 科学　　B. 技术

C. 社会　　D. 生活

16. 下列属于初中教育阶段化学课程性质的是（　　）

A. 基础性　　B. 学生的主体性

C. 模块的选择性　　D. 教师的主导性

17. 下列哪项不属于《义务教育化学课程标准》（2011 年版）中“身边的化学物质”设置的二题？（　　）

A. 生活中常见的化合物　　B. 我们周围的空气

C. 常见的化学合成材料　　D. 金属与金属矿物

18. 在进行化学课程设计时，对任务、活动和情境三者应（　　）

A. 各自孤立地设计　　B. 先孤立设计，再整合

C. 整体设计、整体优化　　D. 突出“任务”、整体设计

19. 关于中学化学教学中多媒体的使用，下列选项不恰当的是（　　）

A. 演示物质的微观结构　　B. 播放危险性实验的录像

C. 代替演示实验和探究实验　　D. 模拟化学变化微观的动态过程

20. 初中化学教材编写有以下哪些建议（　　）

①从学生的生活经验和社会发展的现实中取材

②教材编写要符合学生的思维发展水平

③选取适当的题材和方式，培养学生对自然和社会的责任感

④提供多样化的实验内容，注重学生实践能力的培养

⑤教学内容的组织必须体现科学方法的具体运用

⑥在教材编写中注重对学生学习方法的指导

⑦编写配合新教材使用的教师手册

⑧发掘日常生活和生产中的有用素材

⑨重视对化学实验室的建设和投入

A. ①②③④⑤⑦　　B. ①②③④⑤⑥

C. ①③④⑤⑧⑨　　D. ④⑤⑥⑦⑧⑨

得分	评卷人

二、简答题(本大题共 2 小题,第 21 题 12 分,第 22 题 13 分,共 25 分)

21. 阅读下列材料,回答问题。

在中国教育事业快速发展的今天,学生在学习活动中的主体地位越来越突显,更多的教育工作者认识到学生的情感因素在其学习成效方面的重要作用。化学是初中教学的重要学科,对于学生科学思维的开发有着直接影响。许多教育工作者将教学任务的完成与学生学习成绩的提高作为教学工作的重要目标,忽视了学生在学习过程中的情感体验。初中学生的化学学习兴趣往往被老师所忽视,促进学生化学学习兴趣的提高,是新课程标准对当代初中化学教学提出的新要求。

问题:

(1)简述初中学生化学学习的心理特点。(6 分)

(2)如何培养学生学习化学的兴趣。(6 分)

22. 阅读下列教学论文片段,回答有关问题。

化学教学中的板书是教师为配合讲授,利用黑板和粉笔进行书写、绘图,以引起直观的视觉感受的教学手段。如果运用的恰当,可以集中学生注意力,有助于学生系统理解讲授的内容和重点,有利于启发学生思考和帮助学生记笔记。

问题:

(1)请简述教师在运用板书时的注意事项。(6 分)

(2)请选择教材中的任一教学内容,设计一个板书。(7 分)

得分	评卷人

三、诊断题(本大题 1 小题,15 分)

23. 某化学教师在一次化学考试中设计了下列习题,并对部分学生的解题结果进行了统计和分析。

【试题】下列有关溶液的说法正确的是(　　)

A. 将 10% 的 KNO_3 溶液倒出一半,剩余溶液中溶质的质量分数为 20%

B. 配制溶液时,搅拌溶液可以增大溶质的溶解度

C. 将植物油与水混合,得到的是溶液

D. 将 25 g NaCl 溶液蒸干得到 5 g NaCl 固体,则原溶液中溶质的质量分数为 20%

【考试结果】

选项	A	B	C	D
比例	6.4%	21.9%	45.5%	26.2%

试根据上述信息,回答下列问题:

(1)大部分的学生的答案是C。请你分析学生选择该选项的原因。(4分)

(2)本题的正确答案是什么?请给出正确的分析思路。(4分)

(3)试分析一下学生选择其他选项的原因。(7分)

得分	评卷人

四、案例分析题(本大题1小题,20分)

24. 阅读下列内容,回答有关问题。

酸的化学性质

(1)如图10-7所示,在白色点滴板上进行实验,并观察现象。

	滴加紫色石蕊溶液	滴加无色酚酞溶液
稀盐酸		
稀硫酸		

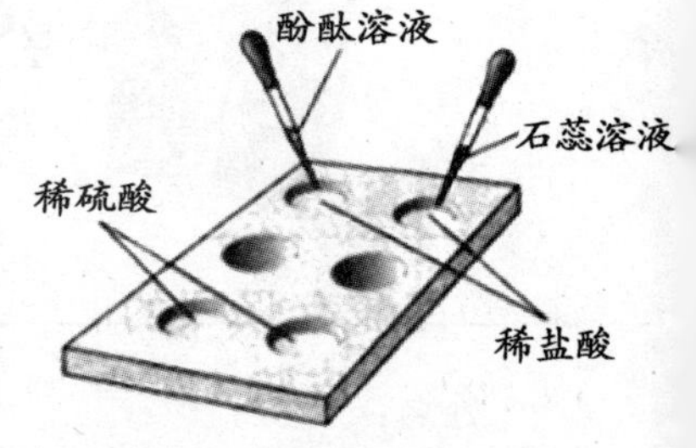

图10-7 酸与指示剂作用

(2)回忆第八单元所学的几种金属分别与稀盐酸或稀硫酸的反应,写出化学方程式。

	与稀盐酸反应	与稀硫酸反应
镁		
锌		
铁		

讨论:上面反应的生成物有什么共同之处?

(3)在盛有稀盐酸和稀硫酸的试管里分别放入一根生锈(铁锈的主要成分是Fe_2O_3)的铁钉,过一会儿取出铁钉,用水洗净,铁钉表面和溶液颜色有什么变化?

	现象	化学方程式
铁锈+稀盐酸		$Fe_2O_3 + 6HCl = 2FeCl_3 + 3H_2O$
铁锈+稀硫酸		$Fe_2O_3 + 3H_2SO_4 = Fe_2(SO_4)_3 + 3H_2O$

讨论:

①上面反应的生成物有什么共同之处?

②利用上面的反应可以清除铁制品表面的锈,除锈时能否将铁制品长时间浸在酸中?为什么?

(4)根据以上实验和讨论,试归纳出盐酸、硫酸等酸有哪些相似的化学性质。

问题:

(1)根据以上内容请你归纳盐酸、硫酸等酸有哪些相似的化学性质。(8分)

(2)以实验为基础是化学学科的重要特征之一。结合学科特点,试列出化学教学可以从哪几个方面发挥实验的教学功能?(12分)

得分	评卷人

五、教学设计题(本大题1小题,30分)

阅读下列三段初中化学教学中有关"化学式"的材料。

材料一 《义务教育化学课程标准》(2011年版)关于"化学式"的内容标准:能用化学式表示某些常见物质的组成。

材料二 义务教育课程标准使用教科书《化学》(九年级上册)的目录:

材料三 人教版初中《化学》"化学式"部分教材内容:

一、化学式

我们已经知道,H_2O不仅表示了水这种物质,还表示了水的组成,这种用元素符号和数字的组合表示物质组成的式子,叫做化学式①。除了H_2O之外,前面学过的O_2、H_2、CO_2、HCl、Fe_2O_3和HgO等化学符号都是化学式,它们分别表示了氧气、氢气、二氧化碳、氯化氢、氧化铁和氧化汞等物质的组成。

每种纯净物质的组成是固定不变的,所以表示每种物质组成的化学式只有一个。

图4-27表示了化学式H_2O的各种意义②。如果是2个水分子,则写成$2H_2O$。

图4-27 化学式H_2O的意义

讨论

符号H、2H、H_2、$2H_2$各具有什么意义？

---

① 由分子构成的物质的化学式，又叫分子式。本书统一使用化学式，不使用分子式。

② 由离子构成的物质中不存在一个个的分子，其化学式表示了该物质中各元素原子数的最简比。

物质的组成是通过实验测定的，因此化学式的书写必须依据实验的结果。单质化学式的书写如下表所示。

单质种类	书写方式
稀有气体	用元素符号表示，如氦写为He，氖写为Ne
金属和固态非金属	习惯上用元素符号表示，如铁写为Fe，碳写为C
非金属气体	在元素符号右下角写上表示分子中所含原子数的数字，如O_2

在书写化合物的化学式时，除要知道这种化合物含有哪几种元素及不同元素原子的个数比之外，还应注意以下几点：

1. 当某组成元素原子个数比是1时，1省略不写；

2. 氧化物化学式的书写，一般把氧的元素符号写在右方，另一种元素的符号写在左方，如CO_2；

3. 由金属元素与非金属元素组成的化合物，书写其化学式时，一般把金属的元素符号写在左方，非金属的元素符号写在右方，如NaCl。

由两种元素组成的化合物的名称，一般读作某化某，例如NaCl读作氯化钠。有时还要读出化学式中各种元素的原子个数，例如CO_2读作二氧化碳，Fe_3O_4读作四氧化三铁。

要求：

(1)确定"三维"教学目标。(4分)

(2)确定教学重点和难点。(4分)

(3)设计教学过程。(18分)

(4)设计教学板书。(4分)

图书反馈

亲爱的考生：

感谢您对山香教育的信任和支持，您的建议是我们前进的动力！为进一步提高图书质量，我们特向全国各地的考生开展有奖反馈活动。

1.凡提供山香图书的错题反馈者，均能获得价值99元的山香网课《高频考点》（基础版）大礼包1份。

2.凡提供反馈项目者，可获得价值299元的山香网课《高频考点》（豪华版）超级大礼包1份。

3.我们从意见被采纳人员中每月抽取幸运者2名，各奖励价值1380元的山香网校网课大礼包一份。

图书反馈链接

¥99
大礼包

¥299
超级大礼包

反馈项目

姓名：　　　　专业：　　　　报考地区：

手机号：　　　　QQ号：

1.您认为图书中可以增加哪些模块或内容，有助于您的学习？

2.您对本书的印刷、装订、封面有何意见和建议？

3.结合山香现有图书和考情需要，您还需要哪些形式的备考资料？

联系方式：400-600-3363　　研发部QQ：1831595423

招教网：http：//www.zhaojiao.net　　山香网校：http：//www.sx1211.cn

图书订正链接

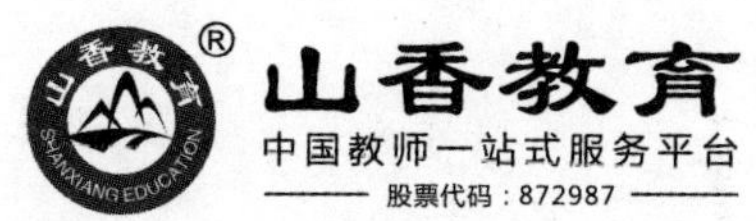

国家教师资格考试

历年真题解析及预测试卷

化学学科知识与教学能力

初级中学

参考答案及解析

山香教师资格考试命题研究中心　主编

目　录

参考答案及解析

真题试卷

2019 年下半年中小学教师资格考试真题试卷

一、单项选择题

1. B【解析】本题考查盐类化合物在生活中的应用。A 选项，融雪剂的主要成分之一是氯化钠，融雪剂融雪主要是利用盐类溶解需要吸热，以及盐水的凝固点较低的原理，故 A 正确；B 选项，硫酸铜中的铜离子属于重金属有毒离子物质，不能用于对生吃的果蔬进行杀菌消毒，故 B 错误；C 选项，发酵粉的主要成分是碳酸氢钠，其不稳定，加热会分解出二氧化碳，可用于做糕点，使其蓬松，故 C 正确；D 选项，碳酸钙含钙，可以用于补钙，故 D 正确。

2. B【解析】本题考查非金属单质及其化合物的性质与运用。A 选项，Cl_2 可用于自来水的消毒，利用的是其和水反应生成的次氯酸的氧化性，故 A 错误；B 选项，SO_2 能使酸性 $KMnO_4$ 溶液褪色，表现出二氧化硫具有还原性，故 B 正确；C 选项，光纤的成分是二氧化硅，不是单质硅，故 C 错误；D 选项，P_2O_5 是酸性干燥剂，不能干燥碱性气体，故 D 错误。

3. C【解析】本题考查离子共存问题的判断。A 选项，能使淀粉碘化钾试纸变蓝的溶液具有氧化性，具有还原性的 S^{2-} 和 SO_3^{2-} 不能存在，A 错误；B 选项，Al^{3+} 会和 HCO_3^- 发生双水解而不能共存，故 B 错误；C 选项，能使红色石蕊试纸变蓝的溶液显碱性，四种离子之间不发生反应，能大量共存，C 正确；D 选项，水电离产生的 $c(H^+)=1.0\times10^{-13}\ mol\cdot L^{-1}$ 的溶液可能呈酸性，也可能呈碱性，HCO_3^- 在酸性和碱性条件下都不能大量存在，NH_4^+ 在碱性条件下也不能存在，故 D 错误。

4. B【解析】本题考查元素周期表及元素周期律的运用。A 选项，同周期自左向右原子半径依次减小，电子层越多，原子半径越大，故原子半径：$Z>W>Y$，A 正确；B 选项，若 Y、W 的质子之和等于 23，设 Y 的原子序数是 x，则 W 的原子序数是 $x+7$，则 $x+x+7=23$，解得 $x=8$，Y 为 O，W 为 P，Z 为铝，氧化铝为两性氧化物，大于 23 时，Z 可能为 Si 或 P，氧化物酸性增强，不可能为碱性氧化物，B 错误；若 Z 的最高价氧化物与 Y 的气态氢化物的水溶液混合后有气体放出，则 Z 为 Si，Y 为 F，W 为 S，其气态氢化物 H_2S 中 S 为 -2 价，易被氧化，C 正确；D 选项，X 能形成两种常见的液态化合物，则 X 是 O 元素，形成的水与过氧化氢都是液态化合物，W 是 Cl 元素，其单质溶于水生成的次氯酸具有漂白性，D 正确。

5. C【解析】本题考查电化学的有关计算。根据题意可知，电解过程中阳极电极反应式为：$2Cl^- - 2e^- = Cl_2\uparrow$，阴极电极反应式为：$X^{2+}+2e^- = X$。由此可得出阳极和阴极产物的物质的量之比为 1∶1。当收集到 1.12 L（标准状况），即0.05 mol氯气时，阴极产物也为 0.05 mol，则其相对原子质量 $=\dfrac{3.2\ g}{0.05\ mol}=$ 64 g/mol。

6. C【解析】本题考查化学史的相关知识。A 选项，阿伏伽德罗常数因阿伏伽德罗而得名，但其数值是由奥地利化学及物理学家洛施米特测定出来的，A 错误；B 选项，天平是古埃及人发明的，B 错误；C 选项，1874 年，范特霍夫和勒贝尔分别提出碳四面体构型学说，建立了分子的立体概念，说明了旋光异构现象，C 正确；D 选项，原子的概念最早是由古希腊哲学家德谟克利特等人提出的，道尔顿提出了原子学说，D 错误。

7. D【解析】本题考查可逆反应的化学平衡及热效应。A 选项，该反应正方向是体积减小的放热反应，增大压强，平衡正向移动，升高温度，平衡逆向移动，A 错误；B 选项，由于该反应为可逆反应，所以放出的热量应小于 Q kJ，B 错误；C 选项，该反应为放热反应，所以反应前物质的总能量大于反应后物质的总能量，即 1 mol $N_2(g)$ 和 3 mol $H_2(g)$ 具有的能量大于 2 mol $NH_3(g)$ 具有的能量，C 错误；故答案选 D。

8. B【解析】本题考查化合物中 π 键的判断。当两个原子的轨道（p 轨道）从垂直于成键原子的核间连线的方向接近，发生电子云重叠而成键，这样形成的共价键称为 π 键。双键中有一个 σ 键和一个 π 键。A 选项，苯中不含碳碳双键，而且苯有毒，不能用作防晒霜的有效成分，A 错误；B 选项，对氨基苯甲酸结构简式为 $H_2N—C_6H_4—COOH$，含有 C═O，含有 π 键，具有防晒效果，B 正确；C 选项，乙醚中不含双键，没有 π 键，不能用作防晒霜的有效成分，C 错误；D 选项，CCl_4 中不含双键，没有 π 键，不能用作防晒霜的有效成分，D 错误。

9. D【解析】本题考查有机化合物的结构与性质。A选项,葡萄糖是多羟基醛,含有羟基和醛基,乳酸含有羟基和羧基,所含官能团不同,A错误;B选项,乳酸含有羟基和羧基,能发生催化氧化、酯化反应(取代反应),但不能发生加成反应,B错误;C选项,葡萄糖溶液和氢氧化铜悬浊液需要在碱性、加热条件下才能生成砖红色沉淀,C错误;D选项,乳酸含有羧基,能和碳酸氢钠反应放出二氧化碳,和钠反应放出氢气,D正确。

10. A【解析】本题考查化学实验装置的选择。铜和浓硫酸反应需要加热,故A不能达到实验目的;光照下甲烷与氯气发生取代反应,生成的HCl可溶于水,试管内液面上升,能验证甲烷与氯气发生化学反应,B正确;二氧化碳与氢氧化钠溶液反应,导致烧瓶内气体的压强迅速减小,形成喷泉,故C能达到实验目的;过滤可以用来分离固体与液体的混合物,D正确。

11. D【解析】本题考查对《义务教育化学课程标准》(2011年版)中化学课程基本理念的理解。《义务教育化学课程标准》(2011年版)的课程基本理念提到:“注意从学生已有的经验出发,让他们在熟悉的生活情景和社会实践中感受化学的重要性,了解化学与日常生活的密切关系,逐步学会分析和解决与化学有关的一些简单的实际问题;让学生有更多的机会主动地体验科学探究的过程,在知识的形成、相互联系和应用过程中养成科学的态度,学习科学方法,在‘做科学’的探究实践中培养学生的创新精神和实践能力。”由此可以看出,答案选D。

12. C【解析】本题考查对教科书的“二次开发”的理解。对教材的二次开发是指在课程实施过程中依据课标对既定的教科书内容适度删减、调整和加工,合理选用和开发其教学材料。因此选C。

13. A【解析】本题考查化学教学目标的分类。认知性目标包括有关知识的回忆和再认,以及理解智力和技能的形成等方面的目标。“通过实验事实了解碳及其化合物的主要性质”属于认知性目标。

14. B【解析】本题考查对探究教学法的理解。程序教学法是指依靠教学机器和程序教材,呈现学习程序,包括问题的显示、学生的反映和将反映的正误情况反馈给学生的过程等,是学习者进行个别学习的方法。探究教学法是指在教师引导下,学生主动参与到发现问题、寻找答案的过程中,以培养学生解决问题能力的教学活动。暗示教学法就是运用暗示手段激发个人心理潜力,提高学习效率的一种教学理论和方法。范例教学法是指教师在教学中选择真正基础的、本质的知识作为教学内容,通过“范例”内容的讲解,使学生达到举一反三,掌握同一类知识的规律和方法。

15. A【解析】本题考查对“先行组织者”理论的理解。“先行组织者”是先于学习任务本身呈现的一种引导性材料,它要比原学习任务本身有更高的抽象、概括和包容水平,并且能清晰地与认知结构中原有的观念和新的学习任务关联。美国学者奥苏贝尔提出的“先行组织者”理论,强调学习材料应与认知结构中原有的观念建立联系,才能产生有意义的学习。

16. A【解析】本题考查对社会调查教学活动的理解。该教师让学生通过实地考察和访谈了解学校的周边环境,这种教学活动属于社会调查。

17. C【解析】本题考查教学板书的规范性。A选项应为“木炭”;B选项应为“砝码、坩埚”;D选项应为“油脂”,故选C。

18. D【解析】本题考查运用探究式教学应注意的问题。运用探究式教学应注意:①不是所有的教学内容都适用探究式教学,教学方式的选择应视教学内容而定;②探究式教学形式多样,除了通过实验进行探究,还可以通过观察、调查、收集资料和数据处理等进行探究;③教师应对学生的自主探究进行引导和评价;④探究式教学既重过程,也重结果。因此,答案选D。

19. C【解析】本题考查对活动表现评价的理解。活动表现评价是在学生完成一系列任务(如实验、辩论、调查、设计等)的过程中,通过观察、记录和分析学生在各项学习活动中的表现,对学生的参与意识、合作精神、实验操作技能、探究能力、分析问题的思路、知识的理解和应用水平以及表达交流技能等进行评价。因此,答案选C。

20. D【解析】本题考查对概念图策略教学实验结果的分析。在教学实验前后对两个班的学生进行了前测和后测,后测结果显示实验班的平均成绩高于对比班,能说明该策略有效的是前测成绩无显著性差异,后测成绩有显著性差异。

二、简答题

21.【参考答案】(1)与加热高锰酸钾或氯酸钾制取氧气的方法相比较,采用分解过氧化氢的方法制氧气,实验装置简单,实验步骤易操作,不需要加热,药品利用率高。

(2)中学化学实验改进应坚持以下原则：

①“依标务本”原则。课程标准规定了化学教学内容的范围和深度，化学实验的改进应遵循课程标准要求，成为实现化学课程目标的有效手段。

②“开放性探究”原则。化学实验是学生创造性学习的重要手段，应体现开放性、探究性，训练学生的科学合作方法，培养学生的求异思维能力，全面提高学生的科学素养。

③“联系实际”原则。实验的改进应考虑课堂教学的实际需要，切不可为改进而改进，应有利于调动学生的学习兴趣和积极性，有利于完成课堂教学的三维目标。

④“简约易成”原则。改进实验要力求实验装置简化，实验药品节约，实验现象可观度高，实验结论易得。同时教师应探究实验原理，寻找最优化的反应条件，研究反应物的数量关系和形态，考虑影响实验的各种因素，提高实验成功率，使实验准确、及时完成。

⑤“安全环保”原则。中学化学教学中涉及一些易燃、易爆、有毒及腐蚀物质的实验。实验改进中要确保师生安全，防中毒、防污染。

22.【参考答案】

(1)

现象或规律	适用模型	解释
①水的沸点较高	C	水分子间含有氢键，氢键对沸点有影响
②电解水产生的两种气体的体积比为2∶1	A	水分子中氢、氧原子个数比为2∶1
③冰的密度比液态水的小	B	液态的水在凝固成冰的时候，分子间的相互作用力使分子按一定的规则排列，每个分子都被四个分子所包围形成一个结晶四面体。这种排列方式是比较松散的，使得冰晶体中的分子间的平均距离大于液态水中的分子间的平均距离

(2)①模型建构教学能够促进学生认知水平的发展；

②模型建构教学有助于培养学生的创造性思维能力；

③模型建构教学有助于提高学生的科学探究能力；

④模型建构教学有助于提高学生解决实际问题的能力。

三、诊断题

23.【参考答案】(1)824.8 g。

(2)学生可能存在错误的原因有以下几点：

没有仔细读题，忽视了“溶液”两个字，直接按照方程式，用硫化钠溶液的质量进行计算；计算溶液质量的时候忽略反应物二氧化硫的质量；计算溶液质量的时候忽略硫单质为沉淀。

(3)题干要求求得理论上应得到的$NaHSO_3$溶液的质量，由于水的质量不确定，只能利用质量守恒定律，用反应物的总质量，减去生成的硫单质的质量，即得到$NaHSO_3$溶液的质量。

设理论上生成的硫单质的质量为x g。

$$2Na_2S + 5SO_2 + 2H_2O = 4NaHSO_3 + 3S\downarrow$$

5×64　　　　　　3×32

0.032×2000 g　　　　x g

列比例式$\frac{5\times64}{0.032\times2000\ g}=\frac{3\times32}{x\ g}$，解得$x=19.2$

$m(NaHSO_3溶液)=780+0.032\times2000\ g-19.2\ g=824.8\ g$

故理论上应得到的$NaHSO_3$溶液的质量是824.8 g。

四、案例分析题

24.【参考答案】(1)该教学过程中，教师通过让学生列举生活中的酸和碱，从学生已有的生活经验出发，提出与之相关的带有悬念的问题来导入新课，运用了生活导入和问题导入的方法，从而让学生了解化学与日常生活的密切关系，激起学生的兴趣和求知欲，丰富学生的知识面，培养学生自主发现问题的探索精神和合作能力。

(2)该教学过程中,教师通过“酸碱指示剂的发现”科学史料,向学生展示科学家发现酸碱指示剂的过程,激发学生学习化学的兴趣,调动学生学习的积极性;使学生更加全面深刻地把握化学知识,培养科学探究和创新的精神;启迪学生的科学思维,培养科学精神。

(3)化学教学中的“家庭小实验”是利用日常生活中常见的物品作为实验仪器和药品,让学生对课堂学到的化学知识加以应用,拓展、加深课堂教学的内容;“家庭小实验”的实验设计要求应具有一定的独创性,学生能创造性地运用所学知识;“家庭小实验”的实验内容应相对比较安全;实验所用仪器和药品应比较简单,操作简便。

25.【参考答案】(1)“溶解度”属于化学课程标准一级主题“身边的化学物质”中二级主题“水与常见的溶液”中的内容。本课题在教材中起到了纽带的作用,既是上节饱和溶液的延续,又为接下来学习“酸、碱、盐”相关知识做铺垫。上一课题从定性的角度研究了溶液,本课题将从定量的角度来研究物质在一定量的溶剂中溶解的限度问题,为饱和溶液中溶质质量分数的计算打基础。同时饱和溶液和溶解度的知识是构成学生化学素养的基本要素,是学生进行终身学习和将来适应社会生活所必需的基础知识。

(2)教学目标:

知识与技能目标:了解固体物质溶解度的要素和含义。

过程与方法目标:初步学会运用比较、归纳、概括等方法对获取的信息进行加工。

情感态度价值观目标:通过学习典型物质的溶解度,逐步培养由具体到一般的认识事物的能力。

教学方法:

实验探究法、归纳总结法

教学过程:

<table>
<tr><th>教学环节</th><th>教学活动</th><th>学生活动</th><th>设计意图</th></tr>
<tr><td>一、复习提问,引入概念</td><td>【提问】上节课我们学习了饱和溶液和不饱和溶液的概念,以及饱和溶液和不饱和溶液之间的相互转化。根据上节课所学知识,请同学们判断这6个实验得到的溶液是饱和溶液还是不饱和溶液?
<table>
<tr><th>序号</th><th>温度</th><th>溶剂的质量</th><th>加入溶质</th><th>溶解情况</th><th>是否饱和</th></tr>
<tr><td>1</td><td>20 ℃</td><td>20 g</td><td>10 g NaCl</td><td>最多能溶解7.2 g</td><td></td></tr>
<tr><td>2</td><td>20 ℃</td><td>30 g</td><td>10 g KNO_3</td><td>最多能溶解9.48 g</td><td></td></tr>
<tr><td>3</td><td>30 ℃</td><td>20 g</td><td>10 g KNO_3</td><td>最多能溶解9.16 g</td><td></td></tr>
<tr><td>4</td><td>20 ℃</td><td>20 g</td><td>10 g KNO_3</td><td>最多能溶解6.32 g</td><td></td></tr>
<tr><td>5</td><td>20 ℃</td><td>20 g</td><td>1 g NaCl</td><td>全部溶解</td><td></td></tr>
<tr><td>6</td><td>20 ℃</td><td>20 g</td><td>1 g KNO_3</td><td>全部溶解</td><td></td></tr>
</table>
【提问】饱和溶液和不饱和溶液可以定性的表示物质在溶剂中的溶解能力,这六组数据能否定量的比较 NaCl 和 KNO_3 在水中的溶解能力?理由是什么?
【提问】如果比较 NaCl 和 KNO_3 在水中的溶解能力,需要限定哪些因素?</td><td>观察数据
回答问题</td><td>从已学知识提出问题引入新课,激发学生学习兴趣</td></tr>
</table>

续表

<table>
<tr><th>教学环节</th><th>教学活动</th><th>学生活动</th><th>设计意图</th></tr>
<tr><td>二、设计实验方案，形成概念</td><td>【讲述】我想通过实验比较 NaCl 和 KNO_3 在水中的溶解能力，请大家分组讨论，帮我设计切实可行的实验方案。在设计的过程中思考控制哪些变量。

【提问】为了便于计算比较，人为将溶剂的质量规定为 100 g。这样，我们用在一定温度下，100 g 溶剂中，达到饱和状态时，溶解的溶质的质量来定量表示溶解能力的大小。如果我们用溶解度这一物理量来描述溶解能力的大小，应该如何定义溶解度？</td><td>分组讨论
设计实验方案

展示实验方案

分组讨论
得出概念</td><td>知道实验探究的过程，理解控制变量法是研究概念的重要手段
以学生为主体，通过讨论、设计实验方案，得出溶解度概念</td></tr>
<tr><td>三、计算溶解度，深化概念</td><td>【讲述】通过计算，完成下面表格
<table>
<tr><th></th><th>温度</th><th>溶剂质量</th><th>溶液状态</th><th>溶解溶质的种类和质量</th></tr>
<tr><td rowspan="2">1</td><td rowspan="2">20 ℃</td><td>20 g H_2O</td><td>饱和</td><td>7.2 g NaCl</td></tr>
<tr><td>100 g H_2O</td><td>饱和</td><td></td></tr>
<tr><td rowspan="2">2</td><td rowspan="2">20 ℃</td><td>20 g H_2O</td><td>饱和</td><td>6.32 g KNO_3</td></tr>
<tr><td>100 g H_2O</td><td>饱和</td><td></td></tr>
<tr><td rowspan="2">3</td><td rowspan="2">30 ℃</td><td>20 g H_2O</td><td>饱和</td><td>9.16 g KNO_3</td></tr>
<tr><td>100 g H_2O</td><td>饱和</td><td></td></tr>
</table>
【提问】由上表可知，20 ℃时氯化钠的溶解度是多少克？20 ℃和 30 ℃时 KNO_3 的溶解度分别是多少克？
【提问】20 ℃时氯化钠的溶解度是 36 g，隐含什么含义？</td><td>讨论

计算

回答

回答</td><td>加深对固体物质溶解度含义的理解</td></tr>
<tr><td>四、自我总结，扩展延伸</td><td>【小结】教师对学生的课堂表现予以肯定，并做情感态度的升华。
【作业】课后请学生思考碳酸饮料中二氧化碳的溶解度如何变化</td><td>总结本堂课的收获

课后思考</td><td>总结所学知识，并加以延伸</td></tr>
</table>

2019 年上半年中小学教师资格考试真题试卷(精编)

一、单项选择题

1. B【解析】波义耳正确指出了研究化学的目的，提出了科学的元素定义，发现了古代的微粒说。恩格斯认为波义耳是最早把化学确立为科学的化学家，可以说波义耳是史上第一位化学家。故本题选 B。

2. D【解析】Fe^{3+} 和 SCN^- 结合生成络合离子，则二者不能共存，同时 Fe^{3+} 和 CO_3^{2-} 可以发生双水解，二者也不能共存，A 项错误。Al^{3+} 可以与 HCO_3^- 发生双水解反应，则二者不能共存，B 项错误。Fe^{2+} 和 S^{2-} 发生反应生成 FeS 沉淀，则二者不能共存，且 S^{2-} 不能与 NH_4^+ 共存，C 项错误。D 项离子之间不反应，能共存，D 项正确。故本题选 D。

3. A【解析】CrO_5不稳定，易溶于酸并分解放出氧气，A 项正确。由 CrO_5 的结构可以判断出 Cr 的化合价为 +6价，B 项错误。CrO_5能和水反应生成酸，所以 CrO_5 为酸性氧化物，C 项错误。CrO_5 的结构中 Cr 为 10 电子的结构，D 项错误。故本题选 A。

4. C【解析】元素周期表中一个横行即是一个周期，A 项正确。113 号、115 号、117 号元素分别位于元素周期表的第 7 周期第ⅢA、ⅤA、ⅦA，都属于主族元素，B 项正确。118 号元素位于元素周期表的第 7 周期 0 族，如果再发现第 119 号、120 号元素，它们将另起一行，继续扩充化学元素周期表，C 项错误。113 号、115 号、117 号、118 号元素都是科学家合成的元素，属于人造元素，D 项正确。故本题选 C。

5. A【解析】根据反应式 $2Fe^{3+} + Fe \xlongequal{} 3Fe^{2+}$ 可知，铁被氧化，是原电池的负极。当正极是活泼性比铁弱的金属或非金属导电材料，电解质溶液为 Fe^{3+} 的盐溶液时，可以实现该反应。故本题选 A。

6. C【解析】SO_2的密度比空气大，收集该气体应采用向上排空气法，导气管应长进短出，A 项错误。锰离子易水解，加热蒸干氯化锰溶液得到的是锰的氧化物，B 项错误。溴乙烷与 NaOH 的乙醇溶液混合加热时，不能用酸性高锰酸钾溶液验证溴乙烷发生消去反应生成烯烃，因为加热时乙醇变成乙醇蒸气，乙醇也能使酸性高锰酸钾溶液褪色，干扰烯烃的检验，应选择溴的四氯化碳溶液验证，D 项错误。故本题选 C。

7. D【解析】由左旋多巴的结构可知，该分子中含有酚羟基，因此容易发生氧化反应，也可以和 $FeCl_3$ 溶液发生显色反应，A、B 两项正确。该分子中含有的氨基可以与强酸发生反应，含有的酚羟基和羧基可以和强碱发生反应，C 项正确。由左旋多巴的结构可知，只有一个碳原子（与—NH_2 相连的碳原子）连有四个不同的基团，故每个左旋多巴分子中有 1 个手性碳原子，D 项错误。故本题选 D。

8. B【解析】设初始时加入的 $n(X) = n(Y) = a$ mol，X 的平衡转化率为 x。

$$X(g) + 3Y(g) \rightleftharpoons Z(g)$$

初始(mol)：a　　a　　0

反应(mol)：ax　　$3ax$　　ax

平衡(mol)：$a - ax$　　$a - 3ax$　　ax

由平衡时剩余反应物和生成物物质的量相等可得：$(a - ax) + (a - 3ax) = ax$，解得 $x = 0.4$，即 X 的转化率为 40%，故本题选 B。（备注：本题题目有误，因为按所给方程式，求得 X 的转化率为 40%，Y 的转化率为 120%，不符合实际，但是所给解题方法正确，这类题按所给方法解答即可。）

9. B【解析】核磁共振氢谱中能出现三组吸收峰，说明此有机物中含有三种不同环境下的氢原子。CH_3OCH_3 中只有一种环境下的氢原子，核磁共振氢谱图中只有一组吸收峰，A 项错误。$CH_3COCH_2CH_3$ 中有三种不同环境下的氢原子，核磁共振氢谱图中有三组吸收峰，B 项正确。$CH_3CH_2CH_3$ 中有两种不同环境下的氢原子，核磁共振氢谱图中有两组吸收峰，C 项错误。CH_3COOCH_3 中有两种不同环境下的氢原子，核磁共振氢谱图中有两组吸收峰，D 项错误。故本题选 B。

10. D【解析】四种物质均为分子晶体，结构相同的分子晶体，相对分子质量越大，分子间的作用力越大，沸点越高。相对分子质量 $M_r(CI_4) > M_r(CBr_4) > M_r(CCl_4) > M_r(CF_4)$，所以分子间作用力从 CF_4 到 CI_4 依次增大，沸点从 CF_4 到 CI_4 依次升高。故本题选 D。

11. B【解析】《义务教育化学课程标准》(2011 年版)中明确提出："化学概念内容的编写要体现直观性、关联性和发展性的特点"。故本题选 B。

12. C【解析】化学课程目标确立的依据主要包括三个方面：①国家对人才培养的基本要求；②学生发展的需要；③化学学科的特征。故本题选 C。

13. D【解析】课程标准是课程计划的分学科展开，它体现了国家对每门学科教学的统一要求，是编写教科书和教师进行教学的直接依据，也是衡量各科教学质量的重要标准。故本题选 D。

14. C【解析】化学技能性知识是指与化学事实性知识、化学理论性知识相关的化学用语、化学实验、化学计算等技能形成和发展的知识内容。配平化学方程式属于化学技能性知识。故本题选 C。

15. A【解析】按照水平高低，可将化学实验兴趣分成感知兴趣、操作兴趣、探究兴趣和创造兴趣。感知兴趣是指学生通过感知教师演示实验的现象和观察各种实验仪器、装置而产生的一种兴趣。操作兴趣是指学生通过亲自动手操作化学实验所产生的一种兴趣。探究兴趣是指学生通过探究物质及其变化规律而形成的一种兴趣。创造兴趣是指学生在运用所学的知识技能和方法进行创造性的科学活动中所形成的一种兴趣。题干中的学生只喜欢观看教师所做的演示实验,属于感知兴趣。故本题选 A。

16. B【解析】结构决定性质,即结构不同、性质不同,结构相似、性质相似。卤族元素属于同族元素,结构相似,所以性质相似,A 项正确。镁与不同浓度盐酸反应的速率不同,是浓度不同对反应速率的影响,B 项错误。乙醇和甲醇都含有醇羟基,结构相似,所以性质相似,都能发生酯化反应,C 项正确。金刚石和石墨的硬度不同的原因是构成它们的碳原子的排列方式不同,结构不同,所以二者的硬度相差很大,D 项正确。故本题选 B。

17. A【解析】《义务教育化学课程标准》(2011 年版)中明确提出,“认识到科学探究既需要观察和实验,又需要进行推理和判断”。故本题选 A。

18. C【解析】题干中说化学教学中要“努力创设真实而有意义的学习情境”,四个选项中只有 C 项是教师在课堂上可以创建的真实而有意义的学习情境。故本题选 C。

19. A【解析】终结性评价又称总结性评价,一般是在教学活动告一段落后,为了解教学活动的最终效果而进行的评价。高中化学学业水平考试属于终结性评价。形成性评价是在某项教学活动中,为了更好地达到教学目标、取得最佳教学效果而不断进行的评价。诊断性评价也称教学前评价,一般是指在某项教学活动前对学生的知识、技能以及情感等状况进行的预测。常模参照评价是在被评价对象的群体中建立基准(通常均以该群体的平均水平作为这一基准),然后把该群体的各个对象逐一与基准进行比较,以判断该群体中每一成员的相对优劣。故本题选 A。

20. C【解析】化学课程评价既要促进全体中学生在科学素养各个方面的共同发展,又要有利于中学生的个性发展。积极倡导评价目标多元化和评价方式多样化、坚持终结性评价与过程性评价相结合、定性评价与定量评价相结合、学生自评互评与他人评价相结合,努力将评价贯穿于化学学习的全过程。故本题选 C。

二、简答题

21.【参考答案】(1)①在学生实验中,要求实验现象必须明显,易于观察,明显的实验现象能给学生以深刻的印象。

②在学生实验中,学生不仅会观察实验现象,也会观察教师的实验操作,因此教师在进行操作时,一定要注意自身的操作规范,言传身教。

③在学生实验中,要注重观察与思考相结合。明显的实验现象能给学生以生动的直观印象,但只有通过思维才能完成认识上的飞跃,教师要引导学生在观察现象的基础上积极思考,透过现象看本质。

④在学生实验中,调动学生多种感官进行实验观察。教师尽可能地调动学生的视觉、听觉、嗅觉、触觉等多种感官从多方面进行观察,加强对实验现象的认识。

⑤在学生实验中,要强调观察的安全性。初中阶段的学生年龄尚小,教师在组织学生展开实验观察的时候一定要注意强调观察的位置、角度,注意实验安全。

(2)①观察的客观性。即实事求是地记录、描述观察结果。

②观察的目的性。观察目的明确,突出重点和中心。

③观察的系统性。综合运用多种感官,有序地进行观察,多方面地获取化学现象信息,从而形成整体的印象。

④观察的敏锐性。能够抓住化学变化中稍纵即逝的现象。

⑤观察的理解性。即思维性,能够积极开动脑筋,使观察更深刻、全面。

⑥观察的审美性。能够用审美、鉴赏的眼光和情趣去观察实验室和大自然中物质及其变化的奇异现象。

22.【参考答案】(1)宏观、微观、符号是研究化学知识的三大重要领域。下面以钠和氯气反应生成氯化钠来说明化学知识在宏观、微观和符号三个方面的具体体现。

宏观上:先从钠与氯气反应生成氯化钠的实验现象入手,观察燃烧发出的黄光以及生成的白色固体物质,引导学生获得钠与氯气反应生成氯化钠的外在现象感知。形成对这一过程的宏观表征认识。宏观上钠与氯气反应生成了氯化钠。

微观上:给出该反应的原子结构示意图,用稳定结构的微观表征来揭示实质。微观上钠原子最外层的 1 个电子转移到氯原子的最外层上,二者都达到相对稳定的 8 电子结构。

化学符号表征:确定氯化钠的化学式,用符号表达式表示氯化钠的生成反应,实现从微观到符号和从宏观到符号的抽象。该反应的符号表达式为 $2Na + Cl_2 \xlongequal{点燃} 2NaCl$。

(2)宏观角度可以直接观察，而微观角度可以分析其原理本质，利用符号可以有效地进行记录，方便交流沟通。宏观、微观及符号的学习对于学生都非常重要，因此教师必须在教学中融合三者进行教学。在开展教学时，首先利用一些直观的教学情境，给学生形成直观感知，让学生能明确宏观知识，之后利用多媒体或者一些教具模型，语言分析呈现微观内容，展现微观知识。关于符号，属于学生学习化学的工具性内容，所以在进行宏观和微观教学的过程中都要不断地渗透符号知识，使学生形成符号意识。比如在讲解氧气性质时，首先通过实验现象呈现氧气的助燃性，之后教师在进行实验原理分析的过程中写出其相应的化学式，并用文字表达式表示实验本质。在后期系统学习元素符号及化合价、化学式之后再用标准规范的化学方程式进行表示，逐步用符号语言表示宏观、微观的相关知识。

三、诊断题

23.【参考答案】(1)调查法、访谈法。

(2)部分学生对该题解答错误的原因主要有以下两方面。一方面是不清楚各选项物质的成分，另一方面是对纯净物的概念理解存在误区。本题的正确答案为 A 项。学生误选 B 项的原因可能是误认为洁净的物质就是纯净物，对纯净物的概念理解存在误区；学生误选 C、D 两项的原因可能是对白酒、天然气的成分不清楚，认为白酒就是酒精的单一物质，天然气就是甲烷，从而导致答题错误。

(3)错误前概念的来源主要有以下几方面：①先入为主的日常生活经验；②知识的负迁移和旧概念的局限性；③口语词带来的曲解；④进行不恰当的类比。

(4)①揭示学生前概念。例如，在纯净物教学开始前，可采用问卷调查法，收集学生对纯净物这一概念的认识。②通过创设各种问题情境引发学生的认知冲突，例如，很多学生认为冰水混合物是混合物，针对这一错误概念，教师可将一烧杯的冰水混合物当堂加热，待冰全部融化后，再问学生这是纯净物还是混合物，以此来引发学生的认知冲突。③以实验验证、概念重释、比较鉴别等方式纠正前概念中的错误成分。例如，很多学生认为洁净的空气是纯净物，针对这一错误概念，教师可以通过空气的分离实验来帮助学生纠正概念中的错误成分。④鼓励学生对科学概念评论，形成新的概念图式。

四、案例分析题

24.【参考答案】(1)优点：

①利用学生已有的知识。首先，舞台"云雾缭绕"是学生生活中常见的现象，也从常识中知道其主要成分是干冰；其次，空气中二氧化碳的含量也在九年级上册"空气"这一节已经学习过。

②提问面向全体学生。通过实际生活中的温室效应、雪碧中的气体等调动学生学习的积极性。

③问题具体、明确。该老师提出的几个问题指向性明确，表达简明准确。

④提问善于诱导启发。该教师提出的问题，从"云雾缭绕"到二氧化碳的来源、消耗，与学生的实际生活联系，逐渐过渡，具有引导性，启发学生的思考。

不足：

①问题数量过多，学生来不及思考；每个问题没有明确解决。

②没有把握好提问的时机。提问过于频繁和集中，应该按照教学的进展和学生的思维提出问题，比如在枯燥处提问，在前后知识衔接处提问。

③问题层次性不清晰。例如，该教师在提出温室效应时，转而提出雪碧中冒出的气体，应该将二氧化碳对人类的影响和温室效应放在一起提问。整体将提出的问题分类，从物理性质到化学性质再到二氧化碳的应用等。

(2)干冰是固态的二氧化碳。干冰的熔沸点较低，放置在舞台上时，室温高于干冰的熔沸点，干冰直接升华，由固态变为气态。同时，干冰升华吸热，使周围温度降低，会使空气中的水蒸气液化为小液滴，因此就呈现了"云雾缭绕"的现象。

(3)二氧化碳的密度比空气大或二氧化碳不能供给呼吸；

①为什么地窖内二氧化碳的含量比地窖口高？

②为什么二氧化碳含量过高会导致生命危险？

2018 年下半年中小学教师资格考试真题试卷(精编)

一、单项选择题

1. A【解析】油脂为高级脂肪酸甘油酯。分为液态的植物油和固态的动物脂肪,植物油是由不饱和的高级脂肪酸和甘油形成的酯类,属于油脂,A 项正确。石油是多种烷烃和环烷烃的混合物,不是油脂,B 项错误。甘油是丙三醇的俗称,不是油脂,C 项错误。润滑油是碳原子数较多的混合烃类,不属于油脂,D 项错误。

2. D【解析】大量使用塑料购物袋,会造成白色污染,不利于保护生态环境,A 项错误。将废旧电池进行深埋处理会造成土壤和水体污染,B 项错误。秸秆进行露天焚烧处理,因有污染物的排放,会造成空气污染,C 项错误。开发和使用生物质能,减少化石燃料的使用,减少环境污染,利于保护生态环境,D 项正确。

3. D【解析】只有醋酸钠配制的溶液无法起到缓冲溶液的作用,A 项错误。缓冲溶液指的是由弱酸及其盐、弱碱及其盐组成的混合溶液,B 项错误。水中毒是指当机体所摄入水总量大大超过了排出水量,细胞外液低渗,超过机体特别是肾脏代谢的能力,导致细胞内水过多(细胞内水肿),并产生一系列症状,而不是因为体内缓冲溶液被破坏造成的,C 项错误。缓冲溶液具有缓冲能力的根本原因是其组分间存在同离子效应,D 项正确。

4. C【解析】①盐酸除锈是化学变化,石蜡熔化是物理变化;②白磷自燃是化学变化,空气液化是物理变化;③汽油挥发是物理变化,酒精燃烧是化学变化;④三氧化硫溶于水是化学变化,二氧化碳通入石灰水是化学变化;⑤白色硫酸铜粉末遇水变蓝是化学变化,酸碱指示剂变色是化学变化;⑥冰融化成水是物理变化,倒置泡沫灭火器产生二氧化碳是化学变化。结合题意,正确的是③⑥,故本题选 C。

5. B【解析】锌做负极失去电子被氧化,发生氧化反应,A 项正确。电子经外电路由负极流向正极,即由 Zn 流向 MnO_2,B 项错误。MnO_2 被还原,为原电池的正极,电极反应为 $MnO_2 + H_2O + e^- \xlongequal{} MnOOH + OH^-$,C 项正确。碱性条件下,锌和二氧化锰构成原电池,其电池总反应为 $Zn + 2MnO_2 + 2H_2O \xlongequal{} Zn(OH)_2 + 2MnOOH$,D 项正确。

6. B【解析】分子中正负电荷重心不重叠的为极性分子,反之为非极性分子。NH_3 和 CO 为极性分子,CO_2 的正负电荷重心重叠,属于非极性分子,A 项错误。CH_4、CCl_4、BF_3 的正负电荷重心重叠,属于非极性分子,但三者存在的化学键是极性键,B 项正确。非金属的非金属性越强,氢化物的稳定性越强。F、Cl、Br、I 的非金属性逐渐减弱,所以 HF、HCl、HBr、HI 的稳定性逐渐减弱,C 项错误。根据分子的空间构型判断,CS_2、CO_2、C_2H_2 是直线型分子,但 H_2O_2 是折线型分子,D 项错误。

7. B【解析】Ba^{2+} 和 CO_3^{2-} 会形成 $BaCO_3$ 沉淀,不能大量共存,A 项错误。在碱性条件下,B 项中的各离子之间不发生任何反应,可大量共存,B 项正确。在碱性条件下,H^+ 不能大量共存,C 项错误。在碱性条件下,NH_4^+ 会发生水解,不能大量存在,D 项错误。

8. D【解析】铜屑和稀硝酸反应制取一氧化氮,应用排水集气法收集,图(右)是向上排空气法,A 项错误。二氧化锰和浓盐酸反应制取氯气需要加热,图(左)是固液不加热装置,B 项错误。铜与浓硫酸反应制取二氧化硫需要加热,图(左)是固液不加热装置,C 项错误。碳酸钙和稀盐酸反应制取二氧化碳,常温反应不需要加热,生成的二氧化碳气体密度比空气的大,可用向上排空气法收集,符合题意,D 项正确。

9. C【解析】乙烯中含碳碳双键,可与溴水发生加成反应生成 1,2 - 二溴乙烷,A 项错误。分子式为 C_7H_{16} 且主链上有 5 个碳原子的烷烃,支链为 2 个甲基或 1 个乙基,符合该条件的烷烃有 $(CH_3)_3CCH_2CH_2CH_3$、$CH_3CH_2C(CH_3)_2CH_2CH_3$、$CH_3CH_2CH(CH_2CH_3)CH_2CH_3$、$(CH_3)_2CHCH_2CH(CH_3)_2$、$(CH_3)_2CHCH(CH_3)CH_2CH_3$,共 5 种,B 项错误。烷烃的通式为 C_nH_{2n+2},碳元素的质量分数为 $\frac{12n}{(14n+2)} \times 100\% = \frac{12}{(14+\frac{2}{n})} \times 100\%$,则随 n 值增大,碳元素的质量分数逐渐增大,C 项正确。苯中不含碳碳双键,但 1 mol 苯恰好与 3 mol 氢气完全加成,D 项错误。

10. C【解析】题述反应达平衡后移走 1.0 mol PCl_3 和 0.5 mol Cl_2,重新达到平衡,可以等效为初始加入 1.0 mol PCl_3 和 0.5 mol Cl_2 达到的平衡,与原平衡相比压强减小,平衡向逆反应方向移动,反应物的转化率减小,故达到新平衡时 PCl_5 的物质的量小于原平衡的 $\frac{1}{2}$,即达到平衡时 PCl_5 的物质的量小于 $0.4\ mol \times \frac{1}{2} = 0.2\ mol$,C 项正确。

11. D【解析】碱溶液呈碱性,有些强碱弱酸盐也呈碱性,比如碳酸钠,所以呈碱性的溶液不一定都是碱溶液,A 项错误。氧化物是氧元素与另外一种化学元素组成的二元化合物,氧化物含有氧元素,但含氧元素的化合物不一定都是氧化物,如 $Ca(OH)_2$ 等,B 项错误。对于由分子构成的物质来说,分子是保持物质化学性质的最小微粒,H_2O 和 H_2O_2 的组成元素相同,但它们的分子结构不同,因此它们的化学性质不同,C 项错误。因为蜡烛在氧气中燃烧,氧气中不含有碳元素和氢元素,生成物 CO_2 和 H_2O 中含有碳元素和氢元素,所以蜡烛中一定含有碳元素和氢元素,D 项正确。

12. D【解析】教师演示实验也是探究活动的一种,A、B 两项错误。有些知识通过学生推导也能得出结论,所以并不是所有新知识都要经过探究来学习,C 项错误。探究活动时,查阅资料是必不可少的一步,所以查阅资料是探究活动的一种,D 项正确。

13. A【解析】"化学与能源和资源的利用"属于"化学与社会发展",A 项正确。"我们周围的空气"属于"身边的化学物质",B 项错误。"生活中常见的化合物"属于"身边的化学物质",C 项错误。"化学物质的多样性"属于"物质构成的奥秘",D 项错误。

14. A【解析】归纳法是从实验和观测的事实材料、实验数据出发,推导出一般性结论的方法。比较法是找出比较对象间(如化学概念、物质性质)的异同,认识比较对象间内在联系的方法。演绎法是根据一类事物都有的属性、关系和本质来推断该类中的个别事物也具有此属性、关系和本质的思维方法。根据题意,此教师所用的思维方法是归纳和比较。

15. B【解析】A 项应该为煤炭、木炭、活性炭,错误。C 项应该为砝码、坩埚、铁架台,错误。D 项应该为氨气、氨水、氯化铵,错误。

16. D【解析】该教师采用猜谜语的形式导入新课,引起了学生的好奇心,引导学生积极思考,激发学生的求知欲望,故本题选 D。

17. C【解析】学习策略是学习者为了提高学习的效率,有目的、有意识地制订的有关学习过程的复杂方案。学习策略属于条件性知识中的教育管理知识。故本题选 C。

二、简答题

18.【参考答案】(1)教科书设置各种模块的主要目的是改进教师的教学方法和促进学生自主学习的形成。①灵活多样的栏目设计,加强教科书与学生的互动性。②图文并茂阐释教学内容,增强教科书的趣味性和可读性。③分层次的概括总结,增强学习过程的系统性。

(2)教材当中的"讨论"栏目可以设置为课堂活动,组织学生进行交流讨论。

在课堂上进行交流讨论,是学生课堂学习活动的一种重要形式。学生交流讨论要有一个核心的、有一定思维容量的问题,这些问题能启发学生自发去感知、质疑、答疑,进而产生直觉和顿悟,提出具有独创性的见解。组织交流讨论的难点在于调控讨论的方向和时间,使讨论既高效进行,又不影响学生的积极性,让尽可能多的学生参与其中。进行讨论时应做到:

①充分准备:教师要根据教学目的要求确定讨论问题,问题要有吸引力,有深入钻研的价值。学生要明确讨论中心、讨论题目及要求,搜集和阅读有关资料,准备发言提纲。

②启发引导:教师要启发学生独立思考,鼓励学生发表自己的见解,引导学生围绕讨论主题,深入探讨,最终解决问题。

③做好总结:讨论结束时,教师要做好总结,使学生明确结论及依据;对于有争论的问题要发表见解,及时纠正错误、模糊、片面的认识。

19.【参考答案】(1)①拉瓦锡研究空气成分的事迹可以培养学生继承和创新的科学精神。拉瓦锡是在前人研究的基础上继续研究,从而得出空气是由氮气和氧气组成的结论。

②拉瓦锡研究空气成分的事迹可以培养学生求真务实的科学精神。拉瓦锡坚持实践观念,以实践活动为基础,凭科学实验为检验理论正确与否的标准。

③拉瓦锡研究空气成分的事迹可以培养学生在实验中独立思考、认真观察,探究实验中出现的每一个实

验现象,并具有勇于怀疑的科学精神。

(2)造成空气质量变差的原因有天然因素和人为因素两大类。天然因素是自然界自身原因引起的,如火山爆发、森林火灾等;人为因素有很多,比如:工业废气、汽车尾气、生活炉灶的燃烧、秸秆焚烧等。

教师培养学生如何保护我们周围的空气,可以让学生从自我做起,多植树、种植花草、及时关闭家用电器、少开电器等;还可以让学生进行环保宣传:少用化石燃料,推行绿色出行,少开车、多走路、多骑车等。

(3)实验步骤:①在集气瓶内加入少量水,将水面上方的容积分为5等份并做记号;②用弹簧夹夹紧乳胶管,点燃燃烧匙内的红磷后,立即伸入瓶中,然后立刻塞紧塞子,观察红磷燃烧的现象;③待红磷熄灭并冷却至室温后,打开弹簧夹,观察实验现象及水面的变化情况。

化学方程式:$5O_2+4P \xlongequal{点燃} 2P_2O_5$

20.【参考答案】(1)D。解析:①中,锌可与稀盐酸反应生成氢气,铜不与稀盐酸反应,说明锌的金属活动性比铜强;②中,银不能置换出硝酸铜中的铜,③中,铜可以置换出硝酸银中的银,均说明铜的金属活动性比银强;④中,铜不能置换出硫酸锌中的锌,说明锌的金属活动性比铜强;⑤中,锌可以置换出硝酸银中的银,说明锌的金属活动性比银强。

D项,①⑤两个实验只能验证锌的金属活动性比铜和银强,但不能验证铜和银的金属活动性强弱,故D项符合题意。

(2)有的同学错误地选择了A或B,A、B两项中都含有实验方案①,①中主要考查的是排在氢前面或后面的金属与酸能否发生置换反应,所以这部分同学的错误可能是因为对于金属活动性顺序表的熟练程度不足,以及金属的性质把握不准确。

(3)讲述本题,我会遵循以下思路:

①先让学生完整看一遍题。

②提问:比较金属的活动性顺序可以用哪些方法?学生自由发言后总结:

a.可以与氢发生反应,判断是否排在氢前面;

b.可以和其他金属的盐溶液反应,如果能将另一种金属从它的盐溶液中置换出来,说明这种金属活动性排在另一种金属前面。

③引导学生对题中实验方案逐个进行分析,判断金属活泼性顺序。

④综合实验方案,结合选项进行选择。

⑤对解题思路进行进一步的总结。

⑥找几道相似的习题,让学生做一遍,检验学习成果。

四、案例分析题

21.【参考答案】(1)燃烧需要可燃物,氧气(或空气);达到燃烧所需的最低温度。

(2)该教师教学的优点有以下几个方面:

①贯彻了启发性教学原则。在教学过程中,教师应该注重引导学生进行独立思考,发现问题并解决问题,自主进行学习。材料中,教师不断提出问题,引导学生发现问题,并得出“二氧化碳不支持燃烧”等结论,提升了学生思考与自主学习的能力。

②落实了因材施教原则。在教学过程中,教师应该根据学生的智力发展、个性差异进行教学。材料中,教师在学生回答错误的情况下,充分考虑到学生自身的经验特点以及个体差异,鼓励并引导学生,让学生重获自信。

③践行了理论联系实际的教学原则。在教学过程中教师应该让学生在熟悉的生活情境和社会实践中感受化学的重要性,了解化学与日常生活的密切关系。材料中,该教师通过结合生活实际,出示有关图片,导入课题,让学生体会化学知识源于生活,并在生活中发挥着巨大作用。

④体现了师生互动原则。教师是教学的组织者和引导者,学生是学习的主体。在教学过程中,师生需要共同协作,完成教学任务与知识学习。材料中,该教师没有一味地讲解,而是穿插了学生的探究实验活动,不断引导和帮助学生思考,让学生在探究的乐趣下学习,发挥了学生的主观能动性,体现了师生协同互动原则。

(3)该教师对待王同学的方式对化学教学有以下几方面的启示：

①树立正确的学生观，承认学生的主体地位。在教学过程中，学生是独特的人，也是独立意义的人，教师只有把学生当作学习主体，才能尽可能开发其最大的潜能。

②创设问题情境，引导学生提出问题和思考问题。教师应用难度适宜、层层递进的问题引导学生思考，才能激发学生独立思考。

③充分调动学生的积极性与主动性。教师可适当利用相应鼓励为主的教学方式，要允许学生犯错误，从而激发学生的学习热情。

五、教学设计题

22.【参考答案】(1)化学是一门以实验为基础的自然学科，学习化学就要从实验入手。培养学生的实验操作技能可以从以下几个方面入手：

①上好基本操作课

化学基本操作实验是培养学生化学实验技能的基础。因此，教师必须上好化学实验基本操作课。化学实验基本操作课可采取边讲解边实验的方法。首先，教师边讲解边演示，教师的演示操作必须规范，其所起的是示范作用，便于学生学习和掌握；然后，在教师的讲授中学生完成基本操作练习；最后，由学生自己独立完成基本操作练习，他们只有这样反复练习才能真正掌握基本操作技能。

②做好演示实验

演示实验包括多媒体演示和教师演示。教师可根据实验进行的条件和难度灵活选择。其中教师的每个演示实验都要做到操作规范、熟练正确、有条不紊，教师还应引导学生进行观察。

③上好分组实验课

实验课往往采用的是学生分组实验。因此，教师必须充分调动学生的积极性，让学生主动参与实验的整个过程，才能更好地进行实验。上好学生分组实验课，可以从以下几方面入手：首先教师要制定明确而可行的教学目标，做好学生分组实验课的准备工作，确定相应的实验方案，明确实验注意事项；同时教师应当充分发挥引导者和组织者的角色，充分参与到学生实验中进行指导。

④鼓励课外实验

组织化学兴趣小组开展课外活动，是一种提高学生的实验操作技能的有效途径。课外实验课可以通过做化学趣味实验、制作实验教具、进行社会调查等多种形式展开。在教师的指导下，学生可以根据自己的兴趣爱好开展实验活动。

(2)教学设计：

①教学目标

知识与技能：熟悉酒精灯的使用方法及液体加热的注意事项，初步掌握加热药品的实验操作。

过程与方法：学会酒精灯的正确使用方法，提高观察能力和动手能力。

情感态度与价值观：通过与日常生活的联系，激发学习兴趣，体会化学与生活的密切联系以及化学对生活生产的影响，提升化学价值观。

②教学重难点

重点：酒精灯的正确使用方法。

难点：归纳总结酒精灯使用的注意事项。

③教学方法

讲解法、演示法、实验操作法、小组讨论法。

④教学过程

环节一：新课导入

【教师提问】

大屏幕展示加热的实验装置，并提问根据图片可以获得哪些信息？

【学生回答】

①需要在加热的条件下进行

②加热的仪器为酒精灯……

【教师引导】

在实验中酒精灯如何使用?

环节二:新课讲授

【教师提问】

图片展示酒精灯,提问酒精灯由哪几部分组成?

【学生回答】

灯体、灯芯、灯芯管和灯帽。

【教师提问】

酒精灯该如何正确使用?如何点燃酒精灯呢?观察图片总结。(展示点燃酒精灯的图片)

【学生回答】

用燃着的火柴点燃酒精灯。

【教师演示】

演示点燃酒精灯的操作。学生进行观察并描述。

【学生回答】

首先将酒精灯的灯帽取下来,放在实验桌上,然后再用燃着的火柴点燃酒精灯,再把燃着的火柴熄灭。

【提出问题】

能不能用已经点燃的酒精灯去引燃另外一个酒精灯?观察图片能够得到什么信息?

【学生回答】

不可以用点燃的酒精灯去引燃另外一个酒精灯,只能用火柴点燃酒精灯。

【教师活动】

展示酒精灯火焰的图片。观察酒精灯的火焰部分,归纳信息。

【学生回答】

酒精灯的火焰分为外焰、内焰和焰心三个部分。将火柴平放在酒精灯上加热时,处在外焰部分的火柴燃烧的痕迹最明显,说明外焰的温度最高,所以用酒精灯加热时,应该用其外焰加热。

【教师引导】

酒精灯该如何熄灭?观看视频并总结。

【学生回答】

用酒精灯的灯帽将燃着的酒精灯盖灭。

【教师总结】

不可以用嘴去吹灭酒精灯,在熄灭酒精灯的时候需要用酒精灯的灯帽将火焰熄灭。

【提出问题】

盖灭后轻提一下灯帽,再重新盖好,这是为什么呢?

【学生回答】

第一次盖后,熄灭火焰。但此时灯帽中的氧气被参与燃烧掉,导致盖内空气压强变小,等其冷却后,因外界气压大于里面气压,故可能会导致打不开灯帽。所以,我们需要再盖一次,使空气进入,防止灯帽内部气体量过少,造成低压,下一次再用就会很难打开。

【教师讲解】

绝对禁止向燃着的酒精灯里添加酒精,以免失火;不要碰倒酒精灯,万一洒出的酒精在桌子上燃烧起来,不要惊慌,应立刻用湿抹布扑盖。

【教师引导】

那如何用酒精灯给试管中的液体进行加热呢?请结合教材内容,小组进行讨论。

【学生讨论、总结】

①试管外壁干燥、液体不超过试管容积的$\frac{1}{3}$;②用试管夹夹持试管时,应由试管底部套上、取下;③加热时,应先使试管底部受热均匀,然后用外焰进行加热,加热过程中试管口不要对着自己或他人;④加热后

的试管不能立即接触冷水或用冷水冲洗。

【教师引导】

加热时,应先使试管底部受热均匀,然后用外焰进行加热的原因是什么?

【学生回答】

使之受热均匀,防止局部受热,使试管炸裂。

【教师引导】

请各小组结合以上操作加热滴加硫酸铜溶液的氢氧化钠溶液,注意观察实验现象。

【学生回答】

实验现象:滴加硫酸铜后产生蓝色沉淀氢氧化铜。

环节三:巩固提升

大屏幕展示酒精灯及加热液体的操作图片并进行判断。

环节四:小结作业

小结:请学生简要概述本节课的主要内容和收获。

作业:课后观看实验室使用酒精灯的视频,回顾今天所学的知识。

2018 年上半年中小学教师资格考试真题试卷

一、单项选择题

1. A【解析】碘酒可以使病原体的蛋白质发生变性从而将其杀死,故常用于外用消毒,A 项正确。麻黄碱,即(1R,2S)-2-甲氨基-苯丙烷-1-醇,结构式为,不能与胃酸发生中和反应,所以用于治疗胃酸过多的抗酸药通常不含有麻黄碱,B 项错误。药物一般带有一定的毒性和副作用,长期大量使用阿司匹林可引起恶心、呕吐、听力下降、过敏反应等不良后果,C 项错误。注射青霉素后身体可能出现过敏反应,因此使用青霉素前要进行皮肤敏感试验,D 项错误。故本题选 A。

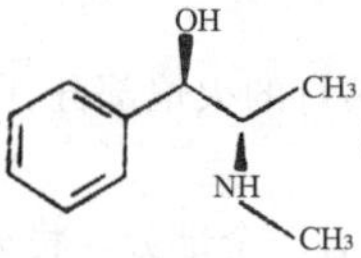

2. A【解析】火力发电是利用煤燃烧时产生的热能,通过发电动力装置将热能转换成电能的一种发电方式。大力发展火力发电将增加燃煤量,不符合节能减排的要求。太阳能属于可再生的清洁能源,使用太阳能热水器符合节能减排的要求。用石灰对烟气脱硫可以减少大气污染物的排放,符合节能减排的要求。利用有机废弃物制沼气,可节约能源,沼气的主要成分是甲烷,燃烧放出的只有水和二氧化碳,减少污染物的排放,符合节能减排的要求。故本题选 A。

3. D【解析】从海水中获得溴、碘,需要将溴离子、碘离子氧化,此过程需要化学变化,A 项不符合。从海水中获得钠、镁,首先需要从海水中获得氯化钠和氯化镁,然后再电解熔融的氯化钠和氯化镁,此过程需要化学变化,B 项不符合。从海水中获得烧碱、氢气,需要电解饱和的食盐水,此过程需要化学变化,C 项不符合。从海水中获得食盐,主要是通过蒸发、过滤等过程;从海水中获得淡水,主要通过蒸馏的方法。两者都不需要发生化学变化,D 项符合。故本题选 D。

4. C【解析】由电流方向可知 a 为电源的正极,b 为电源的负极,A 项错误。与电源的正极相连的是电解池的阳极,所以 c 为阳极,d 为阴极,B 项错误。阳极发生氧化反应,阴极发生还原反应,则 c 电极的电极反应方程式为 $2Cl^- - 2e^- \xlongequal{} Cl_2\uparrow$,d 电极的电极反应方程式为 $Cu^{2+} + 2e^- \xlongequal{} Cu$,所以 d 电极质量增加,电解过程中氯离子浓度减小,C 项正确,D 项错误。故本题选 C。

5. C【解析】氢氧化钙是碱,用来改良酸性土壤,A 项错误。合金不属于有机合成材料,B 项错误。带火星的木条在二氧化碳和氮气中都不会复燃,不能区分,D 项错误。故本题选 C。

6. D【解析】丁香酚含有酚羟基,且酚羟基邻位有氢原子,故其可以与溴发生取代反应。其还含有碳碳双键,可与溴发生加成反应。所以常温下1 mol丁香酚能与 2 mol 溴发生反应,A 项错误。丁香酚含有酚羟基,能与 $FeCl_3$ 溶液发生显色反应,B 项错误。香兰素含有苯环结构和醛基,所以 1 mol 香兰素能与 4 mol 氢气发生加成反应,C 项错误。香兰素分子中苯环为平面结构,与苯环直接相连的原子在同一平面内,所以至少有 12 个原子在同一平面内,D 项正确。故本题选 D。

7. D【解析】NH_3 的中心原子采取 sp^3 杂化,A 项错误。中心原子采取 sp^3 杂化轨道成键的分子,其立体构型不一定是正四面体,比如 NH_3 中心原子采取 sp^3 杂化,但其分子立体构型为三角锥形,B 项错误。CH_4 中的 sp^3 杂化轨道是由中心 C 原子的 1 个 2s 轨道和 3 个 2p 轨道混合形成的,C 项错误。sp^3 杂化轨道是由同一个原子中能量相近的 1 个 s 轨道和 3 个 p 轨道混合形成的,D 项正确。故本题选 D。

8. B【解析】当 CO_2 大量存在时,少量的 CO 不能燃烧,所以不能用点燃的方法除去 CO_2 中少量的 CO,A 项错误。锌粉能与 $CuSO_4$ 溶液反应生成 $ZnSO_4$ 溶液和 Cu,充分反应后过滤除去不溶物,能除去杂质且没有引入新的杂质,符合除杂原则,B 项正确。$MgCl_2$ 能与过量的 NaOH 溶液反应生成 $Mg(OH)_2$ 沉淀和 NaCl,能除去杂质,但会引入新的杂质 NaOH(过量的),不符合除杂原则,C 项错误。选项中采用溶解、过滤、洗涤、干燥的方法,最终得到的固体是杂质 $CaCO_3$,$CaCl_2$ 固体易溶于水,$CaCO_3$ 固体难溶于水,可采取加水溶解、过滤、蒸发、结晶的方法除去 $CaCO_3$,D 项错误。故本题选 B。

9. C【解析】由原子守恒可知,该化合物燃烧的产物是二氧化碳和水,说明该化合物中一定含有碳、氢两种元素。4.4 g 二氧化碳中氧元素的物质的量为 $2\times\frac{4.4}{12+16\times2}=0.2\ mol$;2.7 g 水中氧元素的物质的量为 $\frac{2.7}{1\times2+16}=0.15\ mol$。由于生成物中氧元素的物质的量总共是 $0.2\ mol+0.15\ mol=0.35\ mol>2\times\frac{4.8}{32}=0.3\ mol$,所以该化合物中一定含有氧元素。故本题选 C。

10. A【解析】因为甲气体是无色的,所以混合气体中不含 NO_2。将 100 mL 甲气体通过足量浓硫酸,逸出的剩余气体为 80 mL,说明有一部分气体被浓硫酸吸收,题干中的气体只有 NH_3 能与浓硫酸反应,所以一定有 NH_3 存在。CO_2 可以和 Na_2O_2 反应生成 O_2,生成的 O_2 与 NO 反应,生成红棕色的 NO_2,通过足量的 Na_2O_2 后气体显红棕色,且最后得到酸性溶液,说明一定有 NO、CO_2。结合选项,答案选 A。

11. D【解析】《义务教育化学课程标准》(2011 年版)将化学课程内容划分为五个一级主题,每个一级主题由若干个二级主题(单元)构成。其中五个一级主题分别是科学探究、身边的化学物质、物质构成的奥秘、物质的化学变化、化学与社会发展。“我们周围的空气”属于“身边的化学物质”中的二级主题的内容。故本题选 D。

12. B【解析】化学教学设计的基本环节包括设计准备,设计教学目标,设计教学策略和方法,设计教学过程,设计教学媒体,设计整合、应用和反馈环节,设计总成和编制方案。题干中的①是对教材内容地位的分析,不属于教学设计的环节。③编制考题不属于教学设计环节。因此②④⑤属于该课时的教学设计。故本题选 B。

13. B【解析】题干中教师创设教学情景的时间是在教学前,此环节属于本节课的新课导入部分,而导入的作用主要是引导新课教学,故本题选 B。

14. B【解析】体验和认同属于体验性学习目标的行为动词。认识属于认知性学习目标的行为动词。模仿属于技能性学习目标的行为动词。

15. A【解析】实验法是指学生在教师的指导下,使用一定的设备和材料,通过控制条件的操作过程,引起实验对象的某些变化,从观察这些现象的变化中获取新知识或验证知识的教学方法。在实验过程中学生能够亲自操作和直接观察实验现象,因此实验法是最能让学生对知识产生直接认识的方法。

16. B【解析】用球棍模型展示甲烷的分子结构可以帮助学生形象直观地理解甲烷分子的立体结构,此教学行为恰当。在教学过程中学生自己动手进行实验,既加深了对知识的理解又可以锻炼动手操作能力。不能用动画演示取代此实验。氯化钠的溶解过程是一个微观过程,这一过程用肉眼观察不到。用动画演示的方法可以化抽象为直观,让学生对这一过程有一个更清楚的认识。酸雨造成的危害很大,教师如果只是讲授,学生很难形成清晰的认识,用图片展现一些酸雨造成的损失,可以让学生形成强烈的情感体验,从而产生保护环境的意识和行为。

17. B【解析】实验法是指学生在教师的指导下,使用一定的设备和材料,通过控制条件的操作过程,引起实验对象的某些变化,从观察这些现象的变化中获取新知识或验证知识的方法。类比法是指从两个或两类对象有某些共有或相似的属性,推出一个或一类对象可能具有另一个或另一类对象所具有的属性的方法。分类法是指分门别类地对所研究的对象进行研究,从而总结出各类事物的一般规律,或者将所研究的某一对象归类,通过这一类事物的一般规律深刻认识所研究对象的方法。归纳法是指从实验和观测的事实材料、实验数据出发,推导出一般性结论的方法。学习了氯的化学性质,再根据氯和溴结构的相似性,来学习溴的化学性质,属于类比法。

18. D【解析】实验探究的模式大体分为两种:模式一:创设情景—明确问题—收集事实—得出结论—交流应用;模式二:创设情景—发现问题—提出假设—实验设计—验证假设—得出结论—交流应用。题干描述的是模式二的流程。

19. A【解析】教师反思的内容主要包括:①对教学设计的反思;②对课堂教学行为的反思;③自己对化学学科知识和化学教学的理解的反思;④对自己教学研究状况的反思。B 项属于对教学设计的反思,C、D 两项属于对课堂教学行为的反思。A 项不属于本次教学反思的内容。

20. C【解析】诊断性评价也称"教学前评价",一般是指在某项教学活动前对学生知识、技能以及情感状况进行的预测。通过这种预测可以了解学生的知识基础和准备情况,以判断他们是否具备实现当前教学目标所要求的条件,为实现因材施教提供依据。某教师在开学时对新生开展小测验,目的是了解学生的化学知识基础与能力的发展水平,所以 C 项正确。

二、简答题

21.【参考答案】(1)①讲授法。讲授法是以化学教学内容的某种主题为中心,有组织、有系统地运用口头语言向学生传授知识,促进学生智力发展的方法。

②演示法。演示法是教师在课堂上通过演示化学实验或展示与教学内容有关的标本、模型、挂图等,或者采用一些现代的教育教学技术而进行教学的一种方法。

③讨论法。讨论法是在教师的指导下,由全班或小组成员围绕某一中心问题相互交流个人的看法,相互启发、相互学习的一种方法。

④参观—调查法。参观—调查法是指教师根据教学目的,组织学生去化工厂、科研机构等参观、调查实际事物的化学现象和过程,从而获得实际知识的教学方法。(除此之外还有启发法、实验法、角色扮演法等,任列出 4 种即可)

(2)教学方法的选择依据主要有以下几种:

①教学目标。要选择能够实现教学目标的方法,如教学目标旨在发展学生的智力,可选用以启发式的讲解和谈话为主的教学方法。

②教学内容。对于不同的教学内容,采用的教学方法不同,如理论性知识适合以讲授法、实验法为主的教学方法,技能性知识适合以演示法为主的教学方法。

③教学对象。应当遵循学生的心理发展和学习规律,选择适合教学对象特点的教学方法。

④学校的教学条件。受当地条件(如教学设备、设施、教学资源、教学管理等)的制约,在制订教学策略时要考虑当地所提供条件的可能性,根据现有条件,选择合适的教学方法。

⑤教师自身的条件。根据教师自身的教学特点、知识结构、个性特征等方面选择合适的教学方法。

⑥教学时间和效率的要求。为了使教学顺利有效地进行,在较少的时间内使学生获得较多的知识,取得良好的效果,在选择教学方法的时候,应考虑到教学过程效率的高低。

22.【参考答案】(1)学生实验操作技能形成的三个阶段为:

①操作定向阶段。操作定向阶段也称操作认知阶段,即理解操作活动的结构和程序的要求,在头脑中建立起操作活动的定向映像的过程。

②操作模仿和整合阶段。操作模仿即学习者通过观察,实际再现特定的示范动作或行为模式。操作模仿的实质是将头脑中形成的定向映像以外显的实际动作表现出来。操作整合是把模仿阶段习得的动作依据其内在联系联结起来,固定下来,并使各动作成分相互结合,成为定型的、一体化的动作。

③操作熟练阶段。操作熟练阶段是操作技能掌握的高级阶段。这个阶段形成的动作方式对各种变化的条件具有高度的适应性,动作的执行达到高度的程序化、自动化和完善化。

(2)该教师的教学行为对学生实验操作技能的形成有以下作用：

①“播放实验室制取氧气的录像，要求学生仔细观察实验操作过程”，引导学生对实验操作活动的结构要素及其关系，形成基本的认识。

②通过“一边讲解一边演示，逐一介绍实验过程中的操作技能和方法以及注意事项”，使学生掌握了关键知识点和实验操作注意事项。

③“演示了实验室制取氧气的全过程”，使学生对实验室制取氧气的实验有全面完整的印象，熟悉实验操作的流程。

三、诊断题

23.【参考答案】(1)利用化学方程式进行计算的步骤：①设未知量；②正确地写出化学方程式；③写出相关物质的相对分子(原子)质量、已知量和未知量；④列比例式，求未知量；⑤简明地写出答案。

(2)①没有设未知量；②方程式书写不规范，没有标注反应条件而且化学方程式没有配平；③氧化铁和铁的相对分子(原子)质量与对应物质的实际质量位置书写颠倒了；④氧化铁的实际质量、未知量 x 的质量以及最后求出的生铁的质量都没有标注单位；⑤解题步骤不完整，没有作答。

(3)解题的过程反映出学生对利用化学反应方程式进行计算的步骤和方法掌握不牢固，因此教师在讲评该试题的过程中需要重点说明以下几点：

①化学反应方程式书写的规范性：如，方程式的配平、条件的标注等。

②用化学方程式进行计算的步骤：设未知量；正确地写出化学方程式；写出相关物质的相对分子(原子)质量、已知量和未知量；列比例式，求未知量；简明地写出答案。

③单位：化学方程式和比例式中除相对分子(原子)质量不需要标注单位外，各物质的实际质量都需要标注单位。

四、案例分析题

24.【参考答案】(1)pH＝2 的溶液的酸性更强。酸溶液和酸性溶液是不一样的。

酸溶液是酸的溶液，溶质一定是酸，如硫酸溶液、稀盐酸等。酸性溶液是溶液呈酸性的溶液，即常温下溶液的 pH 小于 7 的溶液，其溶质可能是酸，也可能是盐。例如，强酸弱碱盐溶液都是酸性溶液，常温下它们溶液的 pH 小于 7。

(2)①该教师在课堂开始时，通过讲授法系统地讲述了溶液酸碱度及其表示方法和测定方法，接着演示实验，示范 pH 试纸测溶液酸碱性的操作过程，为学生后面的动手实验提供理论依据，避免学生在后面的操作中出现错误。

②教师组织学生进行实验和探究，让学生在实际动手操作中练习测量溶液 pH 的方法，体现新课改中以学生为主体的理念。

③通过组织学生进行讨论探究，使学生开拓思维，将化学与生活联系起来，体现化学来源于生活又应用于生活。

(3)材料中该教师的教学过程具有如下特点：

①间接经验与直接经验相结合。间接经验与直接经验相结合反映教学中传授系统的科学文化知识与丰富学生感性知识的关系、理论与实践的关系、知与行的关系。学生以学习间接经验为主，学生学习间接经验要以直接经验为基础。材料中，该教师直接讲解和示范溶液酸碱度的表示方法和测定方法，学生通过听讲和观察，间接地获取了理论知识，然后学生通过自己动手操作，直接地掌握 pH 试纸的使用方法。

②掌握知识与发展智力相统一。掌握知识与发展智力相互依存、相互促进，二者统一在同一教学活动中。掌握知识是发展智力的基础；发展智力是掌握知识的重要条件；掌握知识与发展智力可以相互转化。材料中，教师除了讲授知识，还设置问题让学生进行探究，学生在小组交流讨论中培养了发散思维，体现了知识与智力的双重培养。

③教师主导与学生主体相结合。现代教学论强调教与学两者的辩证关系，学生是学习的主体，教师对学生的学习起主导作用。材料中，该教师没有一味地讲解，而是穿插了学生的动手探究活动、小组讨论，让学生在探究的乐趣下学习，发挥了学生的主观能动性，体现了以学生为主体的理念。

④教学环节层层递进，实现课堂高效开展。材料中，教师的教学环节包括了教师讲授、pH 试纸使用方法

的演示、学生实验、学生讨论探究、归纳总结，整个过程环环相扣，自然巧妙。

⑤教学内容与生活紧密相连。整个教学过程既有教师的理论讲解，又有学生的探究。学生实验过程中需要测 pH 的溶液都来自生活，并且在探究讨论环节讨论的问题也与生活紧密相关，学生将所学知识应用于解决生活中的实际问题中。

五、教学设计题

25.【参考答案】(1)教师通过实验，完成了合金与纯金属的不同以及合金的优异性能的教学。教师让学生通过观察比较黄铜片和铜片、硬铝片和铝片的光泽和颜色，并让学生通过亲自动手将它们互相刻画，比较它们的硬度。通过本次实验，学生对合金和纯金属的性质有了初步的了解。

学生通过动手操作和查阅资料，直观感知合金的硬度一般大于组成它们的纯金属，了解熔点一般小于组成它们的纯金属。学生由此知道合金的性能与组成它们的纯金属不同，通过改变合金的组成和各组分的含量，可以使合金具有许多良好的物理、化学和机械加工性能，以适用于不同的用途等。

此外，学生通过亲手操作感受化学物质世界的神奇，从而提升学习化学的热情；通过小组讨论，自主阅读分析资料提高了分析问题、解决问题以及合作探究的能力，锻炼了交流表达的能力。

(2)①教学目标：

知识与技能：了解合金与纯金属的不同、合金的主要性能及用途。

过程与方法：通过自主阅读和小组讨论等方式提高自主学习和合作探究的能力。

情感态度与价值观：通过日常生活中广泛使用的金属材料等具体事例，认识金属材料与人类生活和社会发展的密切关系，认同化学的价值。

②教学方法：讲授法、合作探究法、自主阅读法。

③教学过程：

环节一：导入新课

【教师引导】多媒体展示曲别针、铝箔、铜丝、水龙头、飞机、坦克、轮船等，请学生说出这些物质的主要成分，并引导学生思考这些材料是否为纯金属。教师指出这些材料大多不是纯金属而是合金，引导学生思考为什么合金在生活中有这么广泛的应用？为什么很多金属制品使用合金材料而不是纯金属？引出学习主题。

环节二：新课讲授

【教师提问】要把“嫦娥一号”送入太空，火箭的飞行速度要达到 8 km/s 以上才行。在这样快的速度下，火箭外壳与大气摩擦将会产生上千摄氏度的高温，并且火箭发动机还要喷出几千摄氏度的高温气流，火箭尾部需要承受 4000℃以上的高温。结合教材实验，你能选出理想的金属作为制作火箭的材料吗？

【学生回答】火箭需要耐高温、密度小、强度大、硬度大的材料。普通的纯金属很难达到要求。

【教师引导】事实上，目前已制得的纯金属只有 90 余种。随着科技的发展，仅有的这些纯金属已经远远不能满足工农业生产和国防技术现代化的需求。因此合金材料应运而生，它们具有很多优异的性能。

【教师提问】自主阅读教材，思考如何得到合金，举例说明合金具有优良性能的原因。

【学生回答】如果在金属中加热熔合某些金属或非金属，就可以制得具有金属特征的合金。

【教师提问】合金具有怎样的优异性能？（过渡问题，可不回答。）

【学生实验】教师展示黄铜片和铜片、硬铝片和铝片的实物。让学生比较黄铜片和铜片、硬铝片和铝片的光泽和颜色；将它们互相刻画，比较它们的硬度，将相应数据填在表格内。

【学生填表】黄铜片：有光泽、黄色。铜片：有光泽、紫红色。黄铜片比铜片硬。硬铝片和铝片都是银白色、有光泽，硬铝片比铝片硬。

【教师提问】分别比较教材表格中提供的纯金属与焊锡、武德合金熔点的高低。

【学生回答】合金的熔点均小于组成它的纯金属的熔点。

【教师提问】查阅资料，了解焊锡和武德合金的用途。

【学生回答】焊锡主要用于焊接金属，武德合金（组成金属的质量分数分别为铋 50%、铅 25%、锡 13% 和镉 12%）可用于制电路保险丝等。

2017年下半年中小学教师资格考试真题试卷(精编)

一、单项选择题

1. A【解析】CH_4是正四面体结构,H—C—H 的键角为 109°28′。
2. C【解析】略。
3. B【解析】同温同压下,等体积的容器内,NO 气体和 CO 气体的物质的量相同,所以二者的分子数相同,B 项正确。
4. A【解析】X、Y、Z 均为短周期元素,Y^+、Z^-具有相同的电子层结构,说明 Y 位于 Z 的下一周期,同时 X、Y 处于同一周期,X、Z 的最低价离子分别为 X^{2-}、Z^-,说明 X 是 S 元素,Y 是 Na 元素,Z 是 F 元素,原子序数:S(X) > Na(Y) > F(Z),A 项正确。
5. C【解析】过氧化钠与水反应时,过氧化钠中的氧元素由 -1 价变为 0 和 -2 价,即 $2Na_2O_2 \sim 2e^- \sim O_2$,则生成 1 mol 氧气转移 2 mol 电子,所以生成 0.1 mol 氧气转移的电子数为 $0.2N_A$,C 项正确。
6. B【解析】氯气不与硫酸反应,可以用浓硫酸干燥氯气,B 项正确。
7. D【解析】该肾上腺素不含醛基,不能发生银镜反应,D 项错误。
8. C【解析】根据 ΔG 与 0 的关系判断自发反应是否能够进行,$\Delta G<0$ 能进行自发反应,C 项正确。
9. A【解析】A 极通入的是氢气,氢气失电子,发生氧化反应,A 极做负极;B 极通入的是氧气,氧气得电子,发生还原反应,B 极做正极,A 项错误。
10. B【解析】围绕学生的已有经验、心理发展水平和全面发展的需求选择化学课程内容,力求反映化学学科的特点,重视化学、技术与社会的联系,设置了五个一级主题。
11. D【解析】教师在教学时要创造性地使用教材,而不是按部就班地按教材教,D 项正确。
12. A【解析】知识与技能目标:学生获得进一步学习和发展所必需的基础知识和基本技能。而题干中"知道常见元素化合价,能依据化合价写出物质的化学式,并能依据化学式推求某元素的化合价"属于学生所要学会的基础知识和基本技能,故该教学目标为知识与技能目标,故本题选 A。
13. B【解析】蚊虫叮咬后皮肤发痒,涂上肥皂水等碱性物质能减轻痛痒,是学生在日常生活中遇到并有切身体验的情境,因此该情境属于学生经验情境,故本题选 B。
14. A【解析】最近发展区理论认为学生的发展有两种水平:一种是学生现有的发展水平,指独立活动时所能达到的解决问题的水平;另一种是学生在他人尤其是成人指导的情况下可以达到的较高的解决问题的水平。这两者之间的差距叫作最近发展区。其中"跳一跳才能摘到桃子"指的就是教学设计的问题要有一定深度,不能过于简单;但问题又不能过于深奥,否则"跳起来仍旧摘不到桃子",学生便会彻底放弃。所以题干中的观点属于最近发展区理论,故本题选 A。
15. B【解析】略。
16. D【解析】学生通过亲身经历和体验科学探究活动,激发学习化学的兴趣,增进对科学的情感,学习科学探究的基本方法,初步形成科学探究能力。科学探究对发展学生的科学素养具有不可替代的作用,故①②符合。
17. C【解析】自主性、探究性、合作性是新课程倡导的学习方式的三个基本特征。故本题选 C。
18. B【解析】诊断性评价是在教育活动开展之前或教育活动进行之中实施的,其作用是确定学生学习准备情况,明确学生起点水平,识别学生发展的个体差异,从而对学生教育背景、存在问题及其原因做出诊断,并据此做出相适应的教学设计。题干中某教师在学期或单元教学开始时对学生的预备知识和认知能力所进行的教学评价属于诊断性评价,故本题选 B。
19. D【解析】单纯从两次的月考平均成绩衡量教师的教学效果和学生的学习效果,具有不确定性。因此上述结论都不对,故本题选 D。

二、简答题

20.【参考答案】(1)"学案导学"就是用学习方案组织学生进行学习,完成教学任务,达到教学目标。它是以"学习方案"为载体,以导学为方式,以学生的自主性、探究性、合作性学习为主体,以教师的指导或辅导为主导,师生共同合作完成教学目标的一种教学方式。

“学案导学”的优点:①帮助学生系统全面地把握知识内容,减少教材阅读和作业中的困难,有利于提高学习效率,对学习新课的作用尤其明显;②学案好比半个家庭教师,能提供及时、关键的指导和人性化的服务,将课上学习与课下拓展跟踪学习有机结合;③为课堂教学提供丰富、具体的内容材料,师生互动的基础得以夯实,可操作性增强;④可以资源共享,有利于教师之间相互学习,共同提高,因为它集中了备课组的集体智慧;⑤来自学生的思想、观点、解释、解答、设计、作品、表现方式等,对提升课堂教学的生动性产生积极的作用;⑥有利于学生掌握研究性学习方法,提高研究性学习水平,培养良好的学习习惯。

“学案导学”的缺点:①在学案内容上呈现习题化,不利于学生发散思维的培养,课堂环节多,不利于学生自主能力的发挥;②在教学目标呈现上,错把教学目标当作学习目标,目前主要追求的直接目标是“教学效果”和“学生学习成绩与质量的提高”,未长远考虑,其目标不应只停留在这一水平上;③在“学案导学教学方法”上,很多教师思想固化,呈现形式单一,缺乏趣味性,不利于调动学生学习的积极性;④在导学案设计上,老师清楚完整地反映了一节课所要求掌握的知识点以及应培养的能力,甚至详细到各个环节和步骤,而缺少给学生留出记笔记的时间和思考空间,在某程度上限制了学生的自我调节和提高;⑤“一刀切”的教学模式是教学上的误区,有些课型根本不需要导学案,有了导学案反而是课堂的累赘。

(2)在运用“学案导学”教学模式时,教师应重点注意:①课前做到目标明确,围绕着一节课的学习要求及重点与难点以学案的形式清楚地呈现给学生,引导学生通过对教材内容的预习完成导学案;②教学内容的呈现要注重结合学生的实际情况,导学案在知识内容上不要过多,应少而精地呈现在导学案上;③课堂中要对学生导学案的完成情况进行调控,将学生能够通过预习解决的问题交给学生讲解,个别学生不能独立解决的问题组织学生小组讨论交流,激发学生学习的兴趣和学习的自主性;④导学案要多样化,格式不应整齐划一,避免疲倦感,不断地变换形式才能给人以期待,才能让学生产生兴趣,进而收到更好的效果;⑤课堂结束时也应注重学习效果的反馈及总结,教师做好教学反思,学生做好学习总结,教学效果会更好。

21.【参考答案】(1)题干主要描述的是联系生活实际在化学教学中的重要作用。联系生活实际在化学教学中可采用多种方式呈现,以“燃烧与灭火”为例,可有如下几种常见方式:

①以生活实例为素材创设情境,引导学生学会主动探究。知识的情境化不仅是知识走向生活化的前提与途径,而且是学生在与知识的对话中享有自由的根本保证。在初中化学的教学中,可以筛选生活中与化学有关的素材,寻找新视角的切入点,创设问题情境,激发学生主动探索的积极性。以“燃烧与灭火”为例,在讲述燃烧条件时,可以让同学们回忆厨房里,有时锅烧得太热,结果油着火了,做饭的人会当机立断地盖上锅盖,请同学们想一下这么做的原因。

②引导学生运用化学知识解决生活中的问题,培养实际应用能力。化学的终极目标是服务于生活。在教学过程中,教师可以引导学生运用化学知识来解决生活中的问题,通过所学知识在生活中的应用,及应用后反馈问题的总结,挖掘学生的探究潜能,培养学生的实际应用能力。如在“燃烧和灭火”一节中,燃烧条件和灭火原理都很简单,重在知识的应用。这时教师可以给学生展示“生活中不同物质着火的图片”,让学生根据燃烧的条件解释生活中不同物质着火时应如何进行灭火。

③化学实验生活化,让学生体验实验探究的乐趣。通过化学实验可以让学生将动手、动脑有机结合并获得全面发展。实验可以选择一些贴近学生生活实际的素材,不仅可以使学生在实验中学会知识,而且可以形成严谨的学习态度,还能够体验实验探究的乐趣。如在讲解灭火原理时,可以选用蜡烛这一常见生活物品,进行蜡烛在不同条件下的燃烧实验,让学生对实验有更直观的认识。

(2)联系生活实际对于化学学习有显著的作用,具体教学价值可以体现在以下几点:

①激发学习兴趣。“从学生已有的生活经验出发”是化学新课改的基本理念。把生活中亲身经历的生活经验与化学教学相联系,将生活中对未知事物的求知兴趣融于教学,这样可以充分激发学生的学习兴趣。

②促进知识迁移。化学教学与实际生活相联系能帮助学生从真实、可感知的情境中获得知识,体现了知识产生的内部要素及外部环境,利于学生多角度挖掘知识的内涵和外延,促进对认知路径的自主建构,从而实现对知识意义的理解和内化,确保知识向真实情境迁移。

③提升综合素养。将所学的知识应用到解决生活中的实际问题,体验到化学知识在实际生产和生活中的应用价值,巩固学习内容,增强学生的创新能力和实践能力。化学教学的生活化,可以让学生在学习化学的过程中有效地将知识与技能、过程与方法、情感态度与价值观融为一体,真正将身心投入到化学

学习中去，并最终形成科学素养所需要的学科知识能力和认识能力。

三、诊断题

22.【参考答案】(1)方案1:不可行。原因是盐酸和碳酸钠粉末在烧杯中反应会生成二氧化碳气体，气体会脱离反应体系，逸散到空气中，而二氧化碳的质量无法称量，导致反应前的质量比反应后的质量大。

方案2:不可行。氯化钡溶液和硝酸钡溶液不发生化学反应。

方案3:可行。盐酸和氢氧化钠溶液反应生成氯化钠和水，反应前后反应物与生成物的质量相等。

方案4:可行。氢氧化钠溶液和硫酸铜溶液反应生成氢氧化铜沉淀和硫酸钠溶液，沉淀依旧存在体系中，可以称量，反应前后反应物与生成物的质量相等。

(2)不可行方案为1和2，其原因如下：

方案1:学生没有考虑到在烧杯中反应生成的二氧化碳气体会逸出，无法测量二氧化碳质量的问题。

方案2:学生可能忽略验证质量守恒定律的前提是要有化学反应发生，氯化钡溶液和硝酸钡溶液不发生化学反应，虽然一段时间后体系质量不变，但是并没有发生化学反应，所以方案不可行。

(3)从评价主体的角度分析，上述教学实录片段采用的评价方式是学生互评和教师评价的方式。学生互评是最有说服力的评价方式，可以起到互相督促、互相学习的作用，激励学生你追我赶，并培养学生虚心听取他人意见，诚恳对待学习伙伴的态度，以及良好的团队合作精神。教师本身以教育者的身份及其教育方面的专业知识确立了其在学生中的权威性和影响力。教师的认可、赞扬可以使学生获得成就感，增强自信。且教师在学生学习过程中是最能仔细观察、了解学生的学习情况并及时予以引导的人。

四、案例分析题

23.【参考答案】(1)上述教学过程运用了情境创设法、讲授法、演示法、实验法的教学方法。

情境创设法:在环节一中，利用生活实例创设情境，激发学生的学习兴趣。

讲授法:在授课过程中，通过引导，在学生对分子形成初步的认识之后，总结概括分子的概念。

演示法:多媒体展示扫描隧道显微镜获得的苯分子图像、动画演示水的蒸发与水的分解。

实验法:在授课过程中进行了品红的扩散实验和酒精与水的混合实验。

(2)在环节二中，该教师利用多媒体展示了扫描隧道显微镜获得的苯分子图像，有以下几种重要价值：①运用微观模拟，培养了学生形象思维。分子和原子属于微观结构，难以从宏观上观察，通过多媒体演示扫描隧道显微镜获得的苯分子图像，可以帮助学生理解和观察一些微观的、肉眼无法观察的化学本质，给学生留下深刻的印象，比单纯的口头讲解更加形象直观。②丰富教学手段，提高学生学习兴趣。该老师的多媒体展示，增大课堂教学容量，突出教学重点，也突破教学难点，提高课堂效率，减轻学生理解上的困难。

(3)从该教学片段中可分析得出分子具有如下特征：①通过扫描隧道显微镜才能获得苯分子的图像，说明分子很小；②品红在冷水、热水中的扩散现象，能够说明分子在运动，并且运动速率的快慢与温度有关，温度越高，运动速率越快；③酒精和水的混合实验，说明分子之间存在间隙。

(4)通过该案例进行分析，化学概念教学中用到的直观教学手段有：①在课程一开始，教师通过生活实例创设情境，激发学生兴趣，体现化学联系生活的教学理念，运用了直观教学手段进行情境创设；②教师通过多媒体等直观手段展现苯分子的图像，动画展现水的蒸发与分解的微观过程，帮助学生认识到分子很小，化学变化中分子可分解，物理变化中分子不可分解，用到的教学手段为多媒体教学，降低了学生的认知难度；③通过让学生观察实验现象，从中推测分子的特征，用到的教学手段为实验教学。

综合以上分析，化学概念教学中用到的直观教学手段有情境创设、多媒体教学、实验教学。

五、教学设计题

24.【参考答案】(1)操作1的实验现象:塑料瓶向内凹陷。得出的推论:二氧化碳能溶于水。

操作2的实验现象:溶液变红。得出的推论:二氧化碳与水反应生成一种酸性物质。

操作3的实验现象:溶液红色褪去，变回紫色。得出的推论:生成的这种酸性物质不稳定，受热易分解。

(2)在学习本节课之前，学生已经知道，二氧化碳是一种无色无味的气体，密度比空气大，可以溶于水，可以使澄清石灰水变浑浊，同时知道了二氧化碳既不支持燃烧，也不燃烧。

(3)教学目标：

知识与技能:知道二氧化碳可以与水发生反应生成碳酸，碳酸受热易分解，并能写出相应的反应方程式。

过程与方法:通过实验探究二氧化碳与水的反应,逐步提高观察、记录、分析实验现象的能力。

情感态度与价值观:通过实验探究活动,发展学习化学的兴趣,体验科学探究的艰辛和喜悦,感受化学世界的奇妙。

教学方法:实验探究法和讲授法。

教学过程:

环节一:导入新课

【教师提问】展示一瓶可乐,请学生根据已有的生活经验说出可乐中含有哪种气体。

【学生回答】二氧化碳。

【教师总结】在日常生活中,通常把含有二氧化碳的饮料称为碳酸饮料,这里其实涉及了二氧化碳的性质,具体是哪一条性质呢?这节课我们一起来探究下。

环节二:讲授新课

【教师演示】向一个收集满二氧化碳气体且质地较软的塑料瓶中加入约1/3体积的水,立即旋紧瓶塞,振荡,请同学们观察现象并描述、分析。

【学生交流】向软塑料瓶中加入水,盖紧瓶塞后,发现塑料瓶向内凹陷。这说明二氧化碳能溶于水,使瓶内气压减小。

【教师提问】二氧化碳溶于水的过程中,有没有发生化学变化呢?接下来继续进行第二个实验。

【探究实验】取刚刚所得的溶液少许于试管中,之后向试管中滴加两滴紫色石蕊溶液,请同学们观察实验现象,回答从中可以得出什么结论。

【学生回答】紫色石蕊溶液变红,说明二氧化碳溶于水产生了一种酸性物质。

【教师引导】继续加热试管,观察实验现象,推断这种酸性物质有什么特点。

【学生回答】溶液红色褪去,变回紫色,可推断出这种酸性物质不稳定,加热易分解。

【教师讲解】二氧化碳溶于水后,可以与水发生反应,生成碳酸,化学式为 H_2CO_3,碳酸不稳定,受热易分解,又分解为水和二氧化碳。请学生写出相应的化学反应方程式。

【学生回答】$CO_2 + H_2O = H_2CO_3$; $H_2CO_3 = CO_2\uparrow + H_2O$。

环节三:巩固提高

【教师提问】思考为什么含有二氧化碳的饮料叫碳酸型饮料?

【学生回答】二氧化碳与水反应生成碳酸。

环节四:小结作业

【教师提问】通过本节课的内容谈收获。

【作业】课后收集一些日常生活中利用到二氧化碳性质的生活实例并简述其原理,比如干冰制冷、光合作用等。

2017 年上半年中小学教师资格考试真题试卷

一、单项选择题

1. B【解析】Cu^{2+} 与过量氨水反应:$Cu^{2+} + 4NH_3 \cdot H_2O = [Cu(NH_3)_4]^{2+} + 4H_2O$,所以 Cu^{2+} 在过量氨水中不会生成沉淀,A 项不符合;Ag^+ 与 Cl^- 反应生成 AgCl 沉淀,Al^{3+} 与过量氨水反应生成 $Al(OH)_3$ 沉淀,Ba^{2+} 和 $CO_3{}^{2-}$ 反应生成 $BaCO_3$ 沉淀,B 项符合;K^+、Al^{3+}、Ca^{2+} 在盐酸中均无沉淀生成,C 项不符合;Al^{3+}、K^+、Mg^{2+} 在盐酸中均无沉淀生成,D 项不符合。故选 B。

2. C【解析】日常生活中的消毒酒精是浓度为 70% 的酒精(含水乙醇),使用无水乙醇会使细菌细胞膜上的蛋白质变性,形成一层保护膜并阻碍酒精的渗透,达不到杀菌消毒的作用,A 项错误;绿色食品是指在无污染的条件下种植、养殖,施有机肥料,不用高毒性、高残留农药,在标准的环境、生产技术、卫生等条件下加工生产,经权威机构认定并使用专门标志的安全、优质、营养类食品的统称,因此,绿色食品不是不含化学物质的食品,任何物质均含有化学物质,B 项错误;人的身体需要的是碘离子,碘单质在人体内比较难转化为离子状态,碘酸盐常温下比较稳定,其盐在使用过程中容易分解出碘离子,达到被人体吸收的目的,C 项正确;目前计入空气污染指数的项目有 SO_2、NO_2、O_3、CO、NO、可吸入颗粒物等,CO_2 不属于,D 项错误。故选 C。

3. A【解析】Cl_2和 NaOH 反应，Cl 得电子生成 Cl^- 表现出氧化性，Cl 失电子生成 NaClO 表现出还原性；HClO 发生分解反应，生成 HCl，Cl 得电子，化合价降低，表现的是 Cl 元素的氧化性；Na 与 Cl_2反应生成 NaCl，表现的是 Cl 元素的氧化性和 Na 元素的还原性；MnO_2和 HCl(浓)反应表现的是 Cl 元素的还原性和 Mn 的氧化性；故选 A。

4. B【解析】热化学反应方程式：$H_2O(l) \Longrightarrow H_2(g) + \frac{1}{2}O_2(g)$的反应热 ΔH_2 与热化学反应方程式：$2H_2(g) + O_2(g) \Longrightarrow 2H_2O\ (l)$的反应热 ΔH_1 的关系为 $\Delta H_2 = -\frac{1}{2}\Delta H_1$，所以 $\Delta H_2 = +285.8$ kJ/mol。故选 B。

5. A【解析】干电池的电极材料一般为碳棒和锌筒，充电式的一般为镍、镉。故选 A。

6. D【解析】同一主族元素，从上到下金属性增强，最高价氧化物的水化物碱性增强，所以碱性：CsOH > KOH > NaOH > LiOH，故选 D。

7. B【解析】铁离子与苯酚生成的络合物与苯互溶，不能将二者分离，并引入新的杂质，A 项错误；苯中混有苯酚，加入氢氧化钠后生成可溶于水的苯酚钠，但苯不溶于水，可用分液的方法分离，B 项正确；加过量溴水，生成三溴苯酚，三溴苯酚和溴都能与苯互溶，不能将二者分离，并引入新的杂质，C 项错误；苯和苯酚互溶，且都不溶于水，加水不能将二者分离，D 项错误。故选 B。

8. A【解析】普拉西坦含有肽键，可以水解，A 项正确；分子中不含有羧基，不具有酸性，B 项说法错误；被取代的两个氯原子可以在相同的碳原子上，也可以在不同的碳原子上，在相同的碳原子上有两种不同的位置，在不同的碳原子上有六种不同的位置，则二氯取代物有 8 种，C 项错误；分子中含有饱和碳原子，且氨为三角锥结构，所以分子中 C、N、O 不可能处于同一平面，D 项错误。故选 A。

9. D【解析】纯铁固体具有银白色金属光泽，质软，具有良好的导电性、导热性和延展性，A 项正确；铁生锈是在氧气和水的共同作用下发生的，在潮湿的空气中，水分充足，铁容易生锈，B 项正确；铁矿石冶炼生铁，是把铁的化合物转化为金属铁，生铁冶炼成钢，是 C 和 O 反应，都发生化学变化，C 项正确；生铁是指含碳量大于 2.11% 的铁碳合金，D 项错误；故选 D。

10. C【解析】装置①常用于分馏或蒸馏，利用的是沸点的不同，而不是二者的不相溶性，A 项错误；盐酸极易溶于水，装置②中，通入气体后，会发生倒吸，应将苯换成 CCl_4，或者其他密度比水大的溶液，使水位于上层，B 项错误；在实验室里常用加热铵盐和碱的混合物的方法制取氨，C 项正确；NO 为有毒的气体，且与 O_2反应，不能用排空气法收集，应用排水法收集，D 项错误。故选 C。

11. C【解析】新课程理念下化学课堂教学设计的基本内容包括：教材分析、学情分析、课时安排、教学三维目标、教学重点、教学难点、教法、学法、教学内容的巩固练习和课后反思等。在此过程中，要充分结合教师的教学经验，学生的实际知识水平、生活经验，学校的教学环境、教学设施以及化学课程标准的要求、教科书的编写特点等具体情况进行教学设计；故选 C。

12. A【解析】A 项为情感态度与价值观的目标；B 项属于过程与方法的目标；C、D 两项属于知识与技能的目标。故选 A。

13. D【解析】义务教育阶段化学课程的基本理念包括：使每一个学生以愉快的心情去学习生动有趣的化学，增强学生学习化学的兴趣和学好化学的信心，树立为中华民族复兴和社会进步而勤奋学习的志向；为每一个学生提供平等的学习机会，使他们具备适应现代生活及未来社会所必需的化学基础知识、技能、方法和态度，注意从学生已有经验出发，了解化学与日常生活的密切关系；让学生有更多的机会主动地体验科学探究的过程，在知识的形成、相互联系和应用中养成科学的态度，学习科学方法；为学生创设体现化学、技术、社会、环境相互关系的情景，使学生初步了解化学对人类文明发展的巨大贡献；为每一位学生的发展提供多样化的学习评价方式。故选 D。

14. C【解析】A、B、D 三项都属于直观教学的手段，C 项，讨论的方法是以引导为主的教学方法。故选 C。

15. D【解析】《义务教育化学课程标准》(2011 年版)对科学探究主题的内容和学习目标从四方面提出具体要求：增进对科学探究的理解、发展科学探究能力、学习基本实验技能、完成基础的学生实验。故选 D。

16. B【解析】在化学教学中，可以从以下几个方面发挥实验的教学功能：(1)引导学生通过实验探究活动来学习化学；(2)重视通过典型的化学实验事实帮助学生认识物质及其变化的本质和规律；(3)利用化学实验史实帮助学生了解化学概念、化学原理的形成和发展,认识实验在化学学科发展中的重要作用;(4)引导学生综合运用所学的化学知识和技能,进行实验设计和实验操作,分析和解决与化学有关的实际问题。背诵实验过程和现象违背了引导学生通过化学实验探究,在活动中学习化学知识的理念,错误。故选 B。

17. A【解析】同化指的是将外部环境中的有关信息吸收并融合到已有的认知结构中,即个体把外界刺激所提供的信息整合到自己原有认知结构中的过程。顺应指的是外部环境发生变化,而原有认知结构无法同化新环境提供的信息时所引起的认知结构发生重组与改造的过程。该知识学习中涉及两个概念:原子间通过共用电子对形成的相互作用为共价键;在化合物分子中,不同种原子形成共价键时,由于两个原子吸引电子的能力不同,共用电子对偏向吸引电子能力较强的原子一方,像这种共用电子对偏移的共价键叫极性键。因此在学习极性键的概念之前,先复习共价键的概念及特点,结合共价键的关键信息理解极性键,并未改变原有认知,属于概念同化。

18. C【解析】优化教学过程,提高课堂教学有效性的有效措施包括:创设有效的学习情景;设计有效教学方式;选择有效的课堂练习和复习;进行恰当的课堂有效评价;课后要进行有效的反思。①②③④均符合题意,故选 C。

19. D【解析】活动表现评价是指通过观察、记录和分析学生在各项学习活动中的表现,对学生的参与意识、合作精神、实验操作技能、探究能力、分析问题的思路、知识的理解和认知水平以及表达交流技能等进行全方位的评价;纸笔测验是常用的评价方式,能在较短时间内对较多学生进行测试,是传统教学评价的象征;学习档案评价是指以学生个体为单位,有目的地从各种角度和层次收集学习过程中参加学习、努力、进步和取得成就的证明,并有组织地汇整,经由师生合作,学生与家长合作,根据评价标准评价学生表现的一种评价方法。题干描述的是学习档案评价。

20. B【解析】测试结果与预定所要测量内容的一致性指标是指评价效果的效度,即一种测验能否正确地测量出它所要测量的特性或功能的程度;区分度是指测验对考生实际水平的区分程度,"鉴别学生学业水平的差异性指标"即为显示评价结果区分度的一种;测验结果的可靠性是指测验的信度;反映试题的难易性指标是指试题的难度。综上所述,答案选 B。

二、简答题

21.【参考答案】(1)该教师引用了有关化学史的素材,其教育价值在于:

①提高了学生学习化学的兴趣,促进知识与技能目标的实现;

②创设化学教学情景,把化学知识的学习与化学史联系在一起,让学生体会到化学在社会生活、生产中的价值和意义,促进学生的化学基本观念的建构,在历史的情景中实现过程与方法目标;

③培养学生的科学素养和人文素养。

④开启学生智慧,掌握科学研究方法。通过向学生展示化学家们揭开化学现象背后的规律所进行的思维活动以及所采用的科学方法,让学生学习和掌握从事科学研究的正确的方法。

(2)燃烧的条件:①有可燃物;②有氧气或空气;③达到可燃物的着火点。

义务教育阶段燃烧的定义:可燃物与氧气发生的发热、发光的剧烈的氧化反应。

22.【参考答案】(1)①在进行"溶解度"教学之前,先布置一份有关"溶解度"教学的导学案,学生课下填写,先建立自己的认知;②有兴趣的学生可以完成课下小实验:探究 100 g 水中能够溶解的食盐是不是无限的。通过实验探究的方式了解到物质的溶解是有限度的;③课下查找资料,我们生活中常用的物质食盐、糖等在水中溶解达到一定量的时候还能不能再溶解,在不同温度下,溶解的限度有何不同。帮助学生认识到溶解度与温度有关。

(2)①通过先行组织者策略有效地帮助学生建立新旧知识间的联系,引起学生的注意,促使学生有意义的学习;②教师选用不同的适合本节课的"先行组织者",从而提高教学有效性和促进学生观念的转变,切实帮助学生学习;③在化学课堂上积极有效地创设、捕捉、利用"先行组织者"策略的时机,促进学生主动地进行有意义的学习,注意知识的横向和纵向联系,使之达到融会贯通,帮助学生降低学习的难度,优化化学课堂教学,增强学生学习化学的积极性。

三、诊断题

23.【参考答案】(1)①反应方程式:$2Na + 2H_2O + CuSO_4 \xlongequal{} Na_2SO_4 + Cu(OH)_2\downarrow + H_2\uparrow$。

②通过实验小明可以得出,不是所有的活动性较强的金属都可以将位于其后面的金属从它们的盐溶液中置换出来,钠是不能从硫酸铜当中置换出单质铜的,生成氢氧化铜说明是硫酸铜与碱溶液反应制得。

(2)一方面多数学生对化学反应的反应过程和反应机理不清楚,即对概念原理知其然不知其所以然,由于钠和水极易发生反应,钠与盐的反应其实是钠先和水反应生成碱溶液,碱再与盐发生复分解反应;另一方面学生容易根据已有的规律形成思维定式,当出现认知冲突的时候,对基本概念和反应规律的掌握缺乏探究精神。

(3)针对化学一般原理和知识的教学,在教学中可以采取概念原理的教学方法,提倡学生通过活动主动建构,形成并应用概念。概念原理知识在课堂教学中的方法策略:①突出证据的作用,帮助学生形成新概念,通过钠不能置换出单质铜让学生明白不是所有的活泼金属都能从盐溶液中置换出对应的不活泼金属。②关注学生的原有知识,建立概念间的联系;③制造认知冲突,促进学生转变错误概念,让学生明白活泼金属置换不活泼金属是有特例的,不是所有的活动性较强的金属都可以将位于其后面的金属从它们的盐溶液中置换出来;④抽象概念形象化,减少学生的学习障碍,通过对反应过程的讲解,说明钠与盐的反应其实是钠和水反应生成碱溶液,碱再与盐发生复分解反应,帮学生理解实验现象;⑤优化推理过程,发展学生抽象思维能力。

四、案例分析题

24.【参考答案】(1)①该老师注意采用实验的方式,让每一个学生都以轻松愉快的心情学习有趣的化学知识,这样能够增强学生学习化学的兴趣和学好化学的信心,培养学生终身学习的意识和能力。

②该教师注意采用了让学生自主实验探究的方式,让学生有更多的机会主动地体验科学探究的过程,在知识的形成、相互联系和应用过程中养成科学的态度,掌握学习科学的方法,在“做科学”的探究实践中培养学生的创新精神和实践能力。

③在该教师的实验设计中,让每一个学生都有机会进行实验,为每一个学生提供平等的学习机会,使他们都能具备适应现代生活及未来社会所必需的化学基础知识、技能、方法和态度,具备适应未来生存和发展所必需的科学素养。

(2)为使教学活动得到有效实施,需要注意以下的问题:

①创设问题情境,提高学生学习兴趣。该教师在课程开始即提出问题“金属与酸都能反应吗?”,让学生进行探究,激发了学生的探究欲,引起学生的学习兴趣,让学生以最佳的思维状态投入学习活动,并且提出的问题富有启发性。

②提供活动空间,优化探究环节。该教师设计了学生自主实验的环节,学生的主动性和积极性得到了极大地调动,解决问题的愿望强烈。老师也给予学生发挥探究和创造能力的机会,保证学生探究活动的开展。

③适时适度给予指导。学生在探究活动中,会遇到一些问题,教师应及时发现,给学生提供及时的指导。该教师在学生实验过程中注重关注小组讨论,及时指导,有助于学生的发挥。

④及时进行探究活动总结。通过学生的实验最终得到 Al、Cu、Ag 三种金属的活动性顺序,注意对小组讨论的结果进行总结,探究活动的目的性很明确,有利于实现教学的目标。

(3)方案一:将等量的锌、铁、铜加入到相同浓度的稀盐酸溶液中,通过反应现象或剧烈程度进行判断,铜不与盐酸反应,锌与盐酸反应要比铁与盐酸反应更加剧烈,由此判断三种金属的活动性由强到弱的顺序为:锌、铁、铜。

方案二:把锌粒投入盛有硫酸亚铁溶液的试管中,发现溶液的颜色变浅,说明锌能够置换铁;铁丝放进装有硫酸铜溶液的试管中,铁丝表面有红色固体出现,说明铁的活动性比铜的强。锌、铜、铁的金属活动性由强到弱的顺序为:锌、铁、铜。

五、教学设计题

25.【参考答案】(1)步骤 1 现象:溶液依旧是无色的。原因:酚酞是一种酸碱指示剂,遇碱变红,酚酞滴入蒸馏水中溶液不变色。

步骤 2 现象:试管中的溶液颜色变红。原因:酚酞是一种酸碱指示剂,遇碱变红,浓氨水显碱性,因此滴入浓氨水的溶液变红。

步骤 3 现象:几分钟后,烧杯 A 中的溶液变成红色。原因:组成物质的分子是在不断运动的。浓氨水能够挥发出氨气,氨气分子能够进入烧杯 A 中形成氨水,使烧杯 A 中的溶液呈碱性,酚酞遇碱变红,因此会观察到该现象。

(2)教学目标:

【知识与技能】能够认识到分子是在不断运动的,并且能够运用微粒的观点解释生活中某些常见的现象。

【过程与方法】通过运用微粒的观点解释日常现象,学习日常现象与课本理论相结合的方法。

【情感态度与价值观】通过实验现象分析分子的性质,提高抽象思维能力、分析解决问题的能力,对奇妙的化学世界更加地感兴趣。

教学方法:讲授法、演示法、讨论法、实验法。

教学过程:

【提出问题】酒精擦在皮肤上会很快消失,原因是什么,这说明分子具有什么性质?

学生回答:分子会运动、酒精会蒸发、被皮肤吸收……

【实验探究环节】

①教师完成探究实验步骤 1、2。请学生观察实验现象并说明实验现象不相同的原因。

教师总结学生回答,概括得出:酚酞属于一种指示剂,遇到氨水就会变红,因此可以用酚酞检验氨水的存在。

②学生分小组进行探究实验步骤 3,观察实验现象并小组探讨产生该现象的原因。15 分钟之后请小组代表回答。教师对学生答案进行总结,概括得出:观察到的现象是 A 中溶液变红。因为浓氨水能够挥发出氨气,氨气分子是在不断运动的,因此能够运动到 A 烧杯中,这也就相当于 A 烧杯中有了氨水,酚酞遇到氨水变红,因此 A 中溶液变红。

【总结环节】提问:该实验说明组成物质的分子具有什么性质?

总结学生回答,概括得出:组成物质的分子是在不断运动的。

【应用环节】请列举生活中的实例。

2016 年下半年中小学教师资格考试真题试卷(精编)

一、单项选择题

1. D【解析】碳化钙加入饱和澄清石灰水中会发生如下反应:$CaC_2 + 2H_2O \xlongequal{} Ca(OH)_2 + CH{\equiv}CH\uparrow$,产生新的溶质与澄清石灰水溶质相同,因温度未变,溶解度不变,饱和澄清石灰水中各离子浓度不发生变化,因此选 D。

2. B【解析】标准状况下,石墨燃烧的热化学方程式为:C(石墨) + $O_2(g) \xlongequal{} CO_2(g)$ $\Delta H_1 = -393.7$ kJ/mol 金刚石燃烧的热化学方程式为:C(金刚石) + $O_2(g) \xlongequal{} CO_2(g)$ $\Delta H_2 = -395.6$ kJ/mol,由石墨转变为金刚石的热化学方程式为:C(石墨)$\xlongequal{}$C(金刚石)ΔH_3,石墨转变为金刚石的反应焓变为 $\Delta H_3 = \Delta H_1 - \Delta H_2 = +1.9$ kJ/mol,因此选 B。

3. B【解析】极性键是不同原子形成的共价键,分子构型为对称型的为非极性分子,因此选 B。

4. A【解析】乙烯能够使酸性高锰酸钾溶液褪色是因为分子内含有不饱和键,因此推断丙烯具有相同的性质;元素的非金属性越强,它的气态氢化物越稳定,不能根据元素金属性的强弱判断对应氢化物的酸碱性;铜不能在冷的浓硝酸中钝化;SO_2 与 Br_2 发生的是氧化还原反应而使溴水褪色,加热颜色不能恢复。正确答案为 A。

5. C【解析】加水稀释,平衡向右移动,A 项错误;加入 HCl 溶液,引入了 H^+,平衡向左移动,但 $c(H^+)$ 增大,B 错误;加入少量 NaOH 固体,中和了部分 H^+,平衡向右移动,C 正确;加入 CH_3COONa,$c(CH_3COO^-)$ 增大,平衡向左移动,D 错误。

6. C【解析】C_4H_9Cl 的同分异构体有四种,分别为:$CH_3CH_2CH_2CH_2Cl$、$CH_3CH_2CHClCH_3$、$(CH_3)_2CHCH_2Cl$、$(CH_3)_3CCl$,其中第二种存在 R 型与 S 型两种立体构型,因此共有 5 种同分异构体。

7. D【解析】常温下碱性溶液 pH > 7,稀释后碱性减弱,pH 接近 7,因此选 D。

8. A【解析】化学反应在任何温度下均可自发进行,$\Delta G < 0$,根据 $\Delta G = \Delta H - T\Delta S$ 可知,$\Delta H < 0$,$\Delta S > 0$ 时,反

应在任何温度可自发进行。正确答案为 A。

9. B【解析】对氧化还原反应:$aA+bB \xlongequal{} \alpha C+\beta D, E=E^{\theta}-\frac{RT}{nF}\ln\frac{[C]^{\alpha}[D]^{\beta}}{[A]^{a}[B]^{b}}$,对(-)Zn|ZnSO$_4$||AgNO$_3$|Ag(+),当 Ag^+ 浓度减小时,电动势 E 减小,因此选 B。

10. D【解析】恒容条件下加入与反应无关的气体时,平衡不发生移动,因此选 D。

11. B【解析】概念同化是指在课堂学习的条件下,用定义的方式(或体现在上下文中)直接向学习者揭示概念的关键特征,学生利用认知结构中原有的有关概念来同化新知识概念,从而获得科学概念(或二级概念)的过程,本题中教师利用学生认知结构中原有的化学平衡概念获得电离平衡概念,属于概念同化,因此选 B。

12. A【解析】运用信息技术进行化学教学主要有以下几种重要功能:(1)运用微观模拟,培养学生形象思维;(2)使用实验录像,培养学生实验能力;(3)综合信息网络,创新教学模式;(4)丰富教学手段,提高学生学习兴趣。化学教学中运用现代教育信息技术应当注意:(1)模拟不能代替真实实验;(2)微观动画模拟不是真实如此;(3)多媒体幻灯片不能代替板书。因此选 A。

13. C【解析】本题目标为情感态度与价值观目标,属于体验性目标,因此选 C。

14. D【解析】化学新课程应当注重评价功能,淡化其甄别和选拔的功能,因此选 D。

15. A【解析】初中学生的化学实验技能应达到如下要求:(1)能进行药品的取用、简单仪器的使用和连接、加热等基本的实验操作;(2)能在教师指导下根据实验需要选择实验药品和仪器,并能安全操作;(3)初步学会配制一定溶质质量分数的溶液;(4)初步学会用酸碱指示剂、pH 试纸检验溶液的酸碱性;(5)初步学会根据某些性质检验和区分一些常见的物质;(6)初步学习使用过滤、蒸发的方法对混合物进行分离;(7)初步学习运用简单的装置和方法制取某些气体。因此选 A。

16. B【解析】化学教学内容编排采取"螺旋上升"式,主要是为了利于学生的学习,考虑到学生的认知特点和可接受性,因此选 B。

17. C【解析】《义务教育化学课程标准》(2011 年版)中明确指出:实验是学生学习化学、进行科学探究的重要途径,观察、调查、资料收集、阅读、讨论和辩论等都是积极的学习方式;在探究活动中各要素呈现的顺序不是固定的;科学探究既作为学习的方式,又作为学习的内容和目标,必须落实在其他各主题的学习中,不宜孤立地进行探究方法的训练;对科学探究学习的评价,应侧重考查学生在探究活动中的实际表现。因此选 C。

18. C【解析】教学反思是指教师根据教学理论对教育教学实践的再认识、再思考,并以此来总结经验教训,进一步提高教育教学水平,因此选 C。

19. A【解析】略。

20. D【解析】化学观念是学生在化学学习过程中,通过对化学基础知识或化学学习过程进行反思所形成的能够反映化学本质特征的总观性认识。因此选 D。

二、简答题

21.【参考答案】(1)单向讲授法以化学教学内容的某主题为中心,教师有组织、有系统、有计划地通过教学语言,向学生传授知识,发展学生智能,陶冶学生思想。这种教学方法的优点:有利于大幅度提高课堂教学的效果和效率,有利于充分发挥教师自身的主导作用。缺点:该教学方法主要是以教师讲,学生听为主的灌输式;教学形式上,缺乏多样性;教学过程更加注重知识的获得,忽视了学生能力的培养。合作互动式教学法在课堂中教师与学生、学生与学生之间是平等互动的,相互传递信息的。合作互动式教学的优点:能培养学生主动发展的能力;能使学生形成良好的学习品质;能培养学生自信心;能培养学生的创造力;能激发学生的好奇心;培养创新精神和实践能力。

(2)①要转变教育思想,更新教学观念。树立一种以人为本的思想,学生不再是知识的接受容器,而是具有能动性的学习主体。教师只是课堂的引导者,师生之间是平等的关系。

②重视实验教学。只要是条件允许,教师要大胆地把书本上原来验证性的、总结性的实验引到课堂中间,形成一种探索性实验,让学生在实验过程中相互交流,教师在实验过程中给予启发、引导。学生不仅学会了知识,同时也提高了学习的能力。

③积极创设情境,带动学生参与课堂教学。可联系生活实际,创设情境。引导学生用化学知识去解决生

活问题，使学生觉得化学就在我们身边，激发其学习化学兴趣，以促进学生参与到课堂教学之中。

④善用“讨论”“质疑”的方法。要利用自主教育的方式，解放学生的思想，解放他们的手、眼、嘴，让他们去探索、观察、讨论，培养他们探究事实的思考方式。

⑤将多种教学模式有机结合起来，达到较好的互动教学的效果。

22.【参考答案】(1)宏观上：先从电解水产生气泡的实验现象入手，观测在两极生成的气体的体积比，并进行这两种气体的检验，引导学生获得电解水过程的外在现象感知，形成对电解水过程的宏观表征认识。宏观上水分解生成了氢气和氧气。

微观上：围绕氢气和氧气的体积比进行分析，认识气体体积比与相应的微粒个数比的关系，从而确定水分子中氢原子和氧原子的个数比，即水分子的构成。进而，建立水分子、氢原子和氧原子的模型，并模拟水分子分解的微观过程。微观上水分子生成了氢分子和氧分子。

化学符号表征：根据水分子的构成和原子及其个数的表示方法，确定水的化学式，以及用文字或符号的表达式表示电解水的反应，实现从微观到符号和从宏观到符号的转换。该反应的符号表达式为：

$2H_2O \xlongequal{电解} 2H_2\uparrow + O_2\uparrow$。

(2)化学学科的特点决定了在化学学习中，必须从宏观、微观和符号三方面对物质及其变化进行认知。采用三重表征认知方式进行化学教学对于学生掌握化学知识，提高学习效率，提升教学质量有着十分重要的意义。微观与宏观之间有着密切的内在联系，微观结构决定了宏观物质的性质。同时，符号作为中介，有效地增进了学习者对微观与宏观世界的理解。

三、诊断题

23.【参考答案】(1)方案改为在三种溶液中加入过量稀硝酸溶液，产生气泡的原溶液为碳酸钠溶液，在剩余两种溶液中滴加少量硝酸银溶液，产生白色沉淀的原溶液为氯化钠溶液，无现象的原溶液为硝酸钠溶液。

(2)学生的失误在于第一步鉴别碳酸钠溶液时加入盐酸引入氯离子，从而使剩余两种溶液在滴加硝酸银溶液时均会产生白色沉淀，从而不能鉴别。

(3) $2HNO_3 + Na_2CO_3 \xlongequal{} 2NaNO_3 + H_2O + CO_2\uparrow$　　$NaCl + AgNO_3 \xlongequal{} AgCl\downarrow + NaNO_3$

2016年上半年中小学教师资格考试真题试卷

一、单项选择题

1. D【解析】由短周期主族元素X、Y、Z、W的原子序数依次增大，X原子的最外层电子数是其内层电子数的2倍，可知X是C元素；Y是地壳中含量最高的元素，因此Y是O元素；Z^{2+}和Y^{2-}具有相同的电子层结构，因此Z是Mg元素；W和X同主族，因此W是Si元素。A项，原子半径顺序应该是$r(Z)>r(W)>r(X)>r(Y)$，故A错误；B项，Y与Z形成的化合物是MgO，化学键是离子键，Y与W形成的化合物是SiO_2，化学键是共价键，因此B错误；C项，同主族元素从上到下最高价氧化物对应的水化物的酸性依次减弱，故C错误；D项，同周期元素对应的气态氢化物的稳定性从左到右依次增强，同主族的元素气态氢化物的稳定性从上到下依次减弱，故Y的简单气态氢化物的热稳定性比W的强，故D正确。

2. C【解析】A项，根据分子微观示意图得知物质甲是NH_3，故A不选；B项，甲物质和氧气生成乙物质和物质X，由质量守恒定律可得：$m(X)=3.4\ g+4.8\ g-5.4\ g=2.8\ g$，故B不选；C项，在反应物氧气中氧原子的物质的量$n(O)=\frac{4.8\ g}{32\ g\cdot mol^{-1}}\times 2=0.3\ mol$，反应物质甲中H原子的物质的量$n(H)=\frac{3.4\ g}{17\ g\cdot mol^{-1}}\times 3=0.6\ mol$，而生成物乙中的氢原子的物质的量$n(H)=\frac{5.4\ g}{18\ g\cdot mol^{-1}}\times 2=0.6\ mol$，氧原子的物质的量$n(O)=\frac{5.4\ g}{18\ g\cdot mol^{-1}}=0.3\ mol$，所以物质X为$N_2$，含有N一种元素，故C选；D项，由题意可知该反应的化学反应方程式为$4NH_3+3O_2 \xlongequal{} 6H_2O+2N_2$，可以得到$N_2$和$O_2$的化学计量数之比是2∶3，故D不选。

3. D【解析】A项，$MgSO_4$的溶解度随温度的升高先增大后减小，故A项错误；B项，在t_1℃时100 g水中KCl和$MgSO_4$两饱和溶液所含有的溶质质量是一样的，但当溶剂质量不相等时，溶解的溶质的质量是不一样的，故B项错误；C项，在t_2℃时100 g水中能够溶解的$MgCl_2$的最大的质量为a g，故C错误；D项，由

t_1℃升高到 t_2℃时 KCl 的溶解度增大,所以 D 项正确。故本题选 D。

4. A【解析】A 项,四氯化碳可以将水中的溴单质萃取出来,并且四氯化碳的密度比水的密度大,所以可以用分液漏斗来提取溴水中的溴单质,A 项正确;B 项,乙醇和苯酚互溶,故不能用过滤的方法将两者分离,B 项错误;C 项,用加热的方法会使碘升华,不能得到碘单质,C 项错误;D 项,配制 100 mL 0.100 mol/L 的 KCl 溶液时,应选用容量瓶,D 项错误。本题选 A。

5. B【解析】A 项,使酚酞变红的溶液显碱性,Cu^{2+} 与 HCO_3^- 均可与 OH^- 发生反应,A 项不能大量共存;B 项,使甲基橙变红的溶液显酸性,各离子在酸性溶液中可以大量共存;C 项,$AgNO_3$ 中的 Ag^+ 会和 I^- 发生反应生成 AgI 沉淀,C 项不能大量共存;D 项,$NaAlO_2$ 水解显碱性,与 H^+ 不能大量共存。故本题选 B。

6. C【解析】A 项,浸在淡水中的钢管主要发生的是吸氧腐蚀,在局部区域会发生析氢腐蚀,A 项错误;B 项,若采用外加电流进行保护,钢管应该与电源的负极相连,B 项错误;C 项,钢管若需保护可以采用牺牲阳极的阴极保护法,C 项正确;D 项,采用外加电流保护钢管时,电子从负极经过导线流向正极,D 项错误。故本题选 C。

7. B【解析】A 项,氯气和水反应生成次氯酸,次氯酸见光分解生成盐酸,电解盐酸生成氯气,故 A 不选;B 项,偏铝酸根与水、铝离子反应生成氢氧化铝,氢氧化铝会和硫酸反应生成硫酸铝,硫酸铝会和氢氧化钠反应生成氢氧化铝,氢氧化铝与过量的氢氧化钠反应生成偏铝酸钠,经过了两步反应,故选 B;C 项,硅酸钠与强酸反应生成硅酸,硅酸加热会生成二氧化硅,二氧化硅与氢氧化钠反应生成硅酸钠,故不选 C 项;D 项,硫和浓硫酸加热生成二氧化硫,二氧化硫和氧气发生反应生成三氧化硫,三氧化硫和水反应生成硫酸。故本题选 B。

8. C【解析】由图可知,A 项的化学式为 $C_{21}H_{18}O_8$,故 A 错误;分子中存在手性碳原子,故 B 错误;因为在结构中含有酚羟基,因此可以和 $FeCl_3$ 发生显色反应,故 C 正确;1 mol 的该物质最多可与 3 mol 的氢氧化钠反应,故 D 错误。

9. B【解析】A 项,氮气和氢气生成氨气是可逆反应,不能实现完全转化,不会生成 0.2 mol 的氨分子,A 项错误;B 项,标况下,11.2 L 的甲醛气体为 0.5 mol,电子数为 $0.5\times16=8N_A$,B 项正确;C 项,在苯中不存在 C－C单键,C 项错误;D 项,碳酸根离子会发生水解,故碳酸钠溶液中含有的碳酸根的数目小于 N_A,故 D 错误。

10. A【解析】此题中加成反应的取向主要取决于双键碳原子上连有的取代基。若取代基是给电基,会增加双键碳上的电子云密度,有利于亲电加成反应;若取代基是吸电基,会降低双键碳原子上的电子云密度,不利于亲电加成反应。甲基、乙基都是给电子基团,氯原子是吸电子基团,而且两个甲基的给电子能力大于一个乙基的给电子能力,故答案为 A。

11. B【解析】《义务教育化学课程标准》(2011 年版)五大主题分别是:科学探究,身边的化学物质,物质构成的奥秘,物质的化学变化,化学与社会发展。故本题选 B。

12. D【解析】学生在中学阶段的化学学习过程中,形成的基本观念主要包括:技能方法观念(整合观、实验观、分类观);认识角度观念(元素观、物质变化观、物质微粒观、微粒作用观、物质结构观、物质分类观)和物质观(化学价值观、可持续发展观、绿色化学观、情意价值观)。所以选 D 项。

13. C【解析】科学探究的要素包括:提出问题,猜想与假设,制订计划,收集证据,解释与结论,反思与评价,表达与交流。故本题选 C。

14. A【解析】类比法就是根据两个或者两类对象有某些共有或相似属性推出一个研究对象可能具有另一个研究对象所具有的属性。故本题选 A。

15. C【解析】引导探究式教学,又称发现法、研究法,是指学生在学习概念和原理时,教师只是给他们一些事例和问题,让学生自己通过阅读、观察、实验、思考、讨论、听讲等途径去独立探究,自行发现并掌握相应的原理和结论的一种方法。它的指导思想是在教师的指导下,以学生为主体,让学生自觉、主动地探索,掌握认识和解决问题的方法和步骤,研究客观事物的属性,发现事物发展的起因和事物内部的联系,从中找出规律,形成自己的概念。故本题选 C。

16. B【解析】活动表现评价要求学生在真实或模拟的情景中运用所学知识分析、解决某个实际问题,以评价学生在活动过程中的表现与活动成果。所以不仅仅教师评价,学生也可以自我评价,A 项错误。活动表现评价不仅仅在活动中,还可以在活动后,并且不仅仅评价活动中的表现,还评价活动结果,所以 C、D

错误。故本题选 B。

17. B【解析】④分析学生的具体情况属于学情分析。故本题选 B。

18. B【解析】实验探究教学模式:创设指导→提出问题→提出假说(猜想)→验证假说→得出结论→交流与应用。故本题选 B。

19. D【解析】创设情境要有针对性,不是越多越好,所以 A 项错误;教学中宣传化学对人类的影响要全面,让学生认识真正的化学,培养学生正确的化学观,B 项片面了;创设情境要具有针对性,无谓最有效,只要抓住教学任务、教学目标设置情境即可,所以 C 项错误。

20. C【解析】学生出现疲劳、无精打采的现象时,积极变化学习活动方式和内容,引起学生的学习兴趣、高效完成教学内容是恰当的处理方式。故本题选 C。

二、简答题

21.【参考答案】(1)该教科书的设计从学生的生活经验和社会发展的现实中取材。引用的素材同时兼顾了城市和农村学生的生活经验,考虑了不同地区学生的生活背景,且在文字表述上贴近学生的实际水平。提供了多样化的实验内容,注重学生实践能力的培养。依据学生的心理特点和学习规律,合理组织和编排教材内容。本部分内容的编写体现了直观性、关联性和发展性的特点。教材从学生熟悉的生活经验——洗衣粉及洗洁精去油污导入,帮助学生感知并形成乳化的概念。

(2)基本理念:①注意从学生已有的经验出发,让他们在熟悉的生活情境和社会实践中感受化学的重要性,了解化学与日常生活的密切关系,逐步学会分析和解决与化学有关的一些简单的实际问题。②让学生有更多的机会主动地体验科学探究的过程,在知识的形成、相互联系和应用过程中养成科学的态度,学习科学方法,在“做科学”的探究实践中培养学生的创新精神和实践能力。③为学生创设体现化学、技术、社会、环境相互关系的学习情境,使学生初步了解化学对人类文明发展的巨大贡献,认识化学在实现人与自然和谐共处、促进人类和社会可持续发展方面所发挥的重大作用,相信化学终将为创造人类更美好的未来做出重大的贡献。

22.【参考答案】(1)当时的实验条件的限制使得实验误差较大,并且卡文迪许并未测出未知的气体是什么,只是作为一种猜想。

(2)在科学研究的过程中,可能会有一些不太符合实验事实的小问题,对此我们一定要善于发现问题,发现问题之后也要积极地进行探索,进行相关的实验研究,持之以恒,才能有所成就。

(3)通过已取得的化学成就以及化学家的奋斗历史,可以激发学习兴趣,培养热爱化学的情感;通过概念、学说、理论的产生发展过程,启迪科学思维,掌握科学方法;通过戴维、诺贝尔为化学事业的牺牲,学习化学家献身化学的精神,提高科学素养;通过侯德榜及其侯氏制碱法,培养合作及爱国主义精神;等等。总之,通过化学史,可以设置相应的教学情境,调动学生的多种感官来充分地感知各种信息,形成比较全面的知识,增加化学的真实性、知识性、趣味性。

三、诊断题

23.【参考答案】(1)盐酸酸化的 $BaCl_2$ 溶液;过滤、干燥。

(2)答题错误原因分析:学生知道利用不溶解于稀硝酸的 $BaSO_4$ 沉淀来检验 SO_4^{2-},但忽略了硝酸的强氧化性可以把 Na_2SO_3 氧化为 Na_2SO_4,因此加入 HNO_3 酸化的 $Ba(NO_3)_2$ 溶液会导致 Na_2SO_3 与 Na_2SO_4 均转化为 $BaSO_4$ 沉淀。

(3)$2Na_2SO_3 + O_2 == 2Na_2SO_4$。

四、案例分析题

24.【参考答案】(1)在合作学习中,小组成员之间围绕共同的目标,既相对分工,又相互配合,每个人都承担一定的任务,扮演着不可忽视的角色,共同对问题进行探索与讨论,既充分调动了每一个学生参与学习的积极性,又能有效地培养他们的团队精神和合作能力,形成社会交往技能。案例中的问题有如下三个方面:

①教师缺乏监控。在学生进行合作学习时,教师没能够及时地巡视解决各个小组出现的问题。

②学生参与度不均衡。参与合作学习的只是少数学生,大多数学生游离于学习过程之外,达不到共同发展的要求。

③学生合作不够主动。小组活动中出现不友好、不倾听、不分享的现象,这会影响合作学习的顺利开展。

(2)合作学习中出现这些问题,主要有以下几方面原因:

①没有真正领会"小组合作学习"的内涵,合作学习不等于学生分成若干个小组进行讨论,而是学生在学习的过程中有意识地去培养团队精神,逐渐形成合作学习的精神和意识,从而获得有效的合作学习。

②合作学习中,教师并没有给出必要的指导,没能引导学生明确所要解决的问题、了解解决问题的办法,使学生缺乏"小组合作学习"的知识和技能,小组合作学习无法顺利进行。

③评价机制是为了不断调整小组成员的各种行为和活动规范,而不是仅仅区别小组间能力的差别。

④学生参与积极性不高,导致小组合作学习的参与程度不均衡。少数人学习,多数人游离于学习过程之外的小组合作学习不能完成共同的学习任务,也达不到共同发展的要求,使合作学习流于形式。

(3)提高学生合作学习效果的策略有以下几个方面:

①科学组建合作学习小组。学习小组的组建是合作学习活动顺利开展的前提。教师应根据班内的实际,有意识地将不同层次不同类别的学生按照"组间同质、组内异质"的原则进行分组,其目的是在学生的合作过程中做到组内合作、组间竞争,让每个学生在合作中都有展示自我的机会,让学习困难的学生在互相帮助中不断提升,让学习优良的学生也能获得自信。

②明确"小组合作学习"的目标和责任分工。明确的学习目标和责任分工是进行"小组合作学习"的关键要素。在"小组合作学习"过程中,各成员应有明确的合作学习目标和具体的责任分工。分工明确,责任到人才能使小组成员全员参与,并明白各自应该承担的角色,掌握各自所分配的任务,使合作学习有序又有效地进行。

③培养小组成员团队意识和合作技能。培养小组成员团队意识和合作技能是"小组合作学习"活动顺利开展的重点。合作学习不是一种个人的学习行为,而是一种集体行为,为了达到共同的学习目标,需要每个成员具有足够的团队意识和合作技能。即:小组成员之间必须相互了解、彼此信任,经常进行有效地沟通;成员不仅要对自己的学习负责,而且要为所在小组中其他同学的学习负责,要互相帮助和支持,形成强烈的集体责任感,并妥善解决可能出现的各种矛盾,建设起一种融洽、友爱的亲密伙伴关系。

④建立合理的"小组合作学习"评价机制。合理的评价机制是提高小组合作学习效果的重要途径。合理的评价机制能够将学习过程评价与学习结果评价相结合,对小组集体评价与对小组成员个人的评价相结合,从而使学生认识到合作学习的价值和意义,并更加关注合作学习的过程。在合作学习过程中,我们要发挥每个成员的最大潜力,实现共同目标和个人目标的辩证统一,应该建立一种促进学生作出个人努力并且小组内成员互助合作的良性制约机制。这种良性制约机制主要是合理的评价机制。

五、教学设计题

25.【参考答案】(1)"三维"教学目标

知识与技能:

①知道酸和碱发生中和反应并明确酸碱中和的概念。

②了解中和反应在实际生活中的应用,可以对实际问题作出简单解释。

过程与方法:

①通过合作探究、讨论交流,培养发现问题,分析问题,解决问题以及动手能力。

②通过小组讨论和交流,培养收集处理信息的能力,逐步渗透合作的意识。

情感态度与价值观:

①激发学习化学的兴趣,激发学习化学、用好化学的积极情感。

②体会化学与社会的密切关系,增强对社会的责任感。

(2)教学重难点

教学重点:

知道酸和碱之间发生的中和反应

教学难点:

中和反应的理解和应用。

(3)教学过程

教学环节	教师活动	学生活动	设计意图
新课引入	演示实验:《白酒变红酒,红酒变白酒》 提出问题:利用我们课题1学过的知识进行大胆猜测,实验中可能用到了哪些试剂?你能得到什么信息? 老师揭秘实验原理	学生观察老师的演示实验,然后猜想、讨论。“白酒”是酚酞试液,向酚酞试液中加碱溶液,溶液变红,然后再向溶液中加酸溶液,溶液变为无色 得出酸和碱之间发生了化学反应	激发学生兴趣,让学生大胆猜想,同时复习旧知识
新课讲授	提出问题:我们利用酚酞试液为指示剂,验证了酸和碱之间能发生反应,利用了验证反应物减少的原理,来判断反应发生,你还能设计出哪些方案来验证酸碱发生反应呢?请你利用实验台上的仪器和药品,设计实验并验证自己的猜想 教师巡视、指导 听小组同学讲解自己的设计方案,并点评 试着写出反应的化学方程式	学生小组内先设计方案,然后进行实验 实验完毕,各小组交流实验方案和现象 得出方案:利用酸和碱的化学性质,证明酸或碱减少了或者消失,验证有新物质生成,根据反应放出热量,都可以判断发生反应 书写化学方程式	在探究过程中,培养思维能力和交流表达能力及实验能力
	根据学生书写的化学方程式,讲解盐是金属和酸根离子构成的化合物,酸和碱作用生成盐和水的反应,叫作中和反应 追问:有盐和水生成的反应,一定是中和反应吗?请举例说明 展示图片并讲解中和反应的实质	学生聆听老师讲解,理解中和反应的定义 思考老师提出的问题,并举出反例:金属氧化物和酸反应,某些非金属氧化物和碱溶液反应都生成盐和水,但都不是中和反应 学生聆听老师讲解中和反应的实质	认识到盐也是一类化合物,酸和碱之间发生了中和反应
	布置任务:阅读教材,了解中和反应在实际中的应用 指导学生交流,并让学生回答中和反应在工农业、医疗、生活中的应用	学生阅读教材,然后小组内交流中和反应在实际中的应用	培养自学能力,认识到化学就在我们身边
课堂小结	1. 中和反应:酸与碱作用生成盐和水的反应 2. 探究中和反应是否发生,利用反应物消失或者验证有新物质生成 3. 中和反应在实际中的应用		

(4)设计教学板书

酸和碱的中和反应

中和反应:酸和碱作用生成盐和水的反应叫作中和反应。

$NaOH + HCl = NaCl + H_2O$

盐:像 $NaCl$、$CaCl_2$、Na_2SO_4 这样由金属阳离子(或 NH_4^+)和酸根阴离子构成的化合物称为盐。

2015 年下半年中小学教师资格考试真题试卷

一、单项选择题

1. C【解析】义务教育阶段化学课程包括 5 个一级主题:科学探究、身边的化学物质、物质构成的奥秘、物质的化学变化、化学与社会发展。每个一级主题由若干个二级主题(单元)构成。故 A、B、D 错误,C 正确。

2. D【解析】科学探究中各要素的呈现顺序并不是固定不变的,可以交叉进行,故 A 错误;科学探究可通过观察、实验、调查等多种途径获取事实和证据,故 B 错误;对科学探究学习的评价应该侧重考查学生探究活动的过程,而不是结果,故 C 错误;科学探究目标的实现,必须让学生亲身经历丰富的探究过程,D 正确。故选 D。

3. A【解析】义务教育化学教科书在编写时必须摆脱传统的"以学科为中心""以知识为中心"和"以社会为中心"的课程观念的束缚,重视学生的生活经验、兴趣和认知规律,以及对科学过程的感受。故新课改义务教育化学教科书的编写模式是三者的"融合型"模式,B、C、D 错误。故选 A。

4. B【解析】认知性学习目标行为动词的水平从低到高为:知道、记住、说出、列举、找到、认识、了解、看懂、识别、能表示、懂得、理解、解释、说明、区分、判断、简单计算,故题干中最高的是解释,故选 B。

5. D【解析】原子只是在化学变化中不能再分,原子可以再分为质子、中子等,故①错误;同种元素的原子,化学性质相同,但物理性质(如质量)不一定相同,故②错误;原子不是实心的球体,故③错误。故选 D。

6. C【解析】描述体验性学习目标的行为动词有体验、感受、意识、体会、认同等,故选 C。

7. D【解析】①错误,正确表述为:氢氧化钠溶液能使无色酚酞试液变红。②错误,稀有气体在通常条件下不与其他物质反应,化学性质不活泼,但是在某些特殊条件下能与其他物质反应生成化合物。③错误,氢气与氯气光照条件下易爆炸,而且生成的是氯化氢气体,而非盐酸,盐酸是氯化氢的水溶液。④正确,二氧化碳可与水反应生成碳酸。故选 D。

8. A【解析】义务教育课程目标的确立依据有:国家对人才培养的基本要求,化学学科的特征,以及学生已有的知识经验和认知特点。而大纲主要是要求学生将知识掌握到什么程度。故选 A。

9. D【解析】社会调查是有目的、有计划、有系统地搜集有关研究对象的社会现实状况或历史状况的相关材料的方法。小组讨论是将学生分组,然后各组集中在一起就某个话题展开讨论。科学探究是通过实验、观察、调查、资料收集、阅读、讨论、辩论等多种方式,在提出问题、猜想与假设、制订计划、进行实验、收集证据、解释与结论、反思与评价、表达与交流等活动中,完成对某一问题探究的过程。教师组织学生分别代表某个角色发表言论属于角色扮演。故选 D。

10. A【解析】在三种制取氧化钠的方法中选哪一种更好属于评价水平问题。理解水平的问题应该是把握知识内在逻辑关系,与已有知识建立联系,进行解释、推断。应用水平的问题应该是在新的情境中使用抽象的概念、原则,进行总结、推广,建立不同情境下的合理联系等。知识水平的问题应该是对知识的记忆、识别、辨认等。故选 A。

11. B【解析】新课程倡导的发展性评价淡化了原有的甄别和选拔功能,关注学生、教师、学校和课程发展中的需要,突出评价的激励与控制功能。故答案选 B。

12. C【解析】联系—预测策略是指学生在学习事实性知识时,有意识地抓住其与理论性知识、已有知识经验以及事实性知识的内在联系,并以这些联系为依据对要学习的内容先做出自己的预测。多种感官协同记忆策略注重的是眼、耳、口、手、脑等感官同时被调动起来,通过观、听、闻、动、说、感知等来帮助记忆。知识结构化策略是指将所学知识进行组合联系,组成一个庞大的网络体系,构成一个有机整体,以此深入新的知识领域,从而不断地认识新问题,增加新知识。练习—反馈策略主要是通过练习查漏补缺。故答案选 C。

13. B【解析】化学教科书是重要的课程资源;是教师教学的主要内容,不是全部内容,教学过程中还会增加实际问题,多媒体内容等;是课程内容的重要载体,是学生学习的范例和素材,故 B 错误。

14. A【解析】题干描述是"学习档案评价"的定义,答案选 A。

15. C【解析】银氨溶液应现配现用,不宜保存,久置易生成易爆的"雷爆银"(主要成分为氮化银)。

16. B【解析】A 项,加入过量的氢氧化钙,引入了新的杂质氢氧化钙;B 项,加入适量的 HCl 刚好把碳酸钠除去,生成氯化钠和水,将水蒸发掉即可得到纯净的氯化钠;C 项,由于二氧化碳不支持燃烧,所以二氧化碳和少量一氧化碳的混合物是不能点燃的,即不能用点燃的方法检验一氧化碳是否存在;D 项,氯化钠和稀盐酸遇酚酞均不变色,不能用酚酞溶液鉴别。

17. C【解析】同离子效应是指两种含有相同离子的盐(或酸、碱)溶于水时,它们的溶解度(或酸度系数)都会降低。在弱电解质的溶液中,如果加入含有该弱电解质相同离子的强电解质,就会得到使该弱电解质的电离度降低的效应。同理,在电解质饱和溶液中,加入含有与该电解质相同离子的强电解质,也会降低该电解质的溶解度。盐效应是指往弱电解质的溶液中加入与弱电解质没有相同离子的强电解质时,由于溶液中离子总浓度增大,离子间相互牵制作用增强,使得弱电解质解离的阴、阳离子结合形成分子的机会减小,从而使弱电解质分子浓度减小,离子浓度相应增大,解离度增大。向某些蛋白质溶液中加入某些无机盐溶液后,可以降低蛋白质的溶解度,使蛋白质凝聚而从溶液中析出,这种作用叫作盐析。故答案选 C。

18. A【解析】A 项,3p 能级有一个空轨道的基态原子的核外电子排布为 $1s^22s^22p^63s^23p^2$,A 项描述的是同种元素的原子。B 项,2p 能级有一个未成对电子的基态原子的核外价电子排布有两种情况:$2s^22p^1$、$2s^22p^5$,B 项描述的不一定是同种元素的原子。C 项,M 层全充满而 N 层为 $4s^2$ 的原子的核外电子排布为 $1s^22s^22p^63s^23p^64s^2$,C 项描述的不是同种元素的原子;D 项,最外层电子数是核外电子总数的 1/5 的原子是 Br,其核外电子排布为 $1s^22s^22p^63s^23p^63d^{10}4s^24p^5$,D 项描述的不是同一种元素的原子。故选 A。

19. C【解析】氯原子的位置有共 $3+4+1=8$ 种。故选 C。

20. D【解析】①胆矾溶于水时,$CuSO_4 \cdot 5H_2O(s) \xlongequal{} Cu^{2+}(aq)+SO_4^{2-}(aq)+5H_2O(l)$ $\Delta H_1>0$;②$CuSO_4(s) \xlongequal{} Cu^{2+}(aq)+SO_4^{2-}(aq)$ $\Delta H_2<0$;③已知 $CuSO_4 \cdot 5H_2O(s) \xlongequal{点燃} CuSO_4(s)+5H_2O(l)$ ΔH_3;依据盖斯定律①-②得到③,所以 $\Delta H_3=\Delta H_1-\Delta H_2$,A 错误;$\Delta H_2<0$,$\Delta H_1>0$,则 $\Delta H_3>\Delta H_1+\Delta H_2$,$\Delta H_2<\Delta H_3$,$\Delta H_1<\Delta H_3$,故 B、C 错误,D 项正确。

二、简答题

21.【参考答案】(1)教材及教科书具有典型性,它反映学科最基本、最核心的知识、方法和观念,并有助于引导学生开展智力活动。但是有些教科书为学生提供的知识只是一种范例和素材,而对加深理解、推导、论证等的辅助教学内容却很少。教师个人知识具有创新性,提供的知识更为广泛和整合。师生互动产生的知识更新奇,更符合学生的认知特点、更易于学生理解和接受。

教科书为学生提供的只是核心的主体知识,教学中还有赖于教师的知识、信息量对教材的开发和师生互动产生的新知识的填充。

(2)①创造性地使用教科书要依据学生的自身情况;②创造性地使用教材要根据教学情境;③紧密联系社会生活实际,选择具体教学素材;④深入分析和挖掘教科书内容,将知识具体化;⑤转变观念,开放教学和开发教学资源。

22.【参考答案】(1)舍勒和普利斯特里虽然都独立发现并制得了氧气,但并没有正确地解释燃烧的本质,主要是由于他们受到当时“燃素说”理论的左右,没能大胆质疑,没能做到尊重实验事实、勇于探索和创新;而拉瓦锡之所以成为氧气的真正发现者,应该归功于他具有大胆质疑的科学精神。拉瓦锡利用金属的燃烧实验推翻了长达一个世纪之久的“燃素说”,根据质量守恒定律解释了在金属燃烧过程中与空气中的某些物质反应,最后提出了“氧化学说”。

(2)拉瓦锡的实验研究体现了质量守恒定律。

(3)①利用化学史,提高学生学习化学的兴趣,促进知识与技能目标的实现。②利用化学史知识,创设化学教学情境,将抽象、枯燥、单调的化学知识赋予具体的、生动的、丰富多彩的内涵,把化学知识的学习与化学史料联系在一起,通过化学史知识为学生创造一个自主的学习空间,为学生创设一个参与交流、表达、亲身经历活动的机会,才能够让学生体会到化学在社会生活、生产中的价值和意义,才能够促进学生化学基本观念的建构,从而在历史的情景中实现过程与方法目标。③开启学生智慧,掌握科学研究方法。学习化学史,向学生展示化学家们为了揭开化学现象背后的规律所进行的思维活动、所采用的科学方法,以及他们所具备的科学精神,所呈现的科学道德,从而让学生学习和掌握从事科学研究的正确方法。④培养学生的科学素养和人文素养。我们的教育不应仅停留在知识与技能、过程与方法上,更要训练学生的科学思维和科学方法。⑤培养学生的爱国主义思想。化学为我们提供了许多爱国情怀的素材,在化学教学中通过化学史对学生进行爱国主义教育。

三、诊断题

23.【参考答案】(1)C。

(2)正确解题思路:首先根据已知条件得出氯化钠在此温度下的饱和溶液的质量分数为26.5%,再据此判断6.5 g水最多能溶解多少克氯化钠，由$\frac{6.5\ g}{1-26.5\%}\times26.5\%\approx2.3\ g$，得出加入的6.5 g水最多能溶解2.3 g氯化钠，题中加入的3.5 g氯化钠不能完全溶解。因此最后仍然得到饱和溶液，质量分数为26.5%。

(3)本题有很多学生误选B，原因是没有根据氯化钠在此温度下的溶解度去判断加入的3.5 g氯化钠是否能完全溶解，而得出错误答案。其他误选A、D项的学生可能是对溶解度的含义理解错误，或者对溶质质量分数的计算公式没有掌握等原因造成的。

四、案例分析题

24.【参考答案】(1)在该教学片段中，该教师采用了结合学生熟悉的现象和已有的经验，创设生动直观的情景，从身边的现象入手引导学生认识物质的微粒性，理解物质构成的微观概念。

这样做的优点是充分考虑学情，生动直观，教学效率高。具体来说，本课内容属于"物质构成的奥秘"主题下的内容，由于学生刚刚开始接触微观领域的知识，还不能很好地将微观概念与宏观现象统一起来而提出疑问，基于其知识水平，教师用结合学生熟悉的现象和已有的经验创设生动直观的情景的方法，从身边的现象入手引导学生认识物质的微粒性，降低了学生的认识难度；与此同时，在教学过程中，帮助学生通过观察、想象的方法解决了疑问，提高了学生的想象能力、创新能力，激发了学生学习化学的兴趣。

(2)课程改革提倡注重改变学生的学习方式，引导学生自主、合作、探究学习，培养学生的创新精神和实践能力。因此，结合案例，教师在课堂教学中有组织、引导、促进的作用。

教学活动的定向发展有赖于教师对教学活动的组织。教师是教学过程的最直接的组织者，因此在教学过程中，教师应当发挥主导作用，成为教学活动的组织者。

在教学过程中，教师对学生的学习活动予以关注，并适时、适度地进行引导，既做到及时启发点拨学生解决难题，又要锻炼学生思维，不完全包办，成为教学活动的引导者。

在课堂教学中，教师要做的不仅仅是知识的传授，还要根据教学内容创设情境，激发学生的学习兴趣，调动学生学习的积极性，挖掘学生的潜能，使学生不仅学会知识和技能，更学会学习方法，并从方法中不断获得终身学习的能力，成为教学活动的促进者。

(3)教学机智是教师面临复杂教学情况所表现的一种敏感、迅速、准确的判断能力。教学机智是教师的能力之一，与教师的知识结构、思维特征、教师反思的能力及品德修养等多个方面的因素相关。因此，教师应该从以下几个方面努力提高教学机智：

①提高思维能力与应变能力，培养处理教学突发事件的能力。要开阔视野，转变观念，培养良好的思维习惯，提高思维的质量，要有创新思维的意识和能力。

②掌握教材，熟悉教学方法，为教学机智的形成奠定坚实基础。

③提高总结反思能力，不断积累经验。教学机智的关键在于有深厚的理论基础、过硬的专业知识和丰富的教学经验，教师要不断总结在不同教学情境下处理各种教学问题的实践性经验，善于把经验性的感性认识提升为理性认识。

④勇于实践，提高教师的综合能力素养。教学机智一方面是一种教学技巧，另一方面也是对教师教学素养和教学行为能力的考查，因此要不断提高教师的学术水平、思想修养、个人涵养。

五、教学设计题

25.【参考答案】(1)燃烧是指可燃物与氧气发生的一种发光、放热的剧烈氧化反应。这个概念常在初中阶段出现，符合学生的认知规律，学生容易接受，但是到了高中阶段这个概念就要发生变化了，因为有些燃烧是不需要氧气的。

(2)【教学目标】

知识与技能目标：初步认识燃烧现象，知道物质燃烧的条件。

过程与方法目标：通过对燃烧条件的探究活动，进一步认识体验探究活动的过程，逐步建立起用科学探究的方法学习化学的理念。

情感态度与价值观目标：通过探究"燃烧的条件"，初步形成富于思考、勇于探索的科学精神。

【教学方法】实验探究法，讲解法等。

【教学过程】

燃烧的条件

【引入新课】给学生展示一个表格，看看哪些能燃烧，哪些不能燃烧，引出如果物质燃烧，需要哪些条件。

对比试验		观察
火柴能燃烧吗？	小石块儿能燃烧吗？	火柴可以燃烧 小石块儿不能燃烧
蜡烛能燃烧吗？	水中的水草能燃烧吗？	蜡烛能燃烧 水中的水草不能燃烧

我们可以看到有的物质能燃烧，有的物质不能燃烧，虽然水中的水草不能燃烧，但是如果我们把水草拿出来晒干，就能燃烧了，由此我们能够看到燃烧是需要一定的条件的。这节课我们就要学习燃烧的条件有哪些。

【新课讲授】要想了解燃烧所需要的条件，前提是我们要了解到底什么是燃烧。（学生纷纷回答）同学们都谈了自己眼中的燃烧，通过同学们的阐述，我们可以总结为燃烧就是指可燃物与氧气发生的一种发光、放热的剧烈氧化反应。那么燃烧到底需要哪些条件呢？下面通过一个探究实验来对燃烧所需要的条件一探究竟。

【教师布置任务】将学生分成小组，先讨论自己的实验设计，激发学生的想象力和创新能力，讨论结束后，根据实验 7－1 进行探究实验。

【教师指导讲解】在实验的过程中教师要加以引导，在教师的引导下学生自主总结得出燃烧的条件。

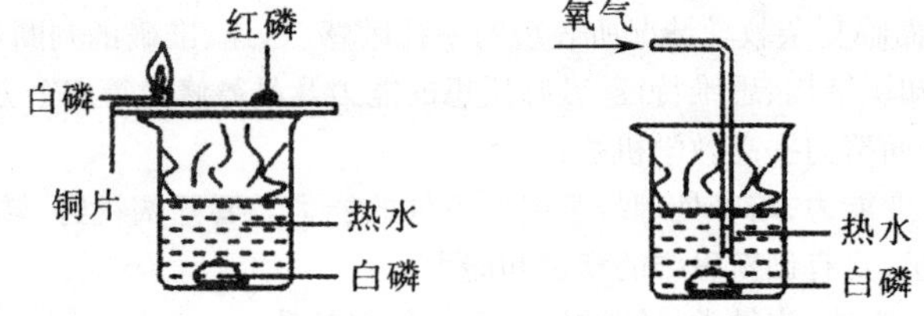

探究实验结束后教师进行总结。

【小结】燃烧的条件：

①物质具有可燃性；

②与氧气充分接触；

③温度达到该物质的着火点。

【作业】通过对燃烧条件的探究可知，当不满足条件的时候，就不会燃烧，因此同学们课后想一想我们如何运用本节课所学习的内容来进行灭火。

2015 年上半年中小学教师资格考试真题试卷

一、单项选择题

1. D【解析】A、B 项属于“知识与技能”的教学目标，C 项属于“过程与方法”的教学目标。

2. C【解析】档案袋是指由学生在教师的指导下搜集起来的，可以反映学生的努力情况、进步情况、学习成就等一系列的学习作品的汇集。它展示了学生某一段时间内、某一领域内的技能的发展。《义务教育化学课程标准》(2011 年版)评价建议中关于档案袋评价的描述为“建立学习档案是要求学生把参与学习活动的典型资料收集起来,以此反映自己的学习和发展历程”。活动表现评价要求学生在真实或模拟的情景中运用所学知识分析、解决某个实际问题,以评价学生在活动过程中的表现与活动成果。

3. A【解析】化学事实性知识是指与物质的性质密切相关,反映物质的存在、制法、保存和用途等多方面的元素化合物知识以及有机化合物知识,它是学生学习其他化学知识的基础。物质性质、存在、制法和用途是客观存在的事实,属于化学事实性知识。

4. B【解析】计算机辅助教学(Computer Aided Instruction)是指在计算机辅助下进行的各种教学活动,是以对话方式与学生讨论教学内容、安排教学进程、进行教学训练的方法与技术。

5. D【解析】《义务教育化学课程标准》(2011 年版)课程内容包括 5 个一级主题,每个一级主题由若干个二级主题(单元)构成。5 个一级主题分别是科学探究、身边的化学物质、物质构成的奥秘、物质的化学变化、化学与社会发展。

6. A【解析】动机是为实现一定目的而行动的原因。动机是个体的内在过程,行为是这种内在过程的表现。

7. D【解析】拉瓦锡首先通过实验验证了空气是由氮气和氧气组成的;阿伏伽德罗提出了分子与原子的区别;汤姆生最早发现了电子;道尔顿提出了近代原子学。

8. B【解析】氧化性的大小顺序:高锰酸钾 > 氯气 > 氯化铁 > 二氧化硫。

9. C【解析】从教师与学生的关系看,新课程要求教师应该是学生学习的促进者,在教学活动中教师为主导,学生为主体,教师指导、帮助学生学习和成长。教师帮助学生制定学习目标,提高学习策略指导,创造良好教学环境都是为了促进学生的学习,所以体现了教师的促进者的角色。

10. B【解析】真实、有感染力的化学事件或问题属于化学情境,因此建立在真实、有感染力的化学事件或问题基础上的教学是情境式教学。

11. B【解析】我国当前教育改革的核心是课程改革。

12. A【解析】“初步形成”属于体验性学习目标的行为动词,“认识”和“判断”属于认知性学习目标的行为动词。

13. D【解析】教学重点是指教材中最重要、最基本的教学内容,一般固定不变;教学难点是指在教学过程中,学生难以理解和掌握的知识要点,与具体教学内容和学生的情况有关,一般是变化的。尽管有时候重点与难点是统一的,但是重点不一定是难点,难点也不一定是重点。

14. A【解析】溶质的质量分数受溶解度影响。常温下,氧化钙溶于水生成微溶的氢氧化钙,所得溶质的质量分数最小。

15. C【解析】教学目标是指学生在具体的教学活动中所要达到的学习成果或最终行为。教学目标是对教学活动的预期,也是对学生学习结果的预期。教学目标对教学活动起设计指导作用,是教师教学的重要参照。教学目标为教学评价提供标准和依据。

16. C【解析】科学探究一般是指利用科研手段和装备,为了认识客观事物的内在本质和运动规律而进行的调查研究、实验、试制等一系列的活动,它既是学习内容又是学习方式,所以科学探究不一定要在教室或实验室完成;科学探究的八个要素可以根据探究内容和学生的认知特点按照任意顺序进行;科学探究可以独立完成也可以合作完成。

17. B【解析】《义务教育化学课程标准》(2011 年版)规定的基础学生实验有:①粗盐中难溶性杂质的去除;②氧气的实验室制取与性质;③二氧化碳的实验室制取与性质;④金属的物理性质和某些化学性质;⑤燃烧的条件;⑥一定溶质质量分数的氯化钠溶液的配制;⑦溶液酸碱性的检验;⑧酸、碱的化学性质。

18. C【解析】电子由基态获得能量跃迁到激发态,从激发态跃迁到较低的能级,多余的能量以光的形式释放出来,一定波长的光对应一定的颜色。充满氖气的灯发出红光,是由于电子跃迁产生的现象。有光发出,说明有能量的释放,电子由激发态向基态跃迁,但过程中并无新物质的生成,属于物理变化。

19. A【解析】化学基本观念就是中学生在化学学习过程中,通过对化学基础知识或化学学习过程进行反思所形成的能够反映化学本质特征的总观性认识。它是学生通过化学课程的学习,所形成的从化学视角认识事物、解决问题的思想、观点和方法,植根于学生头脑中的化学基本观念,是中学化学教学的第一目标。

20. D【解析】合作学习是指学生为了完成共同的任务,有明确责任分工的互助性学习。合作学习有利于学生之间的交流,可以根据需要适时调整成员。在合作学习中既存在组内合作也存在组间竞争,不影响学生竞争意识的培养。合作学习不宜选择比较难的化学问题,不然会影响学生的学习兴趣和学习效果,应根据“最近发展区”选择难度适宜的问题。

二、简答题

21.【参考答案】(1)①激发学习情感;②促进知识迁移;③发展探究能力;④培养合作意识;⑤提升合作素养。

(2)①利用实验,创设教学情境;②设置化学问题,创设教学情境;③利用化学史和科技成果创设教学情境;④从化学与社会、生活的结合点创设教学情境;⑤利用学生的认知矛盾创设教学情境。

22.【参考答案】(1)从素材中可以看出,道尔顿的原子学说的基础主要有:古希腊哲学家留基伯和他的学生德谟克利特提出的原子理论,拉瓦锡提出的质量守恒定律,里希特提出的当量定律,普罗斯提出的定组成定律,以及后面的倍比定律。前人的这些理论和实验都为道尔顿提出原子学说奠定了基础。

(2)古希腊的原子论是由古希腊哲学家留基伯和他的学生德谟克利特提出来的,但是并没有得到科学的验证。而道尔顿的原子学说是在大量的实验基础上,借鉴前人的思想和研究成果而得出来的,因而也更真实、更可靠、更具有科学说服力。

(3)①化学家对物质的认识和研究,从宏观向微观深入。化学家们通过实验验证打开了原子的大门,逐步提出了原子学说。

②从定性向定量化深入。比如拉瓦锡提出了质量守恒定律,里希特提出了当量定律,普罗斯提出了定组成定律,以及后面出现的倍比定律,都体现了化学向定量化方向发展。

③以化学实验为基础,向理论化发展。由上述几个理论的发展过程可以看出,每一个理论的提出都需要大量的实验事实,同时也是在实验事实的基础上得出理论。

(4)“似乎是用他的手开始实验,却是用他的头脑来结束实验”说出了实验与理论思维之间的关系,真理需要以实验为基础。同时理论思维通过实验现象看到现象的本质,由本质推断实验结果。

三、诊断题

23.【参考答案】(1)C。

(2)正确的解题思路:因为酸度 pH 值与浓度的函数关系图在 pH = 7 的界限附近将呈现出渐近线趋势,而不会跨越 pH = 7 这条界限而变为碱性。

(3)学生选 A 的原因分析:

pH = 6.0 时,$[H^+] = 10^{-6}$ mol/L。

假设原溶液的体积为 V L,将原溶液稀释 100 倍后,体积变为 $100V$ L

则$[H^+] = 10^{-6}V/(100V) = 10^{-8}$ mol/L,

$pH = -\lg[H^+] = -\lg 10^{-8} = 8$。

当溶液可能出现无限稀释的情况时,不能再用上述步骤进行计算。

无论盐酸溶液如何稀释,它依然是酸性溶液,无限稀释时也只能趋近于7,即略小于7,而不会等于7。

四、案例分析题

24.【参考答案】(1)学生的学习结果和教师的预期相差很大的原因主要是教师不恰当的教学设计。在教学中,老师从讲解概念的定义开始,将有关的知识直接传授给学生,尽管教师先给出的“混合物和纯净物”定义为学生提供了一个思考问题的框架,但教学仅仅是为学生提供了接受概念定义和模仿的机会,学生的学习实质上停留在接受事实、记忆事实的水平。忽视了学生形成概念的基础,教学留给学生更多的是文字形式上的定义。而对于缺乏相关经验的学生而言,文字形式上定义的学习就显得毫无意义。

导致教师不恰当的教学设计的根源主要是:一方面教师不重视化学概念的本质及其教学价值分析,忽视了概念知识对学生认识发展的作用。教师对于教学目的的认识还停留在表象层面,缺少对教学目的的本质认识。另一方面教师并未真正了解学生,不知道如何将这些内容呈现给学生。学生的学习,绝不仅仅是对概念的形式上定义的重复,应该包括个人的创造或建构。观察、分类是化学学习的主要内容,学会从物质的组成对物质分类的方法和思想工具比知道某个特定物质是否是纯净物更为重要。因此在概念的学习中,强调学生积极思维就成为一个重要的目标。

(2)从上述案例可以得到启示:教师要以关注学生思维过程和认识发展来设计概念教学。

①通过调研,了解学生已有的知识经验。

对于"混合物"与"纯净物",学生往往以自己的生活经验和直观感受为依据,将纯净等同于"干净洁净""澄清透明""卫生""无污染"等。对于空气是混合物这一知识点,由于教师在课堂上反复提到,所以学生能判断"清新的空气"是混合物,但对于"洁白的雪花",有不少学生还认为它们是纯净物。显然,简单地告知学生通常对改变学生的前概念几乎毫无作用,教师的教学要提供具体的实例,并通过师生或生生互动分析实例,造成认知冲突,才能帮助学生转变错误概念,并正确地建构新概念。有效的课堂教学必须基于对学生情况的了解,从而基于学生经验设计教学。为此,教师必须了解学生的已有知识经验。

②明确学生化学概念学习和认识发展目标。

首先,对化学概念的教学价值进行分析,明确学生的认识发展目标。"混合物和纯净物"概念的教学重在引导学生以化学的视角,从物质组成的角度来认识身边的化学物质,形成对物质分类的初步认识。

其次,基于课标要求和学生的认知基础,对具体概念的学习水平做好规划。学生对"混合物和纯净物"概念的认识要遵循从宏观到微观、从现象到本质的认识过程,并随着学生化学学习的深入而不断丰富和深化。为此需要对"混合物和纯净物"概念的学习做整体设计。

③创设关注学生思维过程和认识发展的学习活动。从促进学生认识发展的角度看,有效的课堂教学活动要与学生已有的知识经验建立联系,活动应充分调动学生思维,通过问题引导和高水平思维的参与,让外显的学习活动有效地转化成学生内在的认识发展。

因此,化学概念教学要关注学生的思维过程,教给学生科学加工的方法,使之成为认识物质及其变化的思想工具。

(其他合理答案亦可)

五、教学设计题

25.【参考答案】(1)学生学习本节课前应具有的相关知识和经验有:可燃物的定义、氧气与二氧化碳的性质、二氧化碳的制取等化学知识;对化学实验的观察与分析的能力;燃烧与灭火的经验。

(2)教学目标

①知识与技能目标:初步认识燃烧现象,知道物质燃烧的必需条件;了解灭火的原理,学会常见的灭火方法。

②过程与方法目标:能利用燃烧的条件解释日常生活中的现象;能利用灭火的原理处理一些突发的失火状况;进一步学习科学探究的一般方法与步骤,学会科学探究的思考方法。

③情感态度与价值观目标:通过探究"燃烧的条件",初步形成富于思考、勇于探索的科学精神;通过学习辩证地认识燃烧现象,体会到学习化学的价值。

(3)教学重点:燃烧条件和灭火原理。

教学难点:燃烧条件的实验探究。

(4)【教学思路】

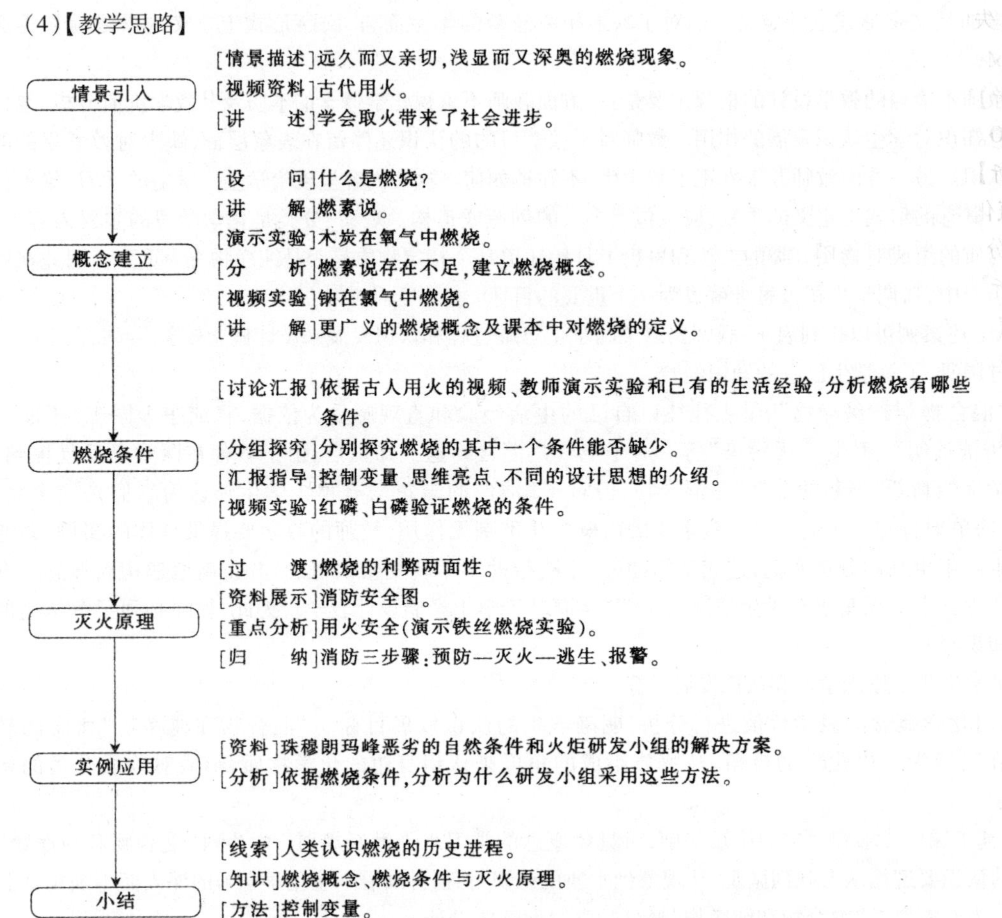

(5)可以演示实验【7－1】，铜片上的白磷燃烧，通过该实验我们能够看到实验的现象是白磷自燃，白磷的燃烧并没有进行点火，所以点火并不是燃烧的条件之一。

预测试卷

教师资格考试预测试卷(一)

一、单项选择题

1. D【解析】②中的$(NH_4)_3PO_4$和④中的$(NH_4)_2S$均为离子化合物，故D正确。

2. C【解析】次氯酸根离子是弱酸阴离子，水溶液中发生水解，1 L 1 $mol\cdot L^{-1}$的NaClO溶液中含有ClO^-的数目小于N_A，故A错误；苯分子中的碳碳键是完全等同的一种特殊的化学键，不存在碳碳双键，故B错误；N_2与CO的摩尔质量相同，都为28 g/mol，都是双原子分子，14 g由N_2与CO组成的混合气体的物质的量$=\frac{14\ g}{28\ g/mol}=0.5$ mol，含有的原子数目为N_A，故C正确；标准状况下气体物质的量$n=\frac{V}{22.4}=\frac{6.72\ L}{22.4\ L/mol}=0.3$ mol，二氧化氮和水反应生成硝酸和一氧化氮的反应为$3NO_2+H_2O=2HNO_3+NO$，氧化还原反应中，消耗0.3 mol二氧化氮，转移电子0.2 mol，故D错误；故选C。

3. A【解析】因硝酸的浓度未知，故根据方程式计算有困难。分析反应的整个流程知，Cu、Ag失电子数等于部分HNO_3转化为氮的氧化物的过程中得到的电子数，氮的氧化物失电子数等于O_2得到的电子数，故

Cu、Ag 失电子总数等于 O_2 得到的电子数。设 Cu 为 x mol,Ag 为 y mol,根据质量守恒和电子得失守恒可列式:$64x+108y=14$,$2x+y=1.12\times4/22.4$。解得:$x=0.05$。所以 $m(Cu)=0.05\ mol\times64\ g\cdot mol^{-1}=3.2\ g$。

4. B【解析】NaI 具有还原性,遇到浓 H_2SO_4 发生氧化还原反应:$2NaI+2H_2SO_4(浓)═══Na_2SO_4+I_2+SO_2\uparrow+2H_2O$。

5. D【解析】由结构简式可知,该有机物的分子式为 $C_{10}H_{18}O$,A 项正确;该有机物中含有碳碳双键可以使溴的四氯化碳溶液褪色,B 项正确;该有机物中含有碳碳双键和羟基,可以使酸性高锰酸钾溶液褪色,C 项正确;分子有两种官能团,分别是碳碳双键和羟基,D 项错误。故答案选 D。

6. A【解析】B 项中高级脂肪酸是弱酸,不能写成 H^+,也不能写═══。C 项中乙醇与浓氢溴酸反应的产物是溴乙烷,且浓氢溴酸应写分子式,溴乙烷也不可拆分。D 项中乙酸乙酯与氢氧化钠溶液反应的实质是水解反应,生成乙醇不能拆分。

7. B【解析】A 选项,生铁中金属铁、碳、潮湿的空气能构成原电池,金属铁为负极,易被腐蚀而生锈,和电化学腐蚀有关;B 选项,纯银饰品久置表面变暗是由于金属银和空气中的氧气发生反应生成氧化银的结果,属于化学腐蚀,与电化学腐蚀无关;C 选项,黄铜(铜锌合金)制品中,金属锌为负极,金属铜作正极,Cu 被保护,不易腐蚀,和电化学腐蚀有关;D 选项,铜、铁和合适的电解质溶液能构成原电池,铁作负极而被腐蚀,和电化学腐蚀有关;故选 B。

8. B【解析】依据 CO_2 和 O_2 的性质选择瓶中试剂及气体入口管。选项 B 中,依据 O_2 的性质,可选择排水法来收集 O_2,但装置中气体入口管选择不当,无法将水排出。因此,选项 B 符合题意。

9. A【解析】提纯粗盐,需先放置酒精灯,然后根据酒精灯调节铁圈高度。

10. B【解析】科学实验是人们获得认识的一个重要来源。

11. D【解析】新课程标准提出义务教育阶段化学新课程三维目标为:知识与技能目标、过程与方法目标、情感态度与价值观目标。

12. B【解析】行为是目标陈述中的最基本成分,也是不可缺少的成分。陈述行为的基本方法是使用一个动宾结构的短语,动词说明动作,宾语说明动作的对象。

13. A【解析】讲授法是以化学教学内容的某种主体为中心,有组织有系统地运用口头语言向学生传授知识,促进学生智力发展的方法。其最大优点是能够在较短时间内,向学生传授大量的知识。

14. C【解析】以语言文字为主要传递媒介的教学方法属于第一层级;以化学实验、实物为主要媒介的教学方法属于第二层级;新的综合方法,如发现法、探究法、启发法、单元结构教学法、程序教学法等属于第三层级。

15. D【解析】学生自我评价是学生作为评价主体,是学生自我认识、自我分析、自我提高的过程。学生自我评价通常采用建立化学学习档案的方式。

16. B【解析】化学课堂教学方案常用的编制形式是:讲稿式、纲要式、表格式、综合式。

17. B【解析】教师主导与学生主体相统一是化学教学的原则之一,它体现了化学教学中的师生关系。

18. A【解析】化学实验的认识论功能包括:(1)化学实验是提出化学教学认识问题的重要途径之一;(2)化学实验可以为学生认识化学科学知识提供化学实验事实;(3)化学实验可以为学生检验化学理论、验证化学假说提供化学实验事实。

19. A【解析】化学新课程倡导的三种主要学习方式是自主学习、探究学习和合作学习。

20. D【解析】吸烟是社会问题,因此题干中的教学情境属于社会问题情境。

二、简答题

21.【参考答案】(1)可能的原因是氯化亚铁溶液中的 Fe^{2+} 被氧化,Fe^{3+} 与 KSCN 反应显红色,若实验中出现红色,说明有 Fe^{3+},所以可能是这些同学的溶液已经发生了变质。

(2)可向此溶液中加入酸性高锰酸钾,由于高锰酸钾与 Fe^{2+} 反应,若酸性高锰酸钾溶液褪色,则说明含有 Fe^{2+}。

(3)实验探究教学,是在教师指导下,学生应用已学过的知识与技能,通过实验来探索化学概念或规律,从而获得知识的方法。在实验探究过程中主要注意以下问题:①指导学生做好实验方案设计;②指导学生做好探究;③指导学生做好表达交流;④对学生的探究做好总结。

22.【参考答案】多媒体教学又可以称为计算机辅助教学,是指在教学过程中,根据教学目标和教学对象的特点,通过教学设计,合理选择和运用现代教学媒体,结合传统手段,共同参与教学全过程,以多媒体的信息形态作用于学生,形成合理的教学过程,达到最优化的教学效果的一种教学模式。多媒体教学的优点:多媒体教学是激发学生兴趣的重要手段;多媒体教学可以形象、方便地突破教学重难点;可以扩大课堂教学容量,提高教学效率;多媒体的应用可以提高教师的综合素质;有利于实现资源共享,全面提高教学质量。

(2)教师在应用多媒体进行教学时,应做到紧扣教材重点,有的放矢;个体突出鲜明,富有创意;适度的艺术性,激发情趣;信息量适度,以学生为主。

三、诊断题

23.【参考答案】(1)正确的结论是 ABC。不同液体混合后,混合后的液体总体积小于混合前的各溶液体积之和,才能说明微粒间是有间隔的,学生得出错误结论的原因可能是对相关原理理解不清楚。

(2)铁丝燃烧属于化学变化,所以遵守质量守恒定律,铁丝燃烧是铁丝与氧气反应生成四氧化三铁,根据质量守恒定律,反应前铁丝与氧气的质量和等于生成的四氧化三铁的质量,因此铁丝在氧气中燃烧后质量增加,故正确;水电解可得到氢气和氧气,说明水分子是可分的,分解为氢原子和氧原子,原子不能再分,故正确;少量白糖加入水中,不久“消失”,说明微粒是不断运动的,故正确;苯和醋酸混合后体积变大,因为苯和醋酸混合后,苯分子与醋酸分子之间的吸引力比苯分子间的吸引力和醋酸分子间的吸引力都要弱,所以苯与醋酸分子间距加大,从而使总体积大于两溶液体积之和,这个实验说明的是分子之间是有作用力的,不能说明微粒间是有间隔的,故错误。

四、案例分析题

24.【参考答案】(1)0。

(2)两个氢分子。

(3)这位老师的课堂组织形式主要采用了小组合作式。

(4)化学概念本身就是一种科学素养,它使学生把握住化学学习的基础,为学生理解和掌握化学的本质提供前提。

五、教学设计题

25.【参考答案】(1)教学重点:①铁的冶炼;②有关化学方程式中杂质的计算;③铁锈蚀的条件及其防护;④合理利用金属资源的意识。

教学难点:①对铁锈蚀条件及其防护措施的初步探究;②有关化学方程式中杂质的计算。

(2)教学目标:①知识与技能:知道一些常见金属如铁、铝、铜等矿物质,了解从铁矿石中将铁还原出来的方法;会根据化学方程式对含有某些杂质的反应物或生成物进行有关计算;了解金属锈蚀的条件以及防止金属锈蚀的简单方法;知道废旧金属对环境的污染,认识回收利用废旧金属等金属资源保护的重要性。

②过程与方法:通过观察、实验、阅读资料、联系实际等方法获取信息;运用比较、分析、联想、分类等方法对所获取的信息进行加工;能主动与他人进行交流与讨论,逐步形成良好的学习习惯和学习方法。

③情感态度与价值观:增强对生活和自然界中化学现象的好奇心和探究欲;关注与化学有关的社会问题,初步形成主动参与社会决策的意识;逐步树立珍惜资源、爱护环境、合理使用化学物质的观念;树立为社会的进步而学习化学的志向。

教学过程:

(板书)金属资源概况

(讲解)地球上的金属资源广泛地存在于地壳和浩瀚的海洋中,除少数很不活泼的金属,如金、银等以单质形式存在外,其余的都以化合物形式存在。以化合物形式存在的金属在自然界中以矿物形式存在。含有矿物的岩石称为矿石。工业上就是从矿石中来提炼金属的。

(请学生观看课本中有关金属资源的图片,或展示矿石样本或放录像。)

(过渡)不同种类的金属在地壳中的含量并不相同。它们在地壳中呈怎样的分布趋势呢?
请大家看课本中"金属元素在地壳中的含量"的资料。
(提问)人类目前普遍使用的金属有哪些?
(答)铁、铝、铜等。
(追问)为什么这三种金属被普遍使用呢?
(学生回答,教师总结)
对,这是因为铝、铁在地壳中的含量是所有金属中最多的。
(追问)铜的百分含量远小于铁和铝的,为什么也普遍应用于我们的日常生活和工农业生产呢?
(可让学生讨论、各抒己见)
(总结)这主要与铜的性质和铜的提炼成本有关。
(追问)那么,自然界含铁、铝、铜的矿石主要有哪些呢?它们的主要成分是什么?
含铁的矿石主要有赤铁矿(主要成分是 Fe_2O_3)、黄铁矿(主要成分是 FeS_2)、菱铁矿(主要成分是 $FeCO_3$);含铝的矿石主要是铝土矿(主要成分是 Al_2O_3);含铜的矿石主要是黄铜矿(主要成分是 $CuFeS_2$)和辉铜矿(主要成分是 Cu_2S)。
(引导学生看课本有关内容)
我国矿物种类齐全,矿物储量丰富,其中钨、钼、钛、锑等储量居世界前列,铜、铝、锰等储量在世界上占有重要地位。
(过渡)现在,人类每年都要向地壳和海洋索取大量的金属矿物资源,以提取数亿吨的金属。其中,提取量最大的是铁。把金属矿物变成金属的过程,叫作金属的冶炼。炼铁的过程称之为铁的冶炼。下面,我们就来学习有关铁的冶炼的知识。
(板书)铁的冶炼
(介绍)早在春秋战国时期,我国就开始生产和使用铁器,从公元 1 世纪起,铁便是一种最主要的金属材料。
(引导学生观看课本中"我国古代炼铁图")
(讲解)钢的主要成分就是铁。钢铁有着非常广泛和重要的应用,它们在某种程度上代表了一个国家工业发展的水平。新中国成立后,我国的钢铁工业得到了飞速发展。(引起学生的爱国情怀)
(过渡)铁矿石是怎样炼成铁的呢?现以赤铁矿的主要成分 Fe_2O_3 为例,来学习研究如何实现铁的冶炼。
(启发)比较 Fe_2O_3 与 Fe 的组成差异,设想用什么方法或试剂去完成铁的冶炼。
(讨论)Fe_2O_3 与 Fe 在组成上只相差一种元素,氧元素。要使 Fe_2O_3 变为铁的关键是使 Fe_2O_3 失去"O"。可能的方案有:
方案 1　加热使 Fe_2O_3 发生分解反应。
方案 2　找寻一种物质使其主动夺去 Fe_2O_3 中的"O"。
(引导学生对以上方案评价)方案 1,要使 Fe_2O_3 分解,需较高的温度;又因为铁在高温下易与空气中的氧气反应,要使 Fe_2O_3 分解成功,还须在非空气氛围中进行,这样成本太高。方案 2 比较切实可行。但选用什么样的物质才能使 Fe_2O_3 失去"O"呢?
(教师引导)我们可以从以前接触过的一些物质中,寻找适合这种条件的物质。请大家回忆、思考并讨论。
Mg、H_2、C、CO 等都符合条件。事实上,这些物质都可以把 Fe_2O_3 中的"O"夺走。但考虑到经济效益等原因,我们一般选用 C 或 CO。
请大家写出以 CO 和 Fe_2O_3 为反应物冶炼铁的化学方程式。
(板书)冶炼原理:$Fe_2O_3 + 3CO \xlongequal{高温} 3CO_2 + 2Fe$
请大家利用自己的智慧,设计一个模拟铁的冶炼过程的化学实验,最好能验证其生成产物。

可引导学生从金属冶炼的一般条件、生成物的证明、尾气的处理等角度进行考虑。如根据经验学生可判断出金属冶炼的一般条件是高温；根据以前所学知识学生可想象到用澄清石灰水验证 CO_2；用磁铁验证铁的生成；CO 有毒，尾气应处理等。

（演示一氧化碳还原氧化铁的实验）

注意：

①实验前应先通 CO 把装置内的空气排干净，然后再加热；反应完成后，须待试管内物质冷却后再停止通 CO。

②反应完毕后，把得到的黑色粉末倒在白纸上观察，并验证它能不能被磁铁吸起，以判断反应中是否生成了铁。

（介绍）把铁矿石冶炼成铁是一个复杂的过程。工业上炼铁时，把铁矿石和焦炭、石灰石一起加入高温炉中，在高温下，利用焦炭与氧气反应生成的一氧化碳把铁从铁矿石里还原出来。

（过渡）在冶铁的实际生产过程中，所用的原料或产物一般都含有杂质，故在计算用料和产量时就不可能不考虑杂质问题。

（板书）有关杂质的计算

（投影例题）用 1000 t 含氧化铁 80% 的赤铁矿石，理论上可以炼出含铁 96% 的生铁多少吨？

（分析）本题是有关化学方程式的计算，但化学方程式表示的是纯净物质之间的数量比，而不表示不纯物质之间的数量关系，故计算时须先进行换算。如果题目给出或要求算出不纯物质的质量，必须先换算成纯净物质的质量，或先计算出纯净物质的质量再换算成不纯物质的质量。

（学生活动）

（总结并板书）根据化学方程式进行计算时，要把含杂质物质的质量换算成纯物质的质量。

教师资格考试预测试卷（二）

一、单项选择题

1. A【解析】“绿色食品”并非指绿颜色的食品，而是特指无污染的安全、优质、营养类食品，故 B 错误。稀有气体在一定条件下也可发生反应，故 C 错误。纯牛奶的营养成分很高，含有多种物质，故 D 错误。
2. D【解析】溶液的分散质微粒直径 <1 nm；浊液的分散质微粒直径 >100 nm；胶体溶液分散质微粒直径为 $1\sim100$ nm，故 D 正确。
3. D【解析】硫化羰是由三种元素组成的纯净物，不属于氧化物，所以 A 项错误；硫化羰的相对分子质量为 60 大于 29，则硫化羰的密度大于空气，故 B 错误；硫化羰可与氧气反应，所以不能作灭火剂；故答案选 D。
4. B【解析】质子数相同而中子数不同的同一元素的不同原子互称为同位素，所以 ^{137}Cs 和 ^{133}Cs 的质子数相同，137 和 133 表示二者的质量数，因此 A 项错误；同周期元素（除 0 族元素外）从左到右，随着核电荷数的逐渐增多，原子核对外层电子的吸引力逐渐增强，因此原子半径逐渐减小，B 项正确；同主族元素从上到下，随着核电荷数的逐渐增多，电子层数逐渐增多，原子半径逐渐增大，原子核对外层电子的吸引力逐渐减弱，非金属性逐渐减弱，因此第ⅦA 族元素从上到下，其氢化物的稳定性逐渐减弱，C 项错误；同主族元素从上到下，单质的熔点有的逐渐降低，例如ⅠA 族，而有的逐渐升高，例如ⅦA 族，所以 D 项错误。
5. C【解析】A 项用水可鉴别，乙醇与水互溶；甲苯分层在上；硝基苯在水层下。B 项用溴水可鉴别，苯不反应；苯酚产生白色沉淀；乙烯使溴水褪色。D 项可用新制 $Cu(OH)_2$ 悬浊液鉴别，甲酸和乙酸能溶解 $Cu(OH)_2$，且加热后只有甲酸会生成砖红色沉淀；乙醛常温下和 $Cu(OH)_2$ 不反应，加热生成砖红色沉淀。C 项只用一种试剂无法鉴别。
6. C【解析】该反应正方向是体积减小的反应，减小压强正逆反应速率都减小，平衡向逆向移动，故本题选 C。
7. A【解析】根据质量守恒定律可知，反应前后原子的种类没有改变，数目没有增减。故反应前已知的原子个数为:碳原子 2 个、氢原子 18 个、氧原子 25 个、硫原子 6 个。反应后原子个数为:铬原子 4 个、硫原子 6 个、氧原子 37 个、碳原子 2 个、氢原子 18 个。故可知 4X 中含有铬原子 4 个和氧原子 12 个,故物质 X 的化学式为 CrO_3。

8. B【解析】设 H_2、CH_4 的物质的量分别为 x、y mol。标准状况下混合气体体积为 112 L,则 $x+y=5$,根据已知中热化学方程式可得,$571.6x/2+890y=3695$,联立方程,解得 $x\approx1.25$ mol;$y\approx3.75$ mol,两者比为1:3,故选 B 项。

9. B【解析】A 项属于取代反应,C、D 两项属于氧化反应。

10. D【解析】由方程式可知,当生成4.4 g R,同时生成3.6 g Q,根据质量守恒可知,参加反应的 Y 为4.4 g+3.6 g-1.6 g=6.4 g。因此 Y 和 Q 的质量比为6.4 g:3.6 g=16:9。

11. B【解析】化学是一门实验科学,化学教学的基本特征是以实验为基础,无论是在提出问题还是在解决问题的过程中,化学实验是我们创设化学教学情景最丰富的情景素材。

12. A【解析】化学课程目标是人们赋予化学课程教育功能时所规定的最低教育要求。

13. A【解析】探究性学习追求学习过程和学习结果的和谐统一,接受学习、重视学习的结果,更加关注学习的过程。探究性学习非常注重学习过程中潜在的教育因素,它强调尽可能地让学生经历一个完整的知识的发现、形成、应用和发展的过程。

14. B【解析】学生是化学探究实验教学的主体。

15. C【解析】讲述法常用于介绍化学史实,叙述化学概念和化学理论的内容;讲解法是指对概念、原理、原则、公式、要领、观点等进行解释或论证的一种讲授方法;讲演法常用来分析化学事实,帮助学生形成和理解化学概念,解释和论证化学原理等比较复杂的内容。

16. C【解析】角色扮演教学法是以学生为中心、教学互动的一种提高学生参与积极性的教学方法。它让学生在模拟的情景中进行实际练习,有利于掌握实际操作能力。根据题意,该教师让学生分别代表化工产品生产者、消费者、环保工作者就此问题发表观点,属于角色扮演教学。

17. B【解析】略。

18. A【解析】题干的描述是启发性原则的具体体现。

19. C【解析】练习题不能很多,不能搞题海战术。但练习题要精,考查的内容要全面,习题类型要多样,应能满足不同层次学生的需要。

20. D【解析】利用计算机模拟化学实验有助于学生理解知识,但模拟实验无法全面体现化学实验的功能,不能替代化学实验。

二、简答题

21.【参考答案】(1)在第 1 组实验里,二氧化碳气体没经过干燥处理,棉花能燃烧起来。在第 2 组实验里,二氧化碳气体经过干燥处理,棉花不能燃烧。我们可作这样的推断:过氧化钠与水反应,有氧气生成;过氧化钠不与干燥的二氧化碳反应。通常情况下,过氧化钠与二氧化碳不反应,但在水蒸气催化作用下,过氧化钠与二氧化碳反应,有氧气生成,因此本实验成功的关键在于水的存在。

(2)演示过程可以边演示边讲解,促进学生思考。进行化学演示实验教学时应注意:实验之前要做好实验分析、实验演示与教学内容有机结合、演示实验要保证每一位同学的观察效果、要注意实验安全问题、在实验过程中教师的实验操作要做到规范和标准。

22.【参考答案】(1)以"氧化物"这一化学概念为例,化学概念至少包含 4 个要素:①概念的名称,代表同一类事物,"氧化物"是这一概念的名称;②概念的内涵,氧化物是一类含有两种元素且一种是氧元素的化合物;③概念的外延,即概念所包含的一切对象,氧化物包括所有含有氧元素的二元化合物;④概念的正例、反例,同类事物即为其正例,非同类事物则为其反例,如氧化铜、氧化镁、二氧化碳是其正例,碳酸钙、氯化钠是其反例。

(2)概念形成是通过知觉、辨别、假设、检验等心理过程,找到被肯定的属性并将之应用到概念正例中,排除非本质属性,发现概念关键属性的过程。一般要经过感知阶段、加工阶段、初步形成阶段、联系整合阶段、运用阶段这五个基本阶段。

三、诊断题

23.【参考答案】(1)学习诊断的方法主要有提问,谈话和测验,该教师应用的诊断方法是测验。反馈的基本策略有确定反馈、修正反馈、解释反馈、诊断反馈、深化反馈。该教师的反馈策略属于诊断反馈。

(2)本题的正确选项是B和D,学生没有选择正确选项的原因有:不知道氮气的化学性质稳定,不清楚呼吸作用所涉及的化学反应。

(3)学生误选A选项的原因:不知道金刚石的硬度大属于物理性质。学生误选C的原因:不知道活性炭吸附的过程没有新物质生成,没有发生化学反应,不属于化学性质。

正确的解题思路如下:A选项:金刚石用于切割玻璃是因为金刚石硬度比较大,而硬度属于物理性质,故A选项错误。B选项:氮气可以用作食品包装袋的填充气,是因为氮气化学性质稳定,涉及的性质属于化学性质,故B选项正确。C选项:活性炭用作吸附剂应用的是活性炭的吸附性,在这个过程中并没有发生化学变化,所以应用的性质属于物理性质,故C选项错误。D选项:用氧气供给病人呼吸,发生的是呼吸作用,有新物质生成,属于化学变化,应用的性质属于化学性质,故D选项正确。

四、案例分析题

24.【参考答案】(1)从元素周期表的发现始末可以归纳出科学的化学理论发展需要经过5个阶段:量的积累阶段、假说阶段、验证阶段、完善阶段、解释阶段。

(2)影响化学科学发展的因素:①化学科学的发展,有赖于哲学和其他学科的发展;②化学科学的发展,有赖于化学分析手段的发展;③化学科学的发展,有赖于科学家坚持不懈的努力和对前人知识的积累。

(3)关于量变质变规律,黑格尔以辩证法观点第一次给质与量下了明确的定义,并阐明了两者的关系,指出事物的发展由量变到质变,质变是飞跃,是渐进过程的中断。门捷列夫在前人工作的基础上,运用了量变质变规律,制定了元素周期表;元素周期表是元素周期律的具体表现形式,它反映元素原子的内部结构和它们之间相互联系的规律,充分反映出量变质变规律。根据元素周期表可以推测各种元素的原子结构以及元素及其化合物性质的递变规律,预测新的元素的存在和性质。

五、教学设计题

25.【参考答案】(1)教学重点:物理变化、化学变化的概念;它们的区别、联系与运用。

教学难点:理解化学变化的实质;对实验现象的正确描述。

(2)教学目标:

①知识与技能目标:通过对日常生活现象和化学实验现象的观察和分析,理解物质变化的初步概念;能运用概念判断一些典型的物理变化和化学变化;初步了解基本的化学实验技能。

②过程与方法目标:初步学会运用观察、实验等方法获取信息;初步了解用文字、化学语言表述有关的信息,用比较、分类、归纳、概括等方法对获取的信息进行加工;能主动与他人进行交流和讨论,清楚地表达自己的观点,逐步形成良好的学习习惯和学习方法。

③情感态度与价值观目标:增强热爱祖国的情感,树立为民族振兴、社会进步学习化学的志向;发展善于合作、勤于思考、严谨求实和实践的科学精神;初步建立科学的物质观,增进对“世界是物质的”“物质是变化的”等辩证唯物主义观点的理解。

教学过程:

教学内容	教学环节与方法	教师活动	学生活动
物理变化和化学变化	【展示图片】水结冰、燃放烟花、铁生锈、蜡烛燃烧	【提问】我们生活中常见的这些现象中,哪些是有新的物质生成的,哪些没有新物质生成呢	思考、回答

续表

教学内容	教学环节与方法	教师活动	学生活动
物理变化和化学变化	【演示实验】将纸剪成碎片、将纸张点燃	边演示实验，边引导学生观察现象分析问题	观察现象，思考同一物质在不同变化中是否有新物质生成
	【分组实验】分组进行【实验1－1】【实验1－2】【实验1－3】和【实验1－4】	指导学生如何观察实验现象及如何记录实验现象	进行分组实验，合作学习，观察现象并填写实验报告单
	【交流讨论】分组实验的现象和结论 讨论：1. 实验1－1和实验1－2有什么共同特征？ 2. 实验1－3和实验1－4有什么共同特征？ 3. 实验1－1、1－2与实验1－3、1－4有什么本质区别	组织和指导小组讨论和全班交流	小组选派代表汇报实验现象和结论 回答： 1. 都没有新物质生成 2. 都有新物质生成 3. 是否有新物质生成
	【提出概念】物理变化和化学变化 1. 物理变化：没有生成新物质的变化 2. 化学变化：生成了新物质的变化	引导学生形成概念、理解概念 物理变化：现象有物质状态、形状、大小的改变 化学变化：常伴随的现象有发光、放热、变色、放出气体、变味、生成沉淀	掌握物理变化和化学变化的概念和区分 1. 物理变化 举例：矿石粉碎、三态变化、气球爆炸、灯泡发光、酒精挥发等 2. 化学变化 举例：食物腐烂、金属生锈、燃烧、火药爆炸等
	【演示实验】氢氧化钠溶液和胆矾溶液的反应、向澄清石灰水中通入二氧化碳、镁带和稀盐酸的反应、火柴燃烧	指导学生观察实验现象	感受化学变化中常伴随的现象
	【交流讨论】物理变化和化学变化的区别与联系	组织讨论，及时给予评价和指导	思考、参与讨论
	【巩固练习】下列古诗或成语中哪些描述的是化学变化（） A. 木已成舟 B. 点石成金 C. 春风又绿江南岸，明月何时照我还？ D. 春蚕到死丝方尽，蜡炬成灰泪始干	指导、评价	两人小组讨论，然后参与全班交流

续表

课堂小结	构建知识框架
课后作业	略

板书设计：

化学变化和物理变化

1. 物理变化

(1)定义：没有生成其他物质的变化

(2)现象：物质状态、形状、大小的改变

(3)举例：矿石粉碎、三态变化、气球爆炸、灯泡发光、酒精挥发等

2. 化学变化(又称化学反应)

(1)定义：生成了其他物质的变化

(2)常伴随的现象：发光、放热、变色、变味、放出气体、生成沉淀

(3)举例：食物腐烂、金属生锈、燃烧、火药爆炸

3. 物理变化和化学变化的本质区别：变化时是否有新物质生成

4. 两种变化的联系

化学变化中__一定__有物理变化

物理变化中__不一定__有化学变化

教师资格考试预测试卷(三)

一、单项选择题

1. D【解析】汤姆逊最早发现了电子；张青莲为相对原子质量的测定做出了卓越贡献；门捷列夫首先发现了元素周期律，并编制了元素周期表；侯德榜发明了联合制碱法。故本题选 D。

2. B【解析】硝酸是氧化性酸，且浓硝酸的氧化性强于稀硝酸的，A 正确。铜与浓、稀硝酸反应的还原产物分别是 NO_2 和 NO，没有单质生成，故不属于置换反应，B 错误。硝酸是氧化性酸，金属与硝酸反应均不产生 H_2，C 正确。铁和铝遇冷浓硝酸钝化，故可盛装浓硝酸，D 正确。

3. B【解析】由题意知，B 为 AgBr 沉淀，则 A 中一定含有 Br^-，酸化的 $AgNO_3$ 溶液具有氧化性，A 中可能含有 Fe^{2+} 或 Fe^{3+}，但 C 中一定含有 Fe^{3+}。

4. D【解析】A 选项中，d 电极是阴极，应该是溶液中的阳离子 H^+ 放电，故 A 错。B 选项中，a、c 均为阳极，甲池中是 OH^- 放电产生 O_2，乙池中是 Cl^- 放电产生 Cl_2，故产生气体的物质的量不相等，故 B 错。C 选项中，甲池电解硫酸铜溶液，溶液的 pH 减小，乙池电解氯化钠溶液，溶液的 pH 增大，故 C 错。

5. A【解析】由化学计量数与反应能量成正比，且反应放热可知答案选 A。

6. A【解析】蛋白质中加入 $(NH_4)_2SO_4$ 溶液属于盐析，可提纯蛋白质，故 A 正确。吞服“钡餐”不会引起中毒，硫酸钡不溶于水，故 B 错。酶的催化效率不是温度越高越好，故 C 错。含有苯环的蛋白质遇到浓硝酸才会变成黄色，故 D 错。

7. C【解析】本题考查纯净物和混合物的区别与联系，纯净物是由一种物质组成的，如氧气、氮气、二氧化碳等都是纯净物。混合物是由两种或多种物质混合而成的，如空气是由氮气、氧气、稀有气体、二氧化碳等多种成分组成的，这些物质相互间没有发生反应，各物质都保持各自的性质。

8. B【解析】血液是胶体分散系，$FeCl_3$ 是电解质，其溶液能使胶体聚沉。

9. A【解析】减少双氧水的用量会影响生成氧气的质量,不符合题意,故选 A。

10. C【解析】元素 F 的最外层电子数为 7,但 F 无正价,最高化合价不是 +7,A 错。多电子原子中,在离核较近的区域内运动的电子的能量较低,B 错。同周期的 P、S、Cl 的核电荷数依次增大,最外层电子数依次增多,非金属性依次增强,故其最高价氧化物对应水化物的酸性依次增强,C 正确。在元素周期表中,处于金属与非金属分界线附近的元素为"类金属",具有两性,而"过渡元素"位于元素周期表中的ⅡA 族与ⅢA 族之间,均为金属元素,D 错。

11. D【解析】教学语言的特点包括科学性、启发性、逻辑性、教育性、趣味性。

12. A【解析】新课程改革将课堂教学的本质定位于交往,倡导建立以"主动参与、乐于探究、交流与合作"为特征的学习方式,把教学过程看作是一个动态发展的教与学统一的交互影响、交互活动、师生共同发展的成长历程。

13. C【解析】A 项,"知道"与"找到"是同一水平,"了解"和"认识"是同一水平;B 项,由低到高的顺序是列举、识别、说明、设计;D 项,由低到高的顺序是记住、比较、解释、评价。因此选 C。

14. D【解析】D 应为交叉关系。

15. D【解析】学能倾向性考试是以考查学生能力发展倾向,对某一学科的学习是否特别有前途、有效果为宗旨的考试。

16. D【解析】教材有以下分类:按照教材所用的载体质地来划分,有实物质教材、纸质教材、胶片质教材、磁带质教材和磁盘质教材。按照教材的呈现特点来划分,有书面印刷教材(包括教科书、参考书、练习册、实验手册、阅读材料等)、视听教材(如录像带、光盘和各种教学软件等)、电子教材和多媒体教材。按照教材在教学过程中的作用来划分,有基本教材(如教科书)、辅助教材(如教学参考书、自学指导书、补充讲义、图册、练习册、实验手册、视听教材、各种光盘、网络资料等)。

17. C【解析】"以实验为基础"是化学学科的基本特征。

18. C【解析】课程教学设计是对这一阶段要进行的教学内容的整体布局,有着其整体性的一面,比较宏观,但强调的是结构与支撑;单元教学设计是将一个单元的知识内容、过程与方法、情感课时目标进行微观设计,强调的是知识呈现的方法、学生能力的提升、过程与方法的落实以及情感态度与价值观方面的体现。因此不同的教学设计侧重点不同,是以化学教学不同层次的目的、要求和作用为依据的。因此选 C。

19. B【解析】通过一些有效措施使化学实验对实验场所和环境的污染程度降到最低限度是指化学实验清洁化。

20. B【解析】义务教育化学课程标准中对实验技能提出如下要求:(1)能进行药品的取用、简单仪器的使用和连接、加热等基本的实验操作;(2)能在教师的指导下根据实验需要选择实验药品和仪器,并能安全操作;(3)初步学会配制一定溶质质量分数的溶液;(4)初步学会用酸碱指示剂、pH 试纸检测溶液的酸碱性;(5)初步学会根据某些性质检验和区分一些常见的物质;(6)初步学习使用过滤、蒸发的方法对混合物进行分离;(7)初步学习运用简单的装置和方法制取某些气体。

二、简答题

21.【参考答案】(1)该教学过程有利于培养学生的实验操作能力;分析实验现象,得出实验结论的能力;观察、记录和表述的能力,使学生初步形成科学探究意识。

(2)苯酚的物理性质:无色晶体,有特殊气味。常温下在水中溶解度不大,65℃时与水任意比互溶,易溶于有机溶剂中。

(3)实验教学有助于学生认识实验在化学科学中的地位,了解化学实验研究的一般过程,激发学生对科学的兴趣,引导学生在观察、实验和交流讨论中学习知识,形成实事求是、严谨细致的科学态度,培养创新精神和实践能力。

22.【参考答案】(1)学生在中学阶段的化学学习过程中,形成的基本观念主要包括:微粒观、能量观、变化观(结构观等其他化学基本观念也可)。

(2)分类观是指在学习和研究化学物质过程中，遵照物质变化的规律对研究对象的特点进行系统、规律性的思维导向。

分类观对于学生的学习有如下作用：一是可以促进学生在认识某种物质过程中自觉地对物质进行分类，二是可以通过联想其他物质间的联系，同时运用化学这门科学的思维形式来对物质世界有更深入的认识，进而促进学生对物质世界的变化有更加深刻的了解和认识。因此在教学中我们可以通过如下的方式帮助学生形成分类观：

①巧妙地将“分类观”的思想融合到日常的教学之中。

例如：在化合价的学习过程中，对于学生化合价的记忆，可以一改以往直接将化合价顺口溜给出，让学生去背诵的方式。课堂上让学生在教师的指导下，先对化合价进行分类整合，再分组去编写顺口溜。通过这一学习过程，既培养了学生的分类意识和能力，也帮助学生高效地记忆了化合价。

②改变传统的单元复习模式，在加强分类观指导的前提下，将单元知识的梳理复习交给学生。在课堂教学中，要善于设计题目，能从典型题目出发，引导学生进行分类观思想的培养。

例如：对于气体制取和收集装置的复习，可设计如下一题：

小明同学在实验过程中，将一种固体和一种液体混合，发现有气泡冒出。

a. 请你根据这一现象，猜想该固体和液体可能的组合有哪些？

b. 根据你的猜想，选择出合理的装置制取和收集该气体。

此题能有效训练学生对于固体与液体间反应的分类能力。教师在讲解过程中，也可以引导学生从分类的角度去思考问题。在课堂上能坚持不懈地进行这类分类观的教学，学生比较、分类、归纳、概括的自我学习能力就慢慢得到了发展。

③善于整合相关知识，及时将课本前后知识进行科学的串联，使学生对于相关知识能融会贯通。

例如：当讲到《物质构成的奥秘》时，学生对于分子、原子、元素的概念有了较深的理解，初步掌握了化学式的书写。在这个时候，可以从宏观和微观两个角度再次对纯净物的简单分类进行一次深入的探讨。这对学生在物质分类网络的架构方面是有很大帮助的。

三、诊断题

23.【参考答案】(1)灭火是依据燃烧的条件来逐一实现的：①移除可燃物；②隔绝空气；③使温度降低至着火点以下来达到灭火的目的。

(2)因为二氧化碳“不可燃，不助燃，并且密度比空气大”，所以可用来灭火。

(3)学生对二氧化碳灭火的原理理解不透彻。不可燃、不助燃的气体不一定能够灭火，密度必须比空气大，从而能隔绝氧气使火焰熄灭。

四、案例分析题

24.【参考答案】(1)方案1从实验原理来讲是不可行的。碳酸钙不溶解，加水过滤不会得到摩擦剂。

(2)方案3和方案4两个方案从原理上讲是可行的，都可以达到制取摩擦剂的效果，但是从实验过程来讲，都涉及到高温的过程，在课堂实验的条件下不容易达到。

(3)根据评价过程中评价者的不同，可把教学评价分为自我评价及他人评价。在本案例中，所使用的评价方式主要是学生在自我反思的基础上进行自我评价。自我评价是指被评价者自己参照评价指标体系对自己的活动状况或发展状况进行自我鉴定。

五、教学设计题

25.【参考答案】(1)重点：元素的概念和元素符号。

难点：元素和原子的区别与联系；元素符号的含义。

(2)教学目标：

①知识与技能

了解元素的概念，熟练识别、书写和背诵常见元素的名称及符号；了解元素符号的意义；初步认识元素周期表，知道它是学习和研究化学的重要工具。

②过程与方法

通过元素周期表发现史的教育,体会科学探究的一般过程和方法。

③情感态度与价值观

通过元素周期表探究元素之间的规律性联系,对学生进行辩证唯物主义教育——量变引起质变的思想。

教学过程:

教学过程	教师活动	学生活动	设计意图
导入新课	由学生根据水分子模型制作氢分子、氧分子、二氧化碳分子、一氧化碳分子模型	学生亲自动手制作模型	在学生已有的知识的基础上,利用学生感兴趣的问题将学生的思维引向深入,在制作模型的过程中充分感受到原子是有类别之分的,不同的原子大小是不同的,分子具有独特的立体结构等许多微观知识
元素概念	提问:元素指的是什么? 教师引导学生将模型中相同的原子放在一起,并提供3种氢原子和3种碳原子 引导并板书:元素是指具有相同核电荷数(即质子数)的同一类原子的总称 元素与原子的比较	归纳概括出元素概念 交流、讨论元素概念中的关键字词,明确元素的特点 交流、讨论、归纳、整理	在具体的认识过程中体验归纳总结出元素概念 体会元素是一类原子的总称的概念 体会元素与原子的关系建构宏观与微观的联系
元素符号	指导学生阅读教材 归纳讲解: 书写元素符号时的注意事项	阅读、交流	激发学生的好奇心,求知欲 了解前人对元素符号的贡献,培养学生提取图片信息的能力和热爱化学的情感态度价值观
元素的表示方法和元素符号的意义	提问:自然界的元素用中国人的方法可以表示出来就是中国名字,其他国家的人是如何表示的?跟我们一样吗?如果不一样该如何办? 讲授:元素符号与写法 指导书写:常见元素符号,元素符号表示的意义	阅读教材,理解元素符号,掌握元素符号写法 练习常见元素符号书写	自主学习规律意识 掌握元素符号的工具
元素周期表	提问:前面我们学到的原子的结构又如何反映元素的关系? 指导阅读课本内容	思考 阅读 体会理解	初步认识元素周期表的结构

续表

教学过程	教师活动	学生活动	设计意图
课堂小结	通过本节课的学习,你有哪些收获或疑问	以小组讨论的方式对本课题进行归纳小结,然后各小组派代表发言	培养学生的归纳、表达能力
教学反思	这是一节思考讨论式的探究学习课,学生通过解决一系列问题来认识元素和元素符号,在学习知识的过程中体会科学方法的应用,建立物质的元素观		

教师资格考试预测试卷(四)

一、单项选择题

1. B【解析】A 项,晶体硅可用于制作半导体材料是由于其导电性介于导体与绝缘体之间,A 项错误;B 项,氢氧化铝具有弱碱性,能中和胃酸,可用于制胃酸中和剂,B 项正确;C 项,漂白粉具有强氧化性,可用于漂白纸张,C 项错误;D 项,氧化铁能与酸反应,与制作红色涂料无直接对应关系,D 项错误。故本题选 B。

2. D【解析】HCO_3^-、Al^{3+} 发生双水解生成沉淀和气体,不能大量共存,A 项不符合;由水电离出来的 H^+ 和 OH^- 浓度的乘积为 1×10^{-24} 的溶液可酸可碱,酸性条件下 I^-、NO_3^- 因发生氧化还原反应不能共存,碱性条件下,NH_4^+ 不能大量存在,C 项不符合;有 Cu^{2+} 存在为蓝色溶液,C 项不符合;D 项碱性环境下可大量共存。

3. D【解析】热化学方程式与离子方程式的书写和正误判断是中学化学的重点内容。燃烧热是指 1 mol 可燃物完全燃烧生成稳定的化合物时所放出的能量,气态水不属于稳定的化合物,故 A 错;0.5 mol N_2 完全反应时放出的热量是 19.3 kJ,合成氨反应是可逆的,故其热化学方程式 $|\Delta H| < 38.6$ kJ/mol,B 错;氨水是弱电解质,离子方程式中要用化学式表示,故 C 错;Al_2O_3 与碱溶液反应生成 AlO_2^- 和水,故 D 正确。

4. A【解析】本题综合考查元素及其化合物的性质以及化学反应方程式的处理。假设 4 种物质的物质的量均为 1 mol,则高温分解生成的气体的物质的量依次为 0.5 mol、1.5 mol、3 mol、1 mol,所以 A 正确。

5. C【解析】由于金属活泼性 Fe > Cu,Fe^{3+} 先氧化 Fe,后氧化 Cu,因此溶液中不会出现有铁无铜的现象。

6. B【解析】对平衡 $2NO_2 \rightleftharpoons N_2O_4$,$\Delta H < 0$ 来讲,升高温度,平衡向左移动,气体颜色变深,反之气体颜色变浅。

7. B【解析】碳碳双键能使溴水褪色,也能使酸性 $KMnO_4$ 溶液褪色,A 对。与 H_2 充分反应得到 1 - 丙醇,B 错,满足题意。醛基能发生银镜反应,表现出还原性,C 对。醛基在一定条件下能被空气中的氧气氧化,D 对。

8. C【解析】将浓硫酸滴到蔗糖表面,浓硫酸因脱水性使蔗糖脱水碳化,浓硫酸因强氧化性与碳反应生成二氧化碳和二氧化硫气体,所以蔗糖固体变黑膨胀,A 错误;Al 放入浓硝酸,因浓硝酸具有强氧化性使 Al 钝化,阻碍反应继续进行,B 错误;Na 放入无水乙醇中,会与活泼性较强的羟基反应,置换出氢,C 正确;铁与水蒸气在高温下反应生成黑色的四氧化三铁和氢气,D 错误。

9. A【解析】A 项反应前后气体体积不发生变化,改变压强不会使平衡发生移动。

10. C【解析】由结构简式可知,有机物分子式为:$C_8H_9NO_2$,故 A 错误;不含碳碳双键,与溴水不发生加成反应,故 B 错误;分子中含有硝基和苯环,且苯环上有三个取代基,则取代基为硝基和甲基,对应的同分异构体可看作硝基分别取代邻二甲苯、间二甲苯、对二甲苯的 H 原子,同分异构体分别有 2、3、1,共 6 种,故 C 正确;酚羟基的酸性比碳酸弱,与碳酸钠反应不生成二氧化碳气体,故 D 错误。故选 C。

11. B【解析】技能性知识是指与事实性知识和理论性知识相关的化学用语、化学实验技能、化学计算技能等形成与发展的知识。因此选 B。

12. B【解析】课程目标包括知识与技能,过程与方法,情感态度与价值观三个维度。

13. D【解析】化学是一门以实验为基础的学科,化学用语是化学学科的重要特征。A、B、C 三项在其他理科的教学中均有体现。因此选 D。

14. D【解析】讲授教学法的主要缺点是:学生的自主性得不到发挥,容易导致学生机械的、被动的、“填鸭式”的学习。

15. A【解析】技能的学习不是一蹴而就的,是有阶段性的,需经历一个从初步学会到熟练掌握的过程。

16. D【解析】我国新一轮课改在学习方式上特别强调和提倡自主学习。自主学习模式注重了学生的主体性、能动性、独立性。

17. D【解析】课时教学设计中,对教学内容进行分析研究包括教学内容的知识类型、教学内容的逻辑顺序、教学内容的重点和难点、教学内容的知识价值等几个方面。

18. A【解析】合作学习是基础教育课程改革提倡的学习方式,它以小组为单位,通过学生或学生群体间的合作性互动来促进学习,达到整体学习成绩最佳的学习组织形式,其具备多方面的优势:有利于激发学生的学习动机;有利于学生间的互动交流、沟通;有利于合作与尊重的人际关系的生长;有利于个人自信心的增长;有利于认识风格不同的学生,相互学习,提高学习动力。

19. C【解析】课堂教学提出的问题可分为导向性问题、形成性问题和评价性问题。

20. B【解析】A 项,教师教学认知能力是以教学系统为认知对象,对教学目标、学习任务、学习者特点、教学策略与方法以及教学情境等进行分析判断的能力;B 项,教学监控能力是指为保证教学达到预期的目标,在教学的全过程中将教学活动本身作为意识的对象,不断对其进行积极主动的计划、检查、评价、反馈和调节的能力。教学监控的作用主要在于控制和调节,以保证教学能够顺利进行;C 项,教学操作能力是指教师在实现教学目标过程中解决具体教学问题的能力;D 项,教学沟通能力指教师在实现教学目标的过程中与教材、学生、社会等各方面信息交流的能力。

二、简答题

21.【参考答案】(1)在教学中设置综合课程要注重学科知识间的相互联系,使各个学科相互配合,区别异同,协调发展,可提高学生对学科之间的相互渗透意识和自觉性,增强用相关学科知识来分析解决交叉及复合问题的能力,使学生解决问题的思维在不同学科之间自然衔接,促进知识综合,对培养学生的综合素质具有十分重要的意义。

(2)新课程下,化学教学要以提高学生的科学素质为重点,促进学生的全面发展,对于基础化学课程来说,应着重提高学生的思想道德素质、以化学为主的文化科学素质和心理个性素质。化学课程应面向全体学生,培养科学素养;突出科学探究,培养创新能力;营造真实情境,实施 STS 教育;整合课程内容,扩展认识视野;倡导多元评价,促进学生发展。

22.【参考答案】学习动机是直接推动学生进行学习活动的心理动因,是直接推动学生学习的内部动力,它具有激发学生学习的积极性和指示学习方向的作用。学习动机的激发指使潜在的学习动机转化为学习的行动,即利用一定的诱因,使已形成的学习需要由潜在的状态转入活动状态,从而使学生产生强烈的学习愿望。本案例中,教师通过对该学生进行正确的评价和在教学过程中不断地肯定和表扬,有效地激发了该生的学习动机,使他从单纯地为得到教师的肯定而努力学习转化为对化学产生了浓厚的兴趣,也即从外部动机转化为内部动机,有效地提高了该生的化学成绩。

三、诊断题

23.【参考答案】(1)CO_2和 N_2。

(2)过程①吸收 O_2;过程②吸收 CO_2;过程③吸收 H_2和 CO,但放出 CO_2;过程④吸收 $H_2O(g)$,所以最后

只剩下 CO_2 和 N_2。

(3)学生没有扎实地学好基础知识与基本技能，知识的结合力、综合力差，忽略了灼热的氧化铜吸收 CO 的同时还会产生 CO_2。

四、案例分析题

24.【参考答案】刘萌的学习方式属于自主学习。

教师在组织、指导学生采用自主学习时，要注意的问题有：

(1)引导学生认识到“学会学习”是自学的首要任务，充分认识这点对于适应学习型社会，增加自身发展潜能的重要意义。

(2)通过教师示范，让学生逐步学会自己收集、选择学习材料，并学会自己确定学习任务、学习重点、学习要求、学习程序和学习方法等。

(3)指导学生“动笔”勾画重要内容，记好阅读笔记；指导学生“动手”练习，加深对知识的理解和运用；指导学生“动脑”思考，善于发现问题和解决问题；重视结论的产生过程。

(4)让学生逐步掌握学习各类内容的规律。

(5)注意组织好自主学习成果的交流、讨论和示范活动。

五、教学设计题

25.【参考答案】(1)教学价值：

①通过本课题的学习，建立溶液、溶质、溶剂的概念，能够为今后溶解度和溶质质量分数的学习做好铺垫。

②通过本课题的学习，学生将溶解这一宏观现象提升到微观角度去理解分析。

③学生通过这些小实验，了解到化学与日常生活的密切关系。

(2)教学目标：

①知识与技能：认识溶解的现象，知道溶液、溶剂和溶质的概念；了解溶液在生活、生产和科学研究中的广泛用途。

②过程与方法：学习科学研究和科学实验的方法，观察、记录、分析实验现象；学习采用对比的方法分析问题、解决问题。

③情感态度与价值观：感受生活中的化学，增强学习化学的兴趣；在小组讨论与探究实验中体会交流与合作在学习过程中的重要作用。

教学重难点：

教学重点：建立溶液的概念，认识溶液、溶质、溶剂三者的关系。

教学难点：从微观角度理解溶解的过程。

教学过程：

教师活动	学生活动	设计意图
展示各小组课前准备的水，小组交换品尝。(提示学生感受在品尝的过程中味道有无差异) 它们是怎么形成的？为什么各部分的味道是一样的呢？今天我们就来学习“溶液的形成”，学了本课题后你的猜想与假设自然就有了答案	各组分别派一位代表品尝，并描述味道和过程中的感受，其他同学根据他们的描述猜猜他们喝的是什么。饮品的配制者揭晓答案，并根据配方及包装上的标签与其他同学一起分析饮品的成分	由学生的生活经验设置悬念引入，学生亲身体验，激发学生学习新知识的热情

续表

教师活动	学生活动	设计意图
[探究活动1]探究溶液形成的过程 学生实验:在20 mL水中加入一匙蔗糖或氯化钠,用玻璃棒搅拌。 为什么物质会消失在水中?原因是什么?对此有何猜想?小组讨论一下看是否能形成共识。 [提问]我们各小组的液体,都是混合物。大家思考下: 1.每种液体各部分组成一样吗? 2.放置了这么长时间,你有没有看到哪种液体析出沉淀。 [小结]这种混合物就是溶液	学生分组实验,观察现象,并填写[实验9-1]的表格。学生积极寻找原因,进行猜想与假设。小组讨论形成共识:是固体小颗粒分散到水中,形成一种混合物。 学生分析、归纳两种液体的特征。由两种液体的形成过程及特征,初步推出溶液的概念,学生讨论、总结可知:蔗糖溶于水后以分子形式均匀地分散在水中,而氯化钠以阴阳离子形式均匀地分散在水中	让学生自己动手配制溶液,为溶液概念的形成提供丰富的感性材料。由宏观向微观过渡,从微观角度认识溶液形成的实质,对溶液概念中的“一种或几种物质”和“另一种物质”能进行判断,建立溶质、溶剂的概念
[提问]如何从微观上理解溶液的形成? [播放动画]蔗糖在水中的溶解、食盐在水中的溶解。 [小结]溶液、溶质、溶剂的概念	学生理解概念	通过动画展示和学生的自主思考,使学生对溶液形成的微观本质有更加深入的理解
[探究活动2]探究溶解度的影响因素 药品:碘粒、高锰酸钾、蒸馏水、汽油 仪器:试管、镊子 [提问]请问你们观察到了什么现象?得出了什么结论?影响溶解的因素有哪些? 巡视指导学生实验,引导学生分析归纳影响溶解的因素	学生分组完成[实验9-2],观察现象,并填写[实验9-2]表格。 学生观察到碘难溶于水,但易溶于汽油。高锰酸钾溶于水,不溶于汽油。 学生思考回答:影响溶解的因素有溶质和溶剂的性质。 同种溶质在不同溶剂中的溶解能力不同,不同溶质在同种溶剂中的溶解能力也不同	培养学生合作讨论的能力,以及归纳总结的能力
[探究活动3]酒精能否溶于水 药品:酒精、水、红墨水 仪器:试管、一支胶头滴管 [提问]请问溶质除了是固体、液体外还可以是什么状态?举例说明。 [小结]溶质可以为固体、液体和气体;液体与液体互溶时,多者为溶剂,少者为溶质,一般情况下水是溶剂	学生在前一个实验的基础上,分组设计实验验证。记录实验现象,并填写[实验9-3]的表格。 学生思考回答:还可以是气体,如我们夏天喝的汽水,二氧化碳是溶质,水是溶剂	培养学生设计实验的能力;体现学生实验设计的思想。让学生了解溶质可以是固体,也可以是液体或气体

续表

教师活动	学生活动	设计意图
[表达与交流] 让学生交流与表达日常生活中的溶液以及溶液在实际生活、生产中的应用	学生各抒己见,介绍见过的溶液及其在生活生产中的应用	让学生体会学习溶液的现实意义

教师资格考试预测试卷(五)

一、单项选择题

1. B【解析】雪碧中含有水、碳水化合物等多种物质,属于混合物,正确;苏打水呈弱碱性,其 pH >7,值最大,错误;高温工作人员由于大量出汗,体内无机盐流失,可补充盐汽水调节人体内无机盐的平衡,正确;柠檬汁含有维生素,喝适量的柠檬水可补充维生素,正确。故选 B。

2. B【解析】A 项,NH_4Br 是离子化合物,Br^- 的最外层应是 8 个电子,正确的电子式为$\left[\mathrm{H}:\overset{\mathrm{H}}{\underset{\mathrm{H}}{\overset{\cdot\cdot}{\underset{\cdot\cdot}{\mathrm{N}}}}}:\mathrm{H}\right]^+\left[:\overset{\cdot\cdot}{\underset{\cdot\cdot}{\mathrm{Br}}}:\right]^-$;B 项正确;C 项,乙酸的结构简式为 CH_3COOH;D 项,中子数为 20 的氯原子为$^{37}_{17}Cl$。

3. A【解析】酒精是易燃物,易被氧化剂氧化而着火。酒精滴落到某种化学药品上酿成火灾,说明该药品具有强氧化性,故符合题意的为 $KMnO_4$。

4. C【解析】钠原子的最外层电子数是 1,在化学反应中容易失去电子,故 A 错误;钠是金属,是由原子直接构成的,氯化钠是由钠离子、氯离子构成的,故 B 错误;钠能在氯气中燃烧,说明燃烧不一定需要氧气参与,故 C 正确;钠在氯气中燃烧生成的氯化钠与家庭中食用的氯化钠化学性质相同,故 D 错误。

5. C【解析】A 项,pH = 12 的溶液中,OH^-、HCO_3^- 和 Ca^{2+} 反应生成沉淀而不能共存;B 项,酸性溶液中,NO_3^- 具有强氧化性,可氧化 Fe^{2+};C 项,使酚酞变红的溶液呈碱性,四种离子可以共存;D 项,Fe^{3+} 和 SCN^- 发生络合反应而不能共存。

6. B【解析】A 项,SO_2 使溴水褪色是因为 SO_2 和 Br_2 发生了氧化还原反应,乙烯使 $KMnO_4$ 溶液褪色也是发生了氧化还原反应,A 项正确;B 项,热的 NaOH 溶液虽然可以中和乙酸,但也会使乙酸乙酯发生水解,B 项错误;C 项,在实验室制取乙烯的实验中,由于电石和水的反应很剧烈,所以常用饱和食盐水代替水,目的是减缓电石与水的反应速率,C 项正确;D 项,$AgNO_3$ 和 KCl 反应产生白色沉淀 AgCl,$AgNO_3$ 和 KI 反应产生黄色沉淀 AgI,D 项正确。故本题选 B。

7. A【解析】A 项,符合电荷守恒,正确;B 项,氨水过量,混合溶液呈碱性,错误;C 项,所得 NH_4^+ 水解,溶液呈酸性,$c(H^+) > 1.0\times10^{-7}$ mol/L,错误;D 项,两者等体积反应,生成弱电解质 CH_3COOH 和强电解质 NaCl,$c(Cl^-) > c(CH_3COO^-)$。

8. C【解析】A 项,①高温煅烧一定质量的石灰石分解生成氧化钙和二氧化碳,剩余固体质量约大于原来的一半。B 项,②用等质量、等浓度的双氧水分别制取氧气,加催化剂反应速度加快,但生成的气体质量最终相等。C 项,③向一定体积的稀盐酸中逐滴加入氢氧化钠溶液,开始时 pH <7,加入氢氧化钠溶液逐渐增大,pH = 7 时恰好完全反应,继续加入,pH >7,但不会无限升高。D 项,④某温度下,向一定量饱和硝酸钾溶液中加入硝酸钾晶体,温度不变,不会再溶解,溶质质量分数不变。

9. C【解析】按题意,理想的原子经济性反应是原料分子中的原子全部转变成所需产物,不产生副产物,实现零排放。然后根据题给的各选项,观察反应物中所有原子是否都转化成了所需产物,从而确定答案。A、B、D 三选项中的反应分别有 HCl、H_2O 和 HBr 生成,不符合“原子经济性”的要求。

10. C【解析】A 选项,红磷燃烧时,不能打开止水夹,会影响测定结果,不符合题意;B 选项,在空气里点燃红磷后,应快速把燃烧匙伸入瓶内并塞紧橡皮塞,以防止装置内气体逸出,不符合题意;C 选项,所用红磷要过量,以保证集气瓶内空气里的氧气能充分反应,符合题意;D 选项,测氧气体积含量时不能使用木炭,木炭燃烧产生二氧化碳气体使压强没有明显变化,不符合题意;故答案为 C。

11. A【解析】量力性原则又称可接受性原则。要求教学的具体任务、教学内容、方法和组织形式要符合学生一定年龄阶段的身心发展水平和知识水平,同时又鼓励学生,通过一定的努力,不断提高知识水平和能力。

12. A【解析】化学课程目标是制定化学教学目标的直接依据。

13. C【解析】《义务教育化学课程标准》(2011 年版)的修订应坚持突出义务教育化学课程的基础性和启蒙性,倡导科学探究的学习方式,密切结合化学与社会生活的联系,让学生充分感受和领悟化学学科的价值。故本题选 C。

14. B【解析】概念形成策略是指学习者从大量的具体例证中,以比较、辨别、抽象等形式自己概括出事物关键特征的一种学习策略,该策略要求学生主动参与知识的获得过程。很多学生在解决学习上的问题时会遇到困难,问题解决策略就是帮助学生灵活选择和运用知识来提高解决问题的能力。概念同化策略是指学习者必须认识到新旧概念之间的相同点和不同点,认识到新旧概念之间的相同点,新概念才能被原有概念同化。因此选 B。

15. A【解析】教学目标是指教学活动实施的方向和预期达成的结果,是一切教学活动的出发点和最终归宿,它既与教育目的、培养目标相联系,又不同于教育目的和培养目标。化学教学目标是指预期的化学教学目标。

16. A【解析】讲解常用于分析化学事实,帮助学生形成和理解化学概念,解释和论证化学原理,剖析解决问题的途径等比较复杂内容的教学。化学史上的小故事常常采用讲述的方法进行介绍。

17. C【解析】C 项正确,新课程的教材观应实现从教本向学本转变,从文本向对话转变,从书本知识向内在能力转变,最大限度地发挥教材服务教学的功能。

18. A【解析】类比是根据两个或者两类对象有某些共有或相似属性推出一个研究对象可能具有另一个研究对象所具有的属性。故本题选 A。

19. C【解析】科学性原则是化学实验设计的首要原则。

20. A【解析】太阳能海水淡化是“身边的化学物质”这一主题可选的学习情景素材;国家规定的饮用水标准是“物质构成的奥秘”这一主题可选的学习情景素材;电解水实验及微观解释是“物质的化学变化”这一主题可选的学习情景素材;我国的淡水资源危机是“化学与社会发展”这一主题可选的学习情景素材。

二、简答题

21.【参考答案】(1)学生对化学概念的形成一般需要经历五个阶段:感知阶段、加工阶段、初步形成阶段、联系整合阶段、运用阶段。

(2)①加强教学的直观形象性,促使学生以多种方式感受有关概念;②善于解剖概念,把握概念内涵外延;③要分析概念之间的联系和区别;④注意概念的系统化;⑤及时消除迷思概念的干扰;⑥注意概念的及时巩固。

22.【参考答案】(1)①探究教学具有能动性、实践性、科学性、引导性、开放性的特征。

②在教学过程中,教师采用探究教学方式时要注意:首先,教师的教学观念要更新。学生进行科学探究的过程是学会学习、形成价值观的过程。“知其然,更知其所以然”的知识才是对学生发展有用的。其次,在具体实施过程中,应避免片面地认识探究教学。并不是所有教学内容都适合探究教学,教学内容与学习方式之间有着密切的关系,是采用探究教学还是接受教学应该视教学内容而定。探究教学不是唯一的教学方式,在强调探究教学的同时,要注意多种教学方式的运用。探究教学强调注重过程,但不等于只重过程不重结果。探究教学既重视学生体验的过程,又重视知识获得的过程,只是与接受式教学相比更注重过程的体验。

(2)《义务教育化学课程标准》(2011 年版)指出“在教学中创设以实验为主的科学探究活动,有助于激发学生对科学的兴趣,引导学生在观察、实验和交流讨论中学习化学知识,提高学生的科学探究能力”。课堂中探究教学的基本过程可以概括为:问题—探究—反思。为了使其得到有效实施,可以采取以下策略:

①创设问题情境,增强探究动力

所谓创设问题情境,就是在教学内容和学生求知心理之间制造一种“不协调”或“冲突”。形成问题意识,提出的问题应紧紧围绕教学目标,且明确具体、富有启发性。

②提供活动时空,优化探究环节

提高学生自主探究活动时空是课堂探究教学的中心环节,教师可以从提供探究材料、确定探究形式、选择探究方法等几个方面来设置探究活动。

③经常评价反思,感受探究活动

化学学习也是一种体验活动,可以通过小组评价和自我反思来体验探究发现的过程。

三、诊断题

23.【参考答案】(1)本题正确选项为B。部分学生不选该选项的原因是对金刚石的结构不清楚,误认为一个碳原子含有4个共价键,1 mol金刚石含有4 mol共价键,故含有共价键个数为$4N_A$,忽略了每两个碳原子形成一个共价键,1 mol金刚石应含有2 mol共价键。

(2)误选A原因:对质子数的概念不理解,化学常用计量的计算掌握不到位;误选C选项原因:NO_2和N_2O_4最简比相同,只计算46 g NO_2中的原子总数即可,误以为气体混合后分子数改变,原子数也发生变化;误选D选项原因:在同一个氧化还原反应中,得失电子数相等,对电子守恒掌握不到位。

(3)因为质子数=原子序数=核电荷数=核外电子数,所以1 mol H_2O含有10 mol质子,所以A选项正确;以一个碳原子为中心观察,1个碳形成4个共价键,但每个C—C键由两个碳共同组成,每个碳各占一半,平均1个碳只能形成2个共价键,所以1 mol金刚石中含2 mol共价键,所以B选项错误;C项,如果46 g完全是NO_2,则NO_2的物质的量是1 mol,一个分子中含3个原子,所以1 mol NO_2含有的原子的物质的量是3 mol,数目为$3N_A$;如果46 g完全是N_2O_4,则N_2O_4的物质的量是0.5 mol。一个分子中含6个原子,所以1 mol N_2O_4含有的原子的物质的量是3 mol,数目为$3N_A$。综上,无论是46 g NO_2,还是46 g N_2O_4,还是46 g NO_2和N_2O_4混合气体中,含有原子总数均为$3N_A$,所以C选项正确;1 mol Na与O_2反应,无论生成什么物质,Na肯定变成Na^+,1 mol Na失去1 mol电子,即N_A个电子,所以D选项正确。

四、案例分析题

24.【参考答案】(1)化学实验构成的基本要素包括实验者、实验对象和实验手段。实验者是化学实验的主体,化学教学中的实验者,可以是化学教师(演示实验),也可以是学生(学生实验);化学实验对象主要是指化学实验研究的客体,主要包括自然对象、社会对象和精神对象;实验手段是实验者发挥主体性,控制和认识实验对象的重要工具。

(2)该教师采用科学探究的方式,让学生亲历科学活动,体验科学的发现过程和方法。并且为确保探究活动的顺利进行,在探究的过程中引入评价。学生在从事实际科学研究时获取信息,对自己思维的合理性进行主动、自觉的判断以及对自己的思维过程进行调节,加深对研究主题和研究过程的理解,实现从"讲练结合"向"学评结合"的转变。这种课堂教学方式以学生为主体,促进学生学习,关注学生全面、主动的发展,正是新课程改革所提倡与践行的。

五、教学设计题

25.【参考答案】(1)教学目标:

知识与技能:了解离子的形成过程,初步认识离子是构成物质的一种粒子;知道分子、原子、离子之间是如何转变的。

过程与方法:通过相互讨论、交流,增强归纳知识、获取知识的能力。

情感态度与价值观:逐步树立微粒观这一化学基本观念。

(2)教学重难点:

重点:离子的形成过程;分子、原子、离子的相互转化。

难点:离子的形成过程。

(3)教学过程

第一环节:情境导入

【教师提问】教师展示铁、水、食盐的三幅图片,请学生说出各个物质是由什么粒子构成的。

【学生回答】

学生1:铁是由铁原子构成的。

学生2:水是由水分子构成的,食盐的主要成分氯化钠,也是由分子构成的。

学生3:氯化钠不是由分子构成的。

【教师总结】对学生回答做出鼓励指导,指出氯化钠是由离子构成的物质,本节课将继续探究物质构成的奥秘,认识构成物质的第三种粒子——离子。

第二环节:新课教学

1. 离子的形成

【展示动画】教师通过多媒体播放钠在氯气中燃烧生成氯化钠的动画。

【教师引导】在化学变化中,电中性的原子经常因得到或失去电子而成为带电荷的微粒,这种带电的微粒称为离子。画面中的钠离子、氯离子都是由钠原子、氯原子转变而来的。

【提出问题】各粒子电性如何?

【学生回答】钠原子、氯原子呈电中性;钠离子带一个正电荷;氯离子带一个负电荷。

【教师提问】请学生总结钠离子、氯离子、氯化钠的形成过程。

【学生回答】钠原子最外层有1个电子,而氯原子最外层有7个电子,钠在氯气中燃烧生成氯化钠。在这个反应中,每个钠原子失去1个电子形成钠离子(Na^+),每个氯原子得到1个电子形成氯离子(Cl^-)。带相反电荷的钠离子与氯离子相互结合成稳定的化合物氯化钠($NaCl$)。

【教师总结】离子也是构成物质的一种微粒,根据以上分析请同学们说出离子的形成。

【学生回答】原子失去或得到电子形成离子。原子得电子形成阴离子,原子失电子形成阳离子。

【教师提问】像氯化钠这样由阴、阳离子结合而成的化合物还有很多,例:氯化镁、氯化钾等。请学生同桌间讨论由离子构成的物质具有怎样的共同特征?

【学生回答】由离子构成的物质均由阴阳离子结合而构成,一般含有金属元素的化合物是由阴阳离子结合而来的。

2. 分子、原子、离子的转化

【教师提问】分子、原子、离子都可以直接构成物质,请同学们举例说明。

【学生回答】由原子直接构成的物质有金属、金刚石、硅等;由分子构成的物质有氢气、氧气等;由离子构成的物质有氯化钠、氯化钾等。

【教师引导】这些粒子之间不是完全独立的,他们之间可以实现转化。请学生小组讨论得出分子、原子、离子的转化关系。

【讨论交流】原子可以结合成分子,分子可以分解为原子;原子失去或得到电子形成离子;离子得到或失去电子形成原子。

【教师补充】教师用关系图的形式表示出来。

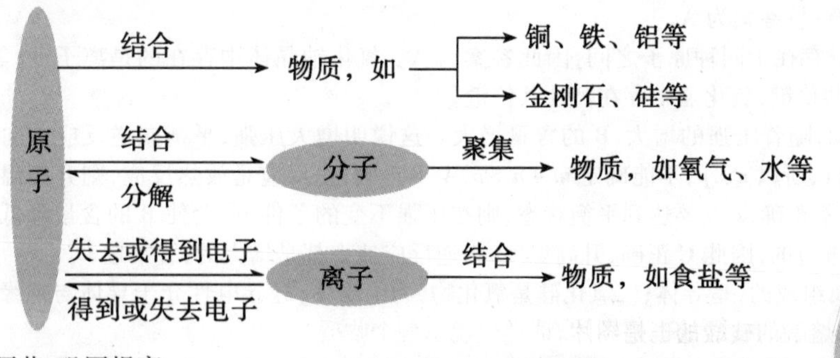

第三环节:巩固提高

【教师提问】画出钠原子、氯原子的原子结构示意图,尝试通过原子、离子的转化关系画出钠离子、氯离子的结构示意图。

【学生回答】(+11) 2 8 

第四环节：小结作业

【小结】师生共同总结本节课所学知识。

【作业】阅读教材 78 页原子核外电子排布，从核外电子排布的角度思考离子的形成过程。

(4)板书设计

离子

1. 离子的形成：原子失去或得到电子形成离子

2. 分子、原子、离子的转化

分子 ←构成— 原子 ⇌ 离子（原子 → 离子：得到或失去；离子 → 原子：失去或得到）

教师资格考试预测试卷（六）

一、单项选择题

1. D【解析】当溶液的 pH 等于 7 时，呈中性；当溶液的 pH 小于 7 时，呈酸性；当溶液的 pH 大于 7 时，呈碱性；进行分析判断。食醋的 pH 为 2 ~ 3 小于 7，显酸性；厕所清洁剂的 pH 为 1 ~ 2，小于 7，显酸性；橘子的 pH 为 3 ~ 4，小于 7，显酸性；炉具清洁剂的 pH 为 12 ~ 13，大于 7，显碱性，故选 D。

2. D【解析】阴极产物是 H_2 和 KOH，阳极产物是 I_2。由于溶液中含有少量的酚酞和淀粉，所以阳极附近的溶液会变蓝（淀粉遇碘变蓝），阴极附近的溶液会变红（溶液呈碱性），A、B、C 项正确；由于电解产物有 KOH 生成，所以溶液的 pH 逐渐增大，D 项错误。故选 D。

3. C【解析】A 选项，二氧化碳分子由碳原子和氧原子构成，不符合题意；B 选项，水含氢、氧元素，汽油中含碳、氢元素，所以水不可以转变为汽油，不符合题意；C 选项，空气由多种物质组成，属于混合物，冰水只有水一种物质，属于氧化物，铜属于单质，符合题意；D 选项，分子间有间隔，10 mL 酒精和 10 mL 水充分混合，体积小于 20 mL，不符合题意；故答案为 C。

4. A【解析】A 选项，因不能确定 y 的数值，所以不能确定 b 为反应物或是生成物，符合题意；B 选项，反应前后物质总质量不变，所以 $x+y=20$，不符合题意；C 选项，c 和 d 一定是生成物，生成质量和为 15 g，若 b 为反应物，全部反应质量 5 g，所以 a 一定是反应物，不符合题意；D 选项，反应中 c 与 d 的质量变化之比为 $10:5=2:1$，不符合题意；故答案为 A。

5. A【解析】非极性共价键存在于同种原子之间，因此答案为 A。氯化钠晶体中存在的是离子键，氢氧化钠中存在离子键和极性共价键，硫化氢中存在极性共价键。

6. C【解析】根据图象可知，随着压强的增大，B 的含量增大。这说明增大压强，平衡向逆反应方向移动，即向体积减小的方向进行，所以 $n<p$，不能确定 $m+n>p$，A 不正确；正反应是放热反应，则升高温度，平衡向逆反应方向移动，B 不正确；x 点要达到平衡状态，则在压强不变的条件下，会使 B 的含量降低，这说明反应是向正反应方向进行的，因此 C 正确；升高温度，正逆反应速率都是增大的，答案选 C。

7. B【解析】铝合金是金属组成的，是导体；二氧化硅是氧化物，为绝缘体；硅导电性介于导体与绝缘体之间，是良好的半导体材料；熔融的硅酸盐也是导体。

8. A【解析】A 项，此反应属于溶液中的双水解反应（铝离子和碳酸根水解的相互促进），硫酸铝水解：$2Al^{3+}+6H_2O \xlongequal{} 2Al(OH)_3\downarrow+6H^+$，纯碱水解 $3CO_3^{2-}+3H_2O \xlongequal{} 3CO_2\uparrow+6OH^-$，两水解反应相互促进，故可产生沉淀和气体，$2Al^{3+}+3CO_3^{2-}+3H_2O \xlongequal{} 2Al(OH)_3\downarrow+3CO_2\uparrow$。B 项，正确答案是 $HS^-+H_2O \xlongequal{} H_2S+OH^-$，C 项，正确答案是 $2Fe(OH)_3+6H^++2I^- \xlongequal{} 2Fe^{2+}+I_2\downarrow+6H_2O$，D 选项，$HSO_3^-$ 与

OH^-会发生如下反应，$HSO_3^- + OH^- = SO_3^{2-} + H_2O$，所以该反应方程式为：$HSO_3^- + NH_4^+ + 2OH^- = NH_3 \cdot H_2O + SO_3^{2-}$，故D错误。故本题选A。

9. D【解析】烧碱和纯碱都是碱性的，加酚酞变红色，A不符合题意；稀硫酸和稀盐酸与碳酸钠反应都会释放二氧化碳，B不符合题意；氮气和氧气都不能使澄清石灰水变浑浊，C不符合题意；生石灰和水反应生成氢氧化钙，放热，氢氧化钙加水无明显现象，D符合题意；故答案为D。

10. C【解析】金属锰在金属活动性顺序中位于铝和锌之间，铝、锌是氢之前的金属，则锰排在氢的前面，能和盐酸发生置换反应，故A不符合题意。金属锰在金属活动性顺序中位于铝和锌之间，则镁排在锰的前面，能与$MnSO_4$溶液发生置换反应，故B不符合题意。金属锰在金属活动性顺序中位于铝和锌之间，则锰的活动性比铁强，所以铁不能和$MnSO_4$溶液发生置换反应，故C符合题意。金属锰在金属活动性顺序中位于铝和锌之间，锌的活动性比铜强，所以锰排在铜的前面，能和$CuSO_4$溶液发生置换反应，故D不符合题意。故选C。

11. C【解析】选择化学教学媒体所遵循的原则为：有效性原则、可靠性原则、方便性原则、经济性原则。

12. B【解析】“通过实验探究氧气的性质”和“能运用燃烧条件和灭火原理分析实际问题”是“过程与方法”目标的范畴，“感受化学对人类的伟大贡献”是“情感态度与价值观”目标的范畴。故本题选B。

13. C【解析】化学概念的建立、化学现象的原因解释、化学原理的揭示等一般运用讲授法。故本题选C。

14. B【解析】略。

15. A【解析】布置课外作业是为了使学生进一步巩固所学知识，并培养独立学习和工作的能力。

16. D【解析】该教师以学生生活中熟悉的事物为例来导入新课，运用的是社会导入的方法。故本题选D。

17. A【解析】化学教材中纸笔测验的新变化是注重科学探究能力的考查、关心科技发展和科技有关的社会问题、注重学科间的综合和渗透、重视联系社会、生活实际，突出化学知识的应用。

18. B【解析】教学重点是依据教学目标，在对教学内容进行科学分析的基础上确定的最基本、最核心的教学内容；教学难点一般是指学生不易理解的知识，或不易掌握的技能、技巧。重点不一定是难点，难点也不一定是重点，有些内容也可能既是难点又是重点。故选B。

19. D【解析】A、B、C三种能力都是化学教学中某一个方面的能力，而创造能力是一种综合能力的体现。故选D。

20. A【解析】略。

二、简答题

21.【参考答案】(1)化学课堂有效提问是引发学生心理活动，促进思维能力发展的一种方法和手段，是由符合课程内容、教学目标、学生认知水平的表达清晰的优质问题而引发的能促使学生质疑、理解、探究真知的对话活动。化学课堂提问的功能：探查已知，评价新知；激活思维，构建知识；质疑反思，提升能力。

(2)化学课堂教学中的提问应注意以下几个方面：

①要设计适应学生年龄和个人能力特征的多种水平的问题，调动所有学生积极参与回答。

②问题的内容要集中，表达要简明准确。

③要有启发性，当学生思考不充分或抓不住问题重点时，教师应从侧面给予启发和引导，培养学生独立思考的意识和解决问题的能力。

④依照教学的进展和学生的思维进程提出问题，把握提问的时机。

⑤利用学生已有知识，合理设计问题，并预想学生的可能回答及处理方法。学生回答后，教师要给予分析和确认。

22.【参考答案】(1)化学课堂教学导入的类型有社会导入、实验导入、旧知导入、问题导入、直接导入和化学史导入。

(2)①化学课堂教学导入设计时，教师要遵守导入的科学性原则、相关性原则、趣味性原则、启发性原则和适度性原则。

②课堂导入设计，不在“新”而在于“巧”。材料中的设计巧在能让学生体会化学与实践的结合，在实践中能运用化学知识思考问题，并巧妙地与教材结合，能让学生更容易进入状态。

三、诊断题

23.【参考答案】(1)题干中题目的正确答案为C。解题思路为：镁条在空气中燃烧，产生耀眼的白光，冒出浓烈的白烟，故A项错误；铁丝在氧气中剧烈燃烧，火星四溅，放出热量，生成一种黑色粉末，生成四氧化三铁是结论而不是现象，故B项错误；木炭在氧气中燃烧，发出白光，放出热量，故C项正确；硫在氧气中燃烧，发出明亮的蓝紫色火焰，放出热量，故D项错误。

(2)本题考查的是氧气分别与镁、铁、碳和硫的反应现象。学生的错误主要是分不清"烟"和"雾"、"现象"与"结论"的概念。硫在氧气和空气中燃烧的不同现象也是学生容易出现错误的地方。

四、案例分析题

24.【参考答案】(1)此实验的一些操作学生在上学期已经学习过，在此教学过程中，学生通过动手操作，对学过的实验技能进行巩固加深，贯通前后相关知识，自行构建知识体系；学生实验之后，教师紧跟着提出与实验紧密联系的问题，让学生讨论得出结论，培养了学生观察、分析、归纳实验现象的能力和习惯；学生通过动手操作，探究生活中常见的问题，提高学习化学的兴趣，激发学习化学的动机。(其他合理答案亦可)

(2)学生通过亲手操作实验，能够独立或者与他人合作完成实验，记录实验现象，实验之后，老师提出问题，学生通过与他人进行交流，得出结论，从而达成了"能够独立或与同学合作完成实验，记录实验现象和数据，完成实验报告，并能主动进行交流"的教学目标。

(3)①过滤要注意：滤纸紧贴漏斗内壁；倾倒时盛过滤液的烧杯杯口紧靠玻璃棒，玻璃棒紧靠滤纸三层一侧，漏斗下端紧靠烧杯内壁；滤纸边缘要略低于漏斗边缘，滤液要低于滤纸边缘。

②可能的原因有：滤纸破损或过滤时滤液高于滤纸边缘。

③玻璃棒不断搅拌滤液是防止滤液因受热不均而飞溅。

(4)该结论不正确，粗盐中除了含有泥沙等不溶的物质，还含有氯化镁、氯化钙等可溶的杂质。

五、教学设计题

25.【参考答案】(1)教学重点：实验室制取二氧化碳的原理；实验装置的设计与选择；二氧化碳的收集及验满方法；实验室制取二氧化碳的操作顺序；实验室制取氧气、二氧化碳气体的比较。

教学难点：实验室制取二氧化碳的反应原理、实验装置、制取方法以及检验方法。

(2)教学目标：

①知识与能力目标：描述实验室制取CO_2的反应原理，列举所用的药品，解释选用试剂、装置及收集方法的原因。

②过程与方法目标：通过对获得二氧化碳气体的途径的讨论与分析，探究实验室制取二氧化碳的理想药品，树立多角度、多层次的观察和分析问题的意识；通过对二氧化碳和氧气有关性质的比较，分析装置的不同，初步确立实验室制取气体的一般思路和方法；通过设计、组装实验装置，体验、反思和完善设计，增强基本实验技能，体验实验设计的过程。

③情感态度与价值观目标：通过开展探究活动，激发集体协作的意识。

教学过程：

教师活动	学生活动	教学意图
【设问】我们已知道实验室制取CO_2的原理，你能根据实验室制取CO_2的原理设计出CO_2的发生装置吗？下面我们就来进行这方面的探究和实践	思考并跟随老师进入下一环节	创设问题情境，引入下一课题
【讲述】请同学们回顾实验室用高锰酸钾制取O_2的装置(投影)	学生思考、回答	引起学生回忆
【提问】高锰酸钾制取O_2的发生装置是否也适用于大理石和稀盐酸制二氧化碳呢	学生思考、回答	通过对比，得出装置设计思路

续表

教师活动	学生活动	教学意图
【投影】气体发生装置:由反应条件和反应物状态决定 气体收集装置:由气体溶解性和气体密度决定	【讨论】设计制取 CO_2 的装置	培养学生思维能力
【探究】实验台上面提供了多种仪器,你认为制取二氧化碳的装置应选择哪些仪器?怎样组合?请同学们根据上述比较,分析设计实验室制取 CO_2 的装置(分组)	学生动手组装仪器	培养学生实践能力,学生积极参与探究活动
老师点评 【追问】 还可以用什么仪器替代呢	学生讨论装置的优缺点并回答	培养变通能力和发散思维
【操作】 (1)检查装置气密性 (2)加药品 (3)收集(怎样收集?为什么?)	讨论、回答	让学生熟悉制二氧化碳的操作过程
收集方法: 同学们,你们知道用什么方法进行收集吗?又怎样检验已收满?(看到什么现象) 检验二氧化碳:(观察现象,判断探究结果是否可行)	讨论、回答: 向上排空气法(二氧化碳的密度比空气的大) 用一根燃着的火柴在集气瓶口处检验 向收集满二氧化碳的集气瓶中倒入少量澄清的石灰水检验 学生分组实验	学会二氧化碳的制取、收集和验满
【本课题小结】 展示整堂板书,强调: (1)了解实验室制取 CO_2 的原理 (2)学会 CO_2 的制取方法、收集及装置设计	学生归纳、做笔记	对重点内容小结,突出重点、关键点

板书设计:

实验室制取二氧化碳的反应装置:
实验室制取二氧化碳和实验室制取氧气的反应药品状态、反应条件类似,故可以采用相似的装置来制取。
气体收集:向上排空气法
检验二氧化碳:通入澄清石灰水

教师资格考试预测试卷(七)

一、单项选择题

1. D【解析】根据在化合物中正负化合价代数和为零,可得高氯酸铵中 Cl 元素的化合价为:$(+1)+x+(-2)\times 4=0$,则 $x=+7$。故答案为 +7,选 D。

2. D【解析】丙、丁为盐和水,则甲、乙不一定为酸和碱,比如氢氧化钠和二氧化碳能生成盐和水,A 错误;甲为单质,则该反应不一定是置换反应,比如甲烷和氧气的反应,B 错误;该反应为复分解反应,生成物中不一定有水,比如盐酸和硝酸银的反应,C 错误;甲为 10 g、乙为 20 g,则反应生成丙和丁的质量总和一定不大于 30 g,D 正确。

3. C【解析】A 是 0.010 mol KH_2PO_4 和 0.0050 mol NaOH 混合,反应完全后,溶液中含有等量的 $H_2PO_4^-$ 和 HPO_4^{2-},是缓冲溶液;B 是 0.010 mol HAc 和 0.0050 mol NaOH 混合,反应完全后,溶液中含有等量的 HAc 和 Ac^-,是缓冲溶液;D 是 0.010 mol KH_2PO_4 和 0.0050 mol HCl 混合,反应完全后,溶液中含有等量的 $H_2PO_4^-$ 和 H_3PO_4,是缓冲溶液;C 是 0.010 mol KH_2PO_4 和 0.010 mol NaOH 混合,反应完全后,溶液中只含有 HPO_4^{2-},因此不是缓冲溶液,故答案选 C。

4. C【解析】因为该溶液中由水电离出的 $c(H^+)=1\times 10^{-23}$ mol/L $<1\times 10^{-7}$ mol/L。所以溶液中溶质有抑制水电离的作用。氯化铵水溶液中的铵根离子与氢氧根结合,从而促进了水的电离。硝酸钠为强电解质,不影响水的电离。故本题选 C。

5. C【解析】氢氧燃料电池中,H_2 在负极 a 上被氧化,O_2 在正极 b 上被还原,故 A 正确;通入氧气的一极为原电池的正极,由于电解质溶液为酸性,故正极的电极反应是:$O_2+4H^++4e^-══2H_2O$,故 B 正确;原电池工作时,电子由负极经外电路流向正极,即由 a 通过灯泡流向 b,故 C 错误;氢氧燃料电池的总反应为:$2H_2+O_2══2H_2O$,属于环保电池,故 D 正确,答案选 C。

6. D【解析】在 25 ℃,101 kPa 时,1 mol 可燃物完全燃烧生成稳定的化合物时所放出的热量,叫作该物质的燃烧热。A 项中 H_2O 应为液态;燃烧热是指物质在氧气中进行燃烧时所放出的热量,B 项中的反应不能称为燃烧热的反应;C 项中应为 1 mol H_2 燃烧;D 项正确。

7. A【解析】1 mol Na 失去 1 mol 电子,1 mol Na 与足量氧气反应转移电子数一定为 N_A,故 A 正确;氯化氢在溶液中完全电离,不存在 HCl 分子,故 B 错误;向碳酸钠中滴加盐酸先反应生成碳酸氢钠,不产生二氧化碳,故 C 错误;不知道溶液的体积,无法计算,故 D 错误,选 A。

8. B【解析】A 项,容量瓶不需要烘干,且加热烘干会影响刻度,造成误差,错误;B 项,酸式滴定管装标准液前,必须先用该溶液润洗,正确;C 项,酸碱滴定实验中,不能用待测溶液润洗锥形瓶,否则浓度测定偏高,错误;D 项,用容量瓶配溶液时,若加水超过刻度线,应该倒掉重新配,错误。

9. C【解析】书写热化学方程式时,要在化学方程式的右端写上热量的符号和数值,还要注明各物质的状态,故 A 错误;有的放热反应也需要加热,所以在加热或点燃条件下进行的反应不一定是吸热反应,故 B 错误;热化学方程式的概念:表明反应所放出或吸收热量的化学方程式叫作热化学方程式,故 C 正确;反应热的单位错误,所以氢气在氧气中燃烧的热化学方程式是:$2H_2(g)+O_2(g)══2H_2O(l)$;$\Delta H=-483.6$ kJ/mol,故 D 错误,故选 C。

10. A【解析】为防止煤气和空气混合后发生爆炸,厨房煤气泄漏应立即关闭阀门再开窗通风,故 A 错误;公共场所做到人离电断,以防发生漏电引发火灾,B 正确;洒在桌面上的酒精燃烧起来,立即用湿抹布或沙子扑灭,降温和隔绝空气可灭火,C 正确;因为面粉属于可燃性粉尘,燃油蒸气属于可燃性气体,与氧气混合达到一定程度时遇明火会发生爆炸,所以面粉加工厂、加油站要严禁烟火,D 正确。

11. A【解析】加热操作属于化学实验技能,质量守恒定律属于化学基本原理,氧气的性质属于化学事实性知识。故本题选 A。

12. D【解析】略。

13. C【解析】调查法是有目的、有计划地运用观察、问卷、访谈、测验等手段获得事实材料的一种研究方法,如文献调查法、个别访谈法、座谈会调查法、问卷法。故本题选 C。

14. D【解析】"识别"属于认知性目标行为动词,"认同""发展"属于体验性目标行为动词,"模仿操作"属于技能性目标行为动词。

15. A【解析】题干中所述为二氧化碳性质与用途之间的密切关系,二氧化碳的性质决定二氧化碳的用途。故本题选 A。

16. A【解析】化学作业是在分析教材的基础上设计的,不属于化学教材分析的内容要素。故本题选 A。

17. B【解析】"看到 $CuSO_4$ 溶液,你想到了什么",这一问题是为了探查学生的已有知识。

18. D【解析】教材的编排要考虑学生的心理发展和认知以及现有知识,而与身体状况无关,选 D。

19. B【解析】单元测验、期末测验、初中毕业会考都属于目标参照测验,只有中考和初中化学竞赛带有选拔性质,属于常模参照测验。故选 B。

20. A【解析】选定课题是化学教学研究的起点环节。

二、简答题

21.【参考答案】(1)①情境作用的全面性:情境创设既要为认知学习和行为服务,也要为情感学习服务。②情境作用的全程性:情境创设应贯穿于整个学习过程中。③情境作用的发展性:情境创设时不仅要考虑学生的现有水平,还要考虑学生的最近发展区。④情境的真实性:学习情境越真实,学习主体建构的知识越可靠,就越容易在真实的情境中运用,使学生达到真正的理解和掌握。⑤情境的可接受性:情境创设要设计好"路径"和"台阶",便于学生将学过的知识与技能迁移到情境中来解决问题。

(2)在有关"元素"教学中展示地壳、海水和人体中的元素含量表,从化学与社会、生活的结合点入手创设情境,引导学生认识化学与人类生活的密切关系,理解和处理生活中的有关问题。在有关"酸碱中和反应"的教学中通过"白酒变红酒,红酒变白酒"的实验来设置学习情境。这一方面对于全面提高学生的科学素养有着极为重要的作用,另一方面化学实验有助于激发学生学习化学的兴趣,帮助学生理解和掌握化学知识和技能,启迪学生的科学思维,培养学生的科学态度和价值观。

22.【参考答案】(1)科学探究原本指科学家解决问题的过程。义务教育阶段化学课程中的科学探究,是学生积极主动地获取化学知识、认识和解决化学问题的重要实践活动。它是指从科学领域或社会生活中选择和确定研究主题,创设一种类似于科学研究的情景,提出问题,对可能的答案做出假设与猜测,并设计方案,通过实验、操作、调查、搜集证据,对获得的信息进行处理,得出结论的过程。

(2)提出问题:燃烧的条件有哪些?

对可能的答案做出假设与猜测:①可燃物;②达到着火点(燃烧所需的最低温度);③氧气。

探究过程:将学生分成三组,第一组探究燃烧需要可燃物,老师提供实验材料:纸火柴、木条、蜡烛、铁丝、石子等,学生开展实验研究;第二组探究燃烧需要一定的温度,老师提供纸盒和水,学生开展实验研究;第三组探究燃烧还需要氧气,老师提供蜡烛和烧杯,学生开展实验研究。

搜集证据:每组讨论实验现象。

得出结论:小组讨论,全班交流得出结论。

三、诊断题

23. (1)C;学生误选 D 的原因是不知道氢氧化钙是微溶物,采用过滤操作无法完全除去,故引入了新的杂质。

(2)向 D 选项中溶解、过滤后的滤液通入 CO_2 气体,若溶液变浑浊,说明在除杂的过程中,向溶液中引入了新的杂质氢氧化钙。

四、案例分析题

24. (1)验证质量守恒定律的实验要想成功,必须保证①实验在密闭的体系中进行;②待温度恢复到室温再称量物质总质量。

(2)本案例实施过程说明,在化学教学课程中,应该充分体现以实验为基础的基本特征。

作为一门自然科学,化学以客观事物为研究对象,以发现客观规律为目标。它的理论不是来自凭空的想象,不能仅有逻辑的推断而脱离实践的检验。纵观化学科学发展的历史,几乎每一项发现和发明都离不开化学实验。所以化学学科是在实验的基础上产生并发展起来的,实验是化学理论产生的直接源泉,是检验化学理论是否正确的标准,也是提高化学科学认识能力、促进化学科学持续发展的重要动力。

(3)当学生预测与实验结果发生矛盾时,教师应该告诉学生,我们应该利用我们已有的知识和经验大胆地对结果进行猜测,但是猜测的结果必须要通过实验去检验,这样才能获得对问题更丰富的理解和认识,明确探究的结构。尤其需要记得实验之后进行反思与交流:之前猜测实验结果的时候是不是忽略了什么,实验探究过程中是否有操作不规范等情况的出现……经过反思与交流之后可以重新设计实验,使实验方案更加完善,在此基础上再次进行探究,从而得出合理的实验结论。

五、教学设计

25.【参考答案】(1)教学重点:燃烧的条件和灭火的方法及原理。

教学难点:燃烧条件与灭火原理的应用;探究方案的设计与实施。

(2)教学目标:

①知识与技能目标:认识燃烧的条件和灭火的原理与方法;了解易燃物和有关易燃物的安全知识。

②过程与方法目标:利用实验学习"对比"在化学学习中的作用;通过活动与探究,学习对获得的事实进行分析得出结论的科学方法。

③情感态度与价值观目标;通过了解燃烧可造福人类,又会给人类带来灾害的事实,学会用辩证的观点看问题;通过认识燃烧条件和灭火原理,懂得一切事物均有规律,认识规律,掌握规律,可以使事物按照一定的方向发展,避开灾害,造福人类;通过安全知识的学习,增强安全意识。

教学过程:

教学过程	教师活动	学生活动
情景引入	组织观看火的发现、利用及危害的视频,提出问题,导入新课	欣赏、体验、思考
实验探究,收集证据,得出结论	组织学生活动	1. 分组实验:尝试点燃木条与玻璃棒。 2. 分析、讨论燃烧的条件
	1. 演示实验:探究燃烧的条件。 2. 引导学生说出实验现象并分析实验结论	观察实验现象,讨论、分析现象,得出结论
知识应用	组织学生活动	分组实验:将两根火柴点燃,一根头朝上、一根头朝下,观察现象并分析
设计问题,解决问题	媒体展示:火灾图片及资料。 提出问题:如何在不需要时灭火。 组织学生活动,引导学生结合亲身体验所见所闻和燃烧的条件,分析讨论灭火的方法	学生讨论:灭火的方法,根据教师提供的材料进行灭火方法探究。 小结灭火的原理
课堂小结	组织学生回顾本课学习的知识,提出正确使用火,造福人类	交流、小结

教师资格考试预测试卷(八)

一、单项选择题

1. C【解析】分子基本性质:(1)质量、体积都很小;(2)在不停地运动;(3)分子间存在间隔。其中"花气袭人知骤暖"说明微粒在不断运动,故选 C。

2. D【解析】分子和原子的本质区别是在化学变化中分子可分,而原子不可分,因为原子是化学变化中最小的微粒。故选 D。

3. B【解析】塑料是最常见的有机合成材料,具有密度小、耐腐蚀、易加工等优点,故 A 正确;水垢的主要成分 $CaCO_3$ 和 $Mg(OH)_2$ 均能和稀盐酸反应,可用稀盐酸除去热水瓶胆壁上的水垢,NaOH 溶液与水垢不反应,故 B 错误;骨质疏松、佝偻病患者可能是缺钙,可在医生指导下服用钙片治疗,故 C 正确;活性炭具有吸附性,新装修的房间内,常用炭包(装有活性炭)来除去甲醛等有害气体,故 D 正确。

4. B【解析】原子的表示方法就是用元素符号来表示一个原子,表示多个该原子,就在其元素符号前加上相应的数字。所以 2 个氢原子,就可表示为 2H,A 选项错误;3 个氮分子可表示为 $3N_2$,B 选项正确;元素化合价的表示方法为确定出化合物中所要标出的元素的化合价,然后在其化学式该元素的上方用正负号和数字表示,正负号在前,数字在后,所以镁元素的化合价为 +2 价,故可表示为$\overset{+2}{Mg}$,故 C 选项错误;氯化钡是由显 +2 价的钡元素和显 -1 价的氯元素组成,根据化合价原则,其化学式为 $BaCl_2$,D 选项错误,故选 B。

5. D【解析】已烯雌酚中含有氧元素,不属于烃类,不是芳香烃,A 错误;1 mol 已烯雌酚中有 2 mol 苯环和 1 mol碳碳双键,故可与 7 mol H_2发生加成反应,B 错误;根据结构简式可以数出该分子中含有 18 个 C 原子,再根据其不饱和度 $\Omega = 9$,可计算出有 20 个 H 原子,故 1 mol 已烯雌酚完全燃烧能生成 18 mol CO_2 和 10 mol H_2O,C 错误;根据结构简式,我们可以看出已烯雌酚是中心对称的结构,其苯环上的等效氢有两种,故其苯环上的一氯代物有两种(不包括立体异构),D 正确,故答案选 D。

6. C【解析】加入过量的氢氧化钙会引入氢氧化钙杂质,故 A 错误;稀盐酸与氧化钙和碳酸钙都反应,故 B 错误;氯化铵遇到碱性物质会有刺激性气味的气体生成,故可以鉴别,C 正确;稀盐酸和氯化钠中都含有氯离子,都有白色沉淀生成,故不能鉴别,故 D 错误。故选 C。

7. A【解析】绿色化学原子经济性要求是在生产中所有原子均转化为产品,没有副产物。

8. A【解析】通过分析溶解度曲线可知,t_1℃时,甲和乙的溶解度相等,故 A 正确;甲物质的溶解度受温度变化影响较大,故 B 错误;20 ℃时,甲、乙物质的溶解度都大于 10 g,所以甲和乙都是易溶于水的物质,故 C 错误;20 ℃时,甲的溶解度小于乙的溶解度,故 D 错误,故选 A。

9. D【解析】X 最外层是 6 个电子,因而可以再接纳 2 个电子成为 8 个电子的稳定结构,成为 -2 价的带电粒子;Y 元素可以失去其最外层的两个电子,成为 +2 价的带电粒子,因而可以生成 YX 物质,D 选项正确。

10. C【解析】由放电时的反应可以得出铁作还原剂失去电子,Ni_2O_3作氧化剂得到电子,因此选项 A、B 均正确;充电可以看做是放电的逆过程,即阴极为原来的负极,因此电池充电过程中,阴极附近溶液的 pH 会升高,C 项不正确;同理分析选项 D 正确。

11. C【解析】按照化学实验论的观点,化学实验具有以下认识论功能:一是化学实验是引发化学教学问题,提出化学教学认识问题的重要途径之一;二是化学实验能够克服人的生理限制,提高人自身的感觉能力和分辨能力,能够在严格控制外界条件下去变革物质的变化过程,从而丰富人的感性认识内容;三是化学实验能够超越生产实践的局限性,走在生产实践的前面,直接推动化学科学理论的研究,是化学理论赖以产生的基础,又是化学理论运用于实践的桥梁和中介,使化学实验具有客观性、普遍性和直接现实性,能够为学生检验化学理论、验证化学假说提供化学实验事实,是检验化学科学知识真理性的标准。故本题选 C。

12. A【解析】略。

13. D【解析】根据学业评价所涉及的学习任务不同,评价的方式也有所差异,常见的有纸笔测验、活动表现评价和学习档案评价等，故 D 项说法错误。

14. C【解析】A 项，蔗糖溶解是分子之间有间隔，并且分子不停地运动，故正确；B 项，水的电解实验的实质是水分子分解为氢原子和氧原子，氢原子和氧原子不能再分，重新组合为氢分子和氧分子，故正确；C 项，测定空气里氧气含量的原理是红磷燃烧消耗氧气，利用压力差得出结论，是宏观现象，故错误；D 项，氨气分子不断地运动，水溶液呈碱性，使 A 烧杯中溶液变红，故 D 正确；故选 C。

15. D【解析】STS 是科学(Science)、技术(Technology)、社会(Society)三个英文单词首字母的缩写。故本题选 D。

16. A【解析】《义务教育化学课程标准》(2011 年版)指出：义务教育阶段的化学课程是科学教育的重要组成部分，应体现基础性。

17. C【解析】“常见的化学合成材料”是高中化学“化学与社会发展”中的内容。故本题选 C。

18. C【解析】略。

19. C【解析】多媒体不可以代替演示实验和探究实验。

20. B【解析】初中化学教材编写有以下九条建议：从学生的生活经验和社会发展的现实中取材；教材编写要符合学生的思维发展水平；选取适当的题材和方式，培养学生对自然和社会的责任感；提供多样化的实验内容，注重学生实践能力的培养；教学内容的组织必须体现科学方法的具体运用；在教材编写中注重对学生学习方法的指导；化学概念要体现直观性、关联性和发展性的特点；习题类型要多样化，应增加开放题和实践题的比例；教材编写要有利于发挥教师的创造性。题干中前六条都是，后三条属于课程资源的利用与开发建议。

二、简答题

21.【参考答案】(1)初中学生的年龄一般在 13～16 岁，正处在一个世界观初步形成的阶段。初中生在进行化学学习时一般具有以下心理特点：①好奇心强，求知欲旺盛；②模仿性好，可塑性强；③自尊心强，自控力差。

(2)中学化学教学中，培养学生学习化学的兴趣的主要方法：重视化学实验教学，激发学生学习化学的兴趣，开展丰富多彩的课外活动，保持学生学习化学的兴趣，帮助学生突破难点和知识分化点，进一步加强学生学习化学的兴趣。

22.【参考答案】(1)①板书的内容应突出讲授内容的中心和关键；②对板书的安排要有计划；③板书应紧密配合讲解；④板书中的图解等要有示范性。

(2)以“化学研究些什么”一课为例，设计布阵式板书如下：

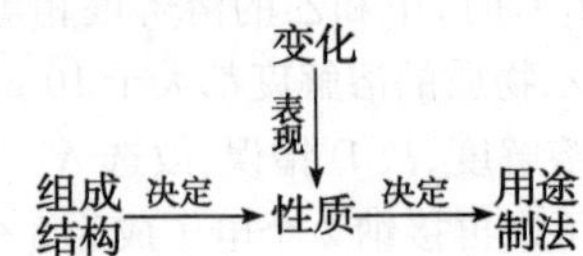

三、诊断题

23.【参考答案】(1)学生不清楚溶液的概念，或者不知道植物油不能与水互溶。

(2)本题的正确答案选 D，溶质的质量分数等于溶质质量比上溶液的质量，$\omega = (5\ g/25\ g) \times 100\% = 20\%$，所以 D 选项正确。

(3)学生误选 A 的原因：不清楚溶液的质量分数不随体积的改变而改变，故将此选项理解为正确选项。学生误选 B 的原因：不知道溶解度的外界影响因素为温度和压强、溶剂的种类等，与是否搅拌无关。故将此选项理解为正确选项。

四、案例分析题

24.【参考答案】(1)①使指示剂变色；②与活泼金属反应；③与碱反应；④与碱性氧化物反应；⑤与某些盐反应。

(2)①充分发挥化学实验的“情趣动机”功能，利于培养学生学习化学的兴趣；②充分发挥化学实验的“认知”功能，不断培养学生的知识探究能力；③充分发挥化学实验的“方法”功能，逐步培养学生形成良好的科学方法；④充分发挥化学实验的“创新”功能，初步培养学生的创新意识；⑤充分发挥化学实验的

"德育、美育"功能,长期培养学生在学习中的非智力因素。

五、教学设计题

25. (1)知识与技能目标:①了解化学式的定义;②理解化学式的意义;③能用化学式表示某种常见物质的组成。

过程与方法目标:①能对所学知识进行简单归纳整理;②通过讨论交流等形式,培养利用所学知识解决实际问题的能力。

情感态度与价值观目标:通过讨论交流,发展学生善于合作、勤于思考、勇于实践的精神。

(2)教学重点:化学式的读法和写法;化学式的定义和含义。

教学难点:元素符号周围数字的含义。

(3)教学过程设计:

教学内容	教师活动	学生活动	设计意图
创设情境 引入新课	展示化学药品标签(完整标签和破损标签)图片,并提出问题:缺损的化学式如何补充?	观察图片,并思考如何解决问题	从学生学习实际出发,更易激发学生的学习热情,让学生在自身情感的支配下进行学习
化学式的定义	引导学生总结归纳学过的物质的化学式,并提出问题1:这些化学式是由什么组成的?	自由发言,说出已知物质的化学式,思考并回答教师的问题	让学生从已有的知识经验入手,通过自己的总结归纳形成新知
化学式的意义	引导学生从已有经验出发,提出问题2:这些化学式可以表示什么意义?	自由发言,发表自己的见解	给学生充分展示的机会,亲身体验知识的形成过程
	播放音频:"H_2O"的自述	倾听思考,与自己已有知识进行对比,弥补不足	将化学式拟人化,使课堂更加生动活泼,增强了知识的趣味性,同时对化学式表示的意义进行规范
	引导学生练习:谁能代表CO_2进行自述	自由发言	及时巩固所学新知
	评价学生表现,进一步提出问题3:是否每一个化学式都能表示四方面的意义呢?	自由发言	将所学知识适当拓展,加深学生对知识的理解
化学式的写法和读法	将黑板上的化学式分类,提出问题4:金属单质、固体非金属、气态非金属、化合物的化学式的写法有什么规律?	根据已有经验自由发言	培养学生总结归纳的能力

续表

教学内容	教师活动	学生活动	设计意图
化学式的写法和读法	【过渡】同学们总结的非常好,但是我们不能仅限于会写化学式,还要会读化学式	自由发言,读化学式,并分析化合物的读法规律	将学生从化学式的写法过渡到读法,并让学生试读,感悟知识的形成过程
课堂练习 闯关游戏 第一关: “龙争虎斗”	1. 全班分三组,自由选题 2. 根据题目的难易程度分值不同,答对得分,答错不扣分 3. 三组轮流作答,本组不能答对的另外两组抢答,先答对者即可得分	倾听规则,做好竞赛准备	练习采用闯关的形式,增强学生的竞争意识,激发学生学习的兴趣,活跃课堂气氛,在娱乐中对所学知识进行巩固、记忆
第二关: “独占鳌头”	教师读完题,开始信号发出后,各组方可抢答,答对加分,答错扣分		

(4)板书设计:

化学式
一、化学式的定义: 二、化学式的意义: 三、化学式的写法和读法:

图书在版编目(CIP)数据

化学学科知识与教学能力. 初级中学 / 山香教师资格考试命题研究中心主编. --北京 : 首都师范大学出版社, 2020.6

国家教师资格考试历年真题解析及预测试卷

ISBN 978-7-5656-5495-4

Ⅰ. ①化… Ⅱ. ①山… Ⅲ. ①中学化学课-教学法-初中-中学教师-资格考试-题解 Ⅳ. ①G633.82-44

中国版本图书馆 CIP 数据核字(2020)第 010314 号

国家教师资格考试历年真题解析及预测试卷

HUAXUE XUEKE ZHISHI YU JIAOXUE NENGLI CHUJI ZHONGXUE

化学学科知识与教学能力·初级中学

山香教师资格考试命题研究中心 主编

策划编辑 张文强

责任编辑 曹亮亮　　　　封面设计 山香教育

首都师范大学出版社出版发行

地　　址 北京市西三环北路 105 号

邮　　编 100048

咨询电话 010-68418523(总编室)　010-68982468(发行部)

网　　址 http://cnupn.cnu.edu.cn

印　　刷 河南黎阳印务有限公司

经　　销 全国新华书店

版　　次 2020 年 6 月第 1 版

印　　次 2020 年 6 月第 1 次印刷

开　　本 787mm×1092mm 1/16

印　　张 12.5

字　　数 298 千

定　　价 35.00 元

前　言

中小学教师资格考试是由国家建立考试标准，省级教育行政部门组织的全国统一考试。通过实施中小学教师资格考试，考查申请人是否具备教师职业道德、基本素养、教育教学能力和教师专业发展潜质。严把教师入口关，择优选拔乐教、适教人员取得教师资格。

中小学教师资格考试包括笔试和面试两部分。笔试各科目采取纸笔考试，笔试各科成绩合格者，方可参加面试。教师资格笔试单科成绩有效期为2年，教师资格考试合格证明有效期为3年，中小学教师资格实行5年一周期的定期注册。目前，除内蒙古、新疆和西藏外，我国其余省份全部实行教师资格全国统一考试，不管是师范类专业的考生还是非师范类专业的考生，要想成为一名教师，就必须参加教师资格考试。

山香教育在调研历年教师资格考试真题的基础上，结合最新考试标准和考试大纲，策划出版了本套试卷，致力于帮助广大考生实现教师之梦。

本套试卷具有以下特点：

1. 紧依大纲，浓缩考点。本套试卷按照最新考试大纲编写。试卷知识点全面，题型设置和整体难度也较为准确、全面地反映了大纲的要求，是考生进行备考不可多得的辅导资料。

2. 真题先行，预测居后。本套试卷真题与预测互为补充：真题居前，有助于考生把握国家教师资格考试的题型、难度和命题趋势；预测在后，依真题进行命制，帮助考生有针对性地进行强化训练。

3. 试题海量，答案详尽。试题丰富，且所有试题都附有详细的答案和解析，有助于考生理解知识点，科学备考。

本套试卷难免存在一些不足之处，衷心希望各位读者朋友批评指正，同时希望这套试卷能为考生顺利通过教师资格考试提供帮助。

编　者